As - C-II-58

Vew.: PB-I

ISSN 0342-071-X

Sozialökonomische Schriften zur Agrarentwicklung /
Socio-Economic Studies on Rural Development

Herausgeber / Editor
Professor Dr. Dr. Frithjof Kuhnen

Schriftleiter / Executive Editor
Dr. Ernst-Günther Jentzsch

CIP-Kurztitelaufnahme der Deutschen Bibliothek

Wagenhäuser, Franz J. A.:
Gastarbeiterwanderung und Wandel der Agrarstruktur am Beispiel von drei ost-zentralanatolischen Dörfern / Franz J. A. Wagenhäuser.
– Saarbrücken; Fort Lauderdale: Breitenbach, 1981.
(Sozialökonomische Schriften zur Agrarentwicklung; Nr. 42)
ISBN 3-88156-184-6

NE: GT

Aus dem Institut für Ausländische Landwirtschaft
der Georg-August-Universität Göttingen

Franz J. A. Wagenhäuser

Gastarbeiterwanderung und Wandel der Agrarstruktur am Beispiel von drei ost-zentralanatolischen Dörfern

Nr. 42
Sozialökonomische Schriften zur Agrarentwicklung
Socio-Economic Studies on Rural Development
Herausgegeben von / Edited by
Prof. Dr. Dr. Frithjof Kuhnen

Verlag **breitenbach** Publishers
Saarbrücken · Fort Lauderdale 1981

Dissertation der Landwirtschaftlichen Fakultät
der Georg-August-Universität Göttingen
vom 10. 7. 1980

Gefördert aus Mitteln
der Stiftung Volkswagenwerk

ISBN 3-88156-184-6

© 1981 by Verlag **breitenbach** Publishers
Saarbrücken, Germany · Fort Lauderdale, USA
Printed by aku-Fotodruck GmbH, Bamberg

Abstract

Wagenhäuser
Franz Josef August

Gastarbeiterwanderung und Wandel der Agrarstruktur, am Beispiel von drei ost-zentralanatolischen Dörfern.

Diese Studie ist Teil eines größeren Forschungsprojektes über Gastarbeiterwanderung und Agrarentwicklung. Die empirisch-positiv ausgerichtete Arbeit umfaßt:
- eine Einführung in die Bedingungen der Landwirtschaft in der Türkei, der Wanderung ländlicher Arbeitskräfte, Arbeitshypothesen und den empirischen Forschungsansatz;
- Aussagen zur Anzahl der landwirtschaftlichen Haushalte (Betriebe) und ihrer Beziehungen zur (Gast-)Arbeiterwanderung als den Elementen der Agrarstruktur, deren Verringerung während der Gastarbeiterwanderung u.a. die Veränderung der Landnutzungsverfahren beinhaltet;
- wichtige Kenndaten der Beziehungen in diesem Wandel der Agrarstruktur (die Organisation der landwirtschaftlichen Betriebe, Wirtschaftserträge und Entscheidungsräume), einschließlich der durch die Gastarbeiterwanderung in Bewegung gebrachten dörflichen Wohlfahrtsordnung, mit Hinweisen auf die agrarstrukturellen Größen 'Vermögen' und 'Einkommen';
- Ansatzpunkte für eine Beeinflussung und Fortsetzung der günstigen Wirkung der Gastarbeiterwanderung auf die agrarstrukturelle Wandlung und notwendige Agrarentwicklung.

Die Studie kommt zu dem Ergebnis, daß die Gastarbeiterwanderung die Wandlung der Agrarstruktur beschleunigt hat und weiter vorteilhaft anregen würde, wenn
- die Faktor- und Produktmärkte sowie das Beratungsnetz besser die neuen Situationen der landwirtschaftlichen Haushalte berücksichtigten, d.h. die agrarpolitischen Aktivitäten entsprechend konzipiert und (der internationale Rahmen)
- die Stellungen der türkischen Arbeitnehmer in Westeuropa zukünftig sicherer gestaltet würden.

Vorwort

Die Einwohner der drei Dörfer, in denen die empirischen Daten erhoben wurden, haben diese Untersuchung durch ihre Mitarbeit ermöglicht. Ihre Gastfreundschaft und Hilfsbereitschaft erlaubten meinen türkischen Mitarbeitern, ohne die der empirische Teil der Arbeit nicht durchführbar gewesen wäre, und mir, am dörflichen Leben teilzunehmen. Dafür möchte ich mich nach dem Abschluß der Studie bedanken.

Die Unterstützungen, die die Landwirtschaftliche und die Sprachwissenschaftliche Fakultät der Universität Ankara durch Hinweise und die Vermittlung von Hilfskräften gewährten, förderten die Erhebungen. Ihnen und den vielen, die in der Türkei und in Göttingen bei der Verwirklichung der Studie behilflich waren, danke ich für die Mitarbeit.

Herrn Professor Dr. Dr. Frithjof KUHNEN und seinem Institut für Ausländische Landwirtschaft bin ich für die Beauftragung mit dem von der Stiftung Volkswagenwerk finanzierten Projektteil dankbar. Herr Professor Dr. Hans WILBRANDT und Herr Dr. Sigmar GROENEVELD, aus deren Ideenskizze die vorliegende Untersuchung herrührt, initiierten die Studie. Für die mir bei der Durchführung der Arbeit gewährten Eigenständigkeiten bin ich den vorgenannten Herren und Institutionen zu besonderem Dank verpflichtet.

Der Diskussions- und Beratungsbereitschaft meiner Projektpartner Frau Adviye AZMAZ, MSc, und Herrn Dr. Heinz WITTMANN verdanke ich viel. Ihre Erfahrungen und Kenntnisse, die sie mir zur Verfügung stellten, waren meinem Einarbeiten und -leben in die Forschungsthematik und die ländlichen Verhältnisse in der Türkei sehr förderlich.

Für die Hilfen in kritischen Situationen während der Durchführung der Untersuchung danke ich meiner Verwandtschaft und meiner Frau, die mir darüberhinaus im entscheidenden Dorfaufenthalt fördernd zur Seite stand.

Trotz aller Leistungen der angesprochenen und vieler nicht genannter Personen - ihnen sei ebenso gedankt - gehen alle Unzulänglichkeiten ausschließlich zu meinen Lasten.

> 'Public agencies are very keen on amassing statistics — they collect them, add them, raise them to the nth power, take the cube root and prepare wonderful diagrams. But what you must never forget is that every one of those figures comes in the first instance from the village watchman, who just puts down what he damn pleases.'
>
> Sir Josiah STAMP

nach WONNACOTT and WONNACOTT (1972^2), S.397

Inhaltsverzeichnis

	Seite
Abstract	3
Vorwort	5
Inhaltsverzeichnis	7
Verzeichnis der Tabellen, Übersichten, Schaubilder Karten und Anlagen	10
Vorbemerkungen	14
Einleitung	17

1	EINFÜHRUNG	21
1.1	Die Landwirtschaft in der türkischen Wirtschaft	22
1.2	Die Hintergründe der Gastarbeiterwanderung	24
2	DIE UNTERSUCHUNG: METHODIK UND BEZUGSRAHMEN DER AUSSAGEN	27
2.1	Die Arbeitshypothesen	28
2.2	Der Aussagerahmen	33
2.3	Das Dorfstudienverfahren	34
2.4	Erhebungstechniken	35
2.5	Die Klassifizierung der Untersuchungseinheiten	37
	1 Die Beteiligung der Haushalte an der Gastarbeiterwanderung	38
	2 Aktuelle, aktive Beteiligung an der türkischen Binnenwanderung	41
	3 Aktive Landbewirtschaftung	42
2.6	Die Haushaltsgruppierungen	44
	1 Die Beschreibung der Haushaltsgruppierungen	47
	2 Übergruppierungen von Haushalten	51
	3 Die Haushalte der Intensiverhebung	53
2.7	Auswertungsmethoden	55
2.8	Resümee	56
3	ZUM UNTERSUCHUNGSGEBIET UNTER DEM EINFLUSS DER GASTARBEITERWANDERUNG	58
3.1	Der Landkreis der Untersuchung	58
3.2	Die Dorfauswahl	60
3.3	Die Untersuchungsdörfer	62
	1 Cemel	62
	2 Sagir	63
	3 Gümüstepe	64

  Seite

3.4   Die Gastarbeiterwanderung und die Unter-
       suchungsdörfer   66

       1 Regionale Ursachen für die hohe GAW-Par-
          tizipation   66
       2 Die sich im Ausland aufhaltenden Bevölke-
          rungsteile der Untersuchungsviertel   67
       3 Bedingungen des zeitlichen Ablaufes der
          Gastarbeiterwanderung   71
       4 Die Erträge der Gastarbeiterwanderung   76

3.5   Resümee   86

4   DIE AGRARSTRUKTUR DER UNTERSUCHUNGSDÖRFER   87

4.1   Die Betriebsgrößen (nach LF)   88
4.2   Bedingungen der Betriebsgrößenstruktur   93

       1 Die Landbesitzverteilung in den Unter-
          suchungshaushalten   93
       2 Das Arbeitskräftepotential der Haushalte   98
       3 Arbeitskräfte und Landbesitz   107

4.3   Die Bodenmobilität   109

       1 Die Nutzungsformen des Landbesitzes   110
       2 Die Verbreitung der passiven Landbesitz-
          nutzung   117

4.4   Veränderungen in der Agrarstruktur: Die Zahl
       der Betriebe   120

       1 Die Landbesitznutzung vor der GAW   122
       2 Die Betriebsaufgaben unter GAW-Bedingungen   125
       3 Die Landbesitznutzung nach der Betriebs-
          abgabe   129
       4 Der Umfang der selbstbewirtschafteten Ei-
          gentumsflächen   132

4.5   Die Landbesitzbewegungen   136
4.6   Die Grundprozesse agrarstruktureller Wandlungen   140
4.7   Resümee   144

5   DIE ORGANISATION DER LANDWIRTSCHAFTLICHEN
       BETRIEBE   145

5.1   Dörfliche Bedingungen für die Betriebsorga-
       nisation   146
5.2   Der betriebliche Arbeitskräftebesatz   148
5.3   Die Organisation des Ackerbaues   151

       1 Die Ackerflächenverhältnisse   152
       2 Der Einsatz von Produktionshilfsmitteln   154

5.4   Die Maschinenausstattung der Betriebe   163

       1 Die Ausstattung der Betriebe mit Traktoren   164
       2 Die Maschinen und das Gerätevermögen der
          Betriebe   167
       3 Gastarbeiterwanderung und Mechanisierung   170

		Seite
5.5	Der Dienstleistungsmarkt	172
	1 Lohnaufträge zum Ausgleich unterproportionaler Ressourcen	173
	2 Der außerbetriebliche Einsatz von Faktorausstattungen	176
5.6	Betriebsorganisation und Gastarbeiterwanderung	178
5.7	Resümee	180
6	EINKOMMEN UND LEBENSSTANDARD	181
6.1	Die Einkünfte der Haushalte	181
	1 Landwirtschaftliche Erträge	183
	2 Die innerdörflichen Erträge	189
	3 Die Einkünfte aus der Arbeiterwanderung	191
6.2	Die gesamten Bareinkünfte der Haushalte	195
6.3	Die gesamten Haushaltseinkommen	200
6.4	Haushaltseinkommen und Gastarbeiterwanderung	203
6.5	Die Einkommensverwendung in den Haushalten	207
6.6	Resümee	211
7	DIE VERMÖGENSBESTÄNDE DER HAUSHALTE	213
7.1	Das Landeigentum als Vermögen der Haushalte	213
7.2	Die Tierhaltung	214
	1 Die Tierarten	215
	2 Der Umfang der Tierhaltung in den Haushalten	216
7.3	Die Gebäudevermögen	221
7.4	Die Gebrauchsgüterausstattung der Haushalte	226
7.5	Der Wohlstand der Haushalte und die GAW	233
7.6	Resümee	237
8	ANSATZPUNKTE ZUR INTERPRETATION DER ERGEBNISSE	238
8.1	Die empirischen Ergebnisse im Überblick	238
8.2	Die Arbeitshypothesen im Kontext der empirischen Befunde	242
	1 Hypothesen zum Bereich 'Arbeit'	242
	2 Hypothesen zu den Transferzahlungen	245
	3 Hypothesen zum Komplex 'betriebliche und familiäre Rollen'	249
	4 Hypothesen zum Wirtschaftsverhalten	252
	5 Hypothesen auf dörflicher Ebene	253
8.3	Schlußfolgerungen: GAW und Agrarstruktur	254
9	ZUSAMMENFASSUNG	258
Anlagen		261
Literaturverzeichnis		287

Verzeichnis der Tabellen, Übersichten, Schaubilder, Karten und Anlagen

VERZEICHNIS DER TABELLEN

Nr. Seite

1: Die Entwicklung der türkischen Landwirtschaft 1962 - 1977 — 23

2: Der Beginn der haushaltlichen Gastarbeiterwanderungs-Beteiligung in Abhängigkeit vom Landeigentum — 73

3: Die Geldtransferzahlungen aus dem Ausland an Empfänger in den Untersuchungsdörfern — 78

4: Die Heimatbesuche der Gastarbeiter aus den Untersuchungsdörfern 1978 — 83

5: Der Briefwechsel von Gastarbeitern mit ihren Stammhaushalten — 85

6: Die Betriebsgrößenstruktur — 90

7: Die Eigentumslandverteilung 1977 — 95

8: Die personenbezogene Größenstruktur der Untersuchungshaushalte nach Gruppierungen — 100

9: Der durchschnittliche Umfang der zugepachteten Flächen je Betrieb nach Haushaltsgruppierungen — 111

10: Die Nutzung des Eigentumslandes in nicht-landwirtschaftlichen Haushalten — 118

11: Die Landbesitznutzung vor dem Beginn der Gastarbeiterwanderung in Haushalten, die ihren Betrieb abgaben — 123

12: Die haushaltlich-familiäre Stellung der Gastarbeiter — 126

13: Die gegenwärtige Landbesitznutzung in Haushalten, die ihren landwirtschaftlichen Betrieb während der Gastarbeiterwanderung abgaben — 130

14: Die durchschnittlichen Veränderungen in den selbstbewirtschafteten Eigentumsflächen je landwirtschaftlichem Haushalt — 133

15: Die durchschnittlichen Veränderungen im Landbesitz der Haushalte — 138

16: Der standardisierte durchschnittliche Arbeitskräftebesatz der landwirtschaftlichen Betriebe — 149

17: Die durchschnittlichen Ackerflächenverhältnisse — 153

18: Die Verteilung der Schlepper in den landwirtschaftlichen Haushalten nach Betriebsgrößen — 166

Nr. (Fortsetzung)	Seite
19: Der durchschnittliche Maschinen- und Gerätebesatz der Haushalte nach Gruppierungen	169
20: Die durchschnittlichen Ausgaben für Arbeitserledigungen durch Dienstleistungsaufträge	175
21: Die durchschnittlich aus der Durchführung von innerdörflichen Arbeitsaufträgen erzielten Einkünfte	177
22: Die durchschnittlichen landwirtschaftlichen Einnahmen je Haushalt und Gruppierung im Wirtschaftsjahr 1977/78	185
23: Der durchschnittliche Wert der naturalen Selbstversorgung im Wirtschaftsjahr 1977/78	188
24: Die durchschnittlichen Erträge der Haushalte aus dörflichen Aktivitäten im Wirtschaftsjahr 1977/78	190
25: Die durchschnittlichen Einkünfte der Haushalte aus der Arbeiterwanderung im Jahre 1977/78	192
26: Der durchschnittliche Umfang der Haushaltseinkommen nach Haushaltsgruppierungen im Wirtschaftsjahr 1977/78	202
27: Die durchschnittlichen Haushaltsausgaben	209
28: Die durchschnittlichen Gebäudevermögen der Haushalte je Gruppierung	225
29: Die durchschnittlichen Konsumgüterausstattungen der Haushalte	228
30: Die durchschnittlichen Ausstattungen der Haushaltungen mit Gebrauchsgütern	230

VERZEICHNIS DER ÜBERSICHTEN

Nr.		
1: Die Verteilung der Haushalte nach administrativen Einheiten und ihre Einordnung in Erhebungsklassen und Haushaltsgruppierungen		48
2: Allgemeine Merkmale der Untersuchungsdörfer/-dorfviertel		65
3: Die Arbeitshypothesen zu den Haushalt-Betrieb--Einheiten und die Untersuchungsergebnisse im Vergleich		243

VERZEICHNIS DER SCHAUBILDER

Nr.		Seite
1:	Schema der Haushaltsgruppierungen und ihre Bezeichnungen	45
2:	Die Anteile der im Ausland weilenden Bevölkerung nach Altersklassen in den Dörfern	69
3:	Die Landbesitzverteilungen in ausgewählten Haushaltsgruppierungen	97
4:	Die Verminderung der dörflichen Arbeitskräfte durch die Gastarbeiterwanderung	104
5:	Der durchschnittliche Betriebsmittelzukauf in den landwirtschaftlichen Haushalten für die planzliche und tierische Produktion	159
6:	Die durchschnittlichen Bareinkünfte je Haushalt und Gruppierung im Wirtschaftsjahr 1977/78	196
7:	Die Verteilungen der Bareinkünfte von Haushalten im Wirtschaftsjahr 1977/78 in ausgewählten Haushaltsgruppierungen	198
8:	Der Umfang und die Intensität der Tierhaltung in den Haushalten	218
9:	Gastarbeiterwanderung und Wohnhaussituation	223
10:	Die Vermögensverteilungen in und zwischen den Haushalten mit landwirtschaftlichen Betrieben	235

VERZEICHNIS DER KARTEN

Nr.		
1:	Der Untersuchungsraum innerhalb der Türkei und Zentralanatolien	59
2:	Die Lage der Untersuchungsdörfer um die Kreisstadt Sarkisla auf der ost-zentralanatolischen Hochebene	61

VERZEICHNIS DER ANLAGEN

Nr.		
A1:	In der Grunderhebung 1977 erfaßte Daten je Haushalt	262
A2:	Die bei der Intensivbefragung 1978 je Haushalt erfaßten Daten	264

Nr. (Fortsetzung)		Seite
A3:	Statistische Maßzahlen	267
A4:	Die Bevölkerung der Untersuchungsdörfer/-dorfviertel nach Geschlecht und Alter mit den jeweils im Ausland befindlichen Bevölkerungsteilen	269
A5:	Die Landeigentumsverteilung in den Haushaltsgruppierungen	270
A6:	Definitionen der Standardisierungskonzepte	271
A7:	Die durchschnittlichen Arbeitskräftepotentiale der Haushalte unter dem Einfluß der Gastarbeiterwanderung	272
A8:	Die Verfügbarkeit von Arbeitskräfteeinheiten der Haushalte im Verhältnis zu ihrem Eigentumsland	273
A9:	Die untersuchungsdörflichen (Erzeuger-)Preise ausgewählter landwirtschaftlicher Produkte/Güter	274
A10:	Die Landnutzungsverfahren 'erweiterte Brache' und 'Teilbaupacht' in den nicht-landwirtschaftlichen Haushalten in Abhängigkeit von der Gastarbeiterwanderung	275
A11:	Die durchschnittlichen Ackerflächenverhältnisse in den Betrieben der Intensivbefragung nach Gruppierungen	276
A12:	Der Einsatz von Produktionshilfsmitteln in den Betrieben in Gümüstepe und Sagir	277
A13:	Der durchschnittliche Umfang der Produktionsmittelzukäufe je landwirtschaftlichem Betrieb und Gruppierung im Wirtschaftsjahr 1977/78	278
A14:	Die durchschnittlichen Bareinkünfte der Haushalte im Wirtschaftsjahr 1977/78	279
A15:	Die durchschnittlichen Aufwendungen je Vollverpflegungsperson des Haushaltes	280
A16:	Die durchschnittlichen Bestände je Haushalt an ausgewählten Tierarten bei der Grunderhebung 1977	281
A17:	Der durchschnittliche Tierhaltungsumfang je Haushalt und Gruppierung nach Intensitätsstufen	282
A18:	Die Haushalte mit neuen Wohnhäusern	283
A19:	Das durchschnittliche Vermögen und die Aufteilung auf Vermögensbereiche eines Haushaltes mit landwirtschaftlichem Betrieb nach Wanderungsbeteiligung	284
A20:	Glossar der türkischen Begriffe	285

Vorbemerkungen

Wechselkurse

Während der Erhebungen wurde die Türkische Lira (Türk Lirasi) zunehmend schwächer bewertet:

Untersuchungszeit	100 Türkische Lira (TL); DM	US-Dollar	1 DM = TL
Vorbereitungsphase	14.18	6.78	7.05
Grunderhebung '77	10.12	5.71	9.88
Intensiverhebung '78	6.85	4.00	14.60

Flächenmaße

Die Flächendaten wurden in der türkischen Maßeinheit 'dekar' erhoben, die in den Untersuchungsdörfern synonym mit 'dönüm' verwendet wird. Da 10 dekar = 1 ha, ist die Darstellung von Vergleichszahlen in ha mit der Angabe einer Dezimalstelle empirisch belegt.

Schreibweise

Aus technischen Gründen wurden im Text fünf türkische Buchstaben durch entsprechende des deutschen Alphabetes ersetzt. In der Regel treten dadurch keine Mißverständnisse auf; das Literaturverzeichnis ist auf der Grundlage des türkischen Alphabetes erstellt.

Rundungsfehler

Abweichungen bei Summenzahlen von der Summe der Teilzahlen erklären sich aus Auf- oder Abrundungen der Teilwerte.

Wirtschaftsjahr

Die Zeiteinheit 'Wirtschaftsjahr' wurde in den Erhebungen mit der Zeit zwischen Seker bayrami (Zuckerfest) 1977 bis Seker bayrami 1978 umschrieben. Daten, die auf das Wirtschaftsjahr bezogen sind, umfassen somit Vorgänge, die von den Befragten in die Zeit zwischen dem 15.9.1977 und dem 6.9.1978 eingeordnet wurden.

Abkürzungen

AK	Arbeitskräfteeinheit(en)
B	Binnenwanderung (innertürkisch)
DIE	Devlet Istatistik Enstitüsü (Staatl. Statistisches Amt)
G	Gini-Koeffizient
GA	Gastarbeiter/-in
GAW	Gastarbeiterwanderung
GV	Großvieheinheit
ha	Hektar
Hg.	Herausgeber
HH	Haushalt
HHV	Haushaltungsvorstand
ldw.	landwirtschaftlich
LF	landwirtschaftlich genutzte Fläche
LN	landwirtschaftliche Nutzfläche
n	Anzahl der jeweils für die Teilfrage in die Erhebungen/Auswertungen einbezogenen Haushalte
nicht-ldw.	nicht-landwirtschaftlich
T.C.	Türk Cumhuriyeti (Türkische Republik)
TL	Türkische Lira
TZDK	Türkiye Zirai Donatim Kurumu (türkische staatliche Organisation, die landwirtschaftliche Bedarfsgüter vertreibt)
V	Variationskoeffizient
VVP	Vollverpflegungsperson

Die Kurzbezeichnungen für die Haushaltsgruppierungen sind im herausklappbaren Schaubild 1 im Anhang erklärt.
Für weitere statistische Abkürzungen vgl. Anlage A3.

Einleitung

Die vorliegende Studie behandelt die Einflußnahmen und Wirkungen der internationalen Gastarbeiterwanderung (GAW)[1] auf die Agrarstruktur und die landwirtschaftliche (ldw.) Entwicklung in der Türkei. An Haushalten in den drei Dörfern des ost-zentralanatolischen Hochlandes werden sowohl die Veränderung der Agrarstruktur als auch die Organisation der ldw. Betriebe unter dem Einfluß der GAW sowie die sich potentiell ergebenden Entwicklungen behandelt.

Die Untersuchung ist Teil eines größeren Forschungsprojektes des Institutes für Ausländische Landwirtschaft der Georg--August-Universität Göttingen mit dem Thema 'Gastarbeiterwanderung und Agrarentwicklung in den Herkunftsländern', innerhalb dessen die vorliegende Untersuchung eine der beiden empirisch ausgerichteten Teilvorhaben ist. Das Innovations-- und Migrationsverhalten türkischer Gastarbeiter ländlicher Herkunft nach ihrer Rückkehr[2] wurde in der anderen empirischen Fragestellung untersucht. Die regionalen und sozioökonomischen Zusammenhänge der Gastarbeiterwanderung mit der Entwicklung des ländlichen Raumes wurden innerhalb des Institutsprojektes ebenfalls erörtert[3]. Die empirisch fundierte Einsicht in die Rückwirkungen der GAW auf die Agrarentwicklung und -struktur der Herkunftsregionen der Gastarbeiter (GA) ist die Aufgabenstellung dieser Untersuchung, in der folgendes angestrebt wird:

---

1) In Anlehnung an Georgios SAVVIDIS (1974) werden Gastarbeiter im Singular und Plural als GA abbreviiert; GAW ist eine eigene Abkürzung für Gastarbeiterwanderung in allen Deklinationsformen und Wortverbindungen.

2) Im Forschungsbericht von Frau Adviye AZMAZ (1980): Migration of Turkish "Gastarbeiters" of Rural Origin and their Contribution to Development in Turkey. Socio-Economic Studies on Rural Development, Vol. 37.

3) In der Dissertation von Heinz WITTMANN (1979): Migrationsverhalten und ländliche Entwicklung - Ansätze zur Analyse und Beurteilung, dargestellt am Beispiel türkischer Gastarbeiter ländlicher Herkunft. Sozialökonomische Schriften zur Agrarentwicklung, Nr. 36.

- Eine systematische Analyse der sozialökonomischen Zusammenhänge zwischen GAW und der Entwicklung türkischer ldw. Kleinbetriebe.
- Die Quantifizierung der Rückwirkungen aus der GAW hinsichtlich ihres Einflusses auf die kleinbetriebliche Entwicklung und dörfliche Agrarstruktur.
- Die Ableitung von Anregungen für eine problemorientierte Agrarpolitik.

Aus der Darstellung der türkischen Situation bezüglich GAW und Agrarentwicklung (Kapitel 1) lassen sich Arbeitshypothesen herleiten, welche in Kapitel 2 aufgezeigt werden. Die Methoden der Datenerhebung sind beschrieben. Ebenfalls sind dort die Klassifikationsvariablen mit den untersuchungsrelevanten Merkmalsausprägungen und die daraus abgeleiteten Haushaltsgruppierungen skizziert. Auf ihrer Basis werden, mittels des Vergleiches der durchschnittlichen Ausprägungen von relevanten Variablen und Indexen, die Einflüsse und Wirkungen der Gastarbeiterwanderung festgestellt.

Kapitel 3 behandelt die Untersuchungsregion und die -dörfer hinsichtlich ihrer geographischen Lage und die Einflüsse aus der GAW auf dörflicher Ebene.

Die agrarstrukturelle Entwicklung während der angehenden GAW ist in Kapitel 4 anhand der empirischen Ergebnisse dargestellt. Die Organisation der Betriebe, die sich unter den Einflüssen der GAW in den einzelnen Haushaltsgruppierungen herausgebildet hat, ist in Kapitel 5 aufgezeigt. Aus der unterschiedlichen Organisation des Betriebes und/bzw. Haushaltes ergeben sich differenzierte Einkommensströme, die in Kapitel 6 nach Herkunft und Umfang deutlich gemacht werden. Aus dem Einkommensumfang, den haushaltlichen Ansprüchen und den familiären Zielsetzungen resultiert die Einkommensverwendung, welche im Spannungsfeld von haushaltlichen und betrieblichen Notwendigkeiten steht. Aus Konsumaufwendungen und Investitionen, die bisher getätigt wurden, ergibt sich die Situation bezüglich der Haushaltsvermögen, welche in Kapitel 7 - in ihrer Abhängigkeit von der haushaltlichen Beteiligung an der Arbeiterwanderung - dargestellt sind.

Im abschließenden Kapitel 8 werden die Wirkungen und Einflüsse der GAW zusammenfassend betrachtet und agrarpolitische Notwendigkeiten angesprochen; dabei werden die Möglichkeiten, die sich mittelbar und unmittelbar aus der GAW für bessere agrarstrukturelle Bedingungen zur Entwicklung des ländlichen Bereiches der Türkei ergeben, aufgezeigt.

Die vorliegende Studie soll zum Verständnis der GAW hinsichtlich der Situation und den Veränderungen in den Entsendeländern beitragen und somit die vorhandenen Analysen zur Lage der GA während ihrer Anwesenheit in den Anwerbeländern ergänzen[1]. Insbesondere die mikroökonomischen Situationsveränderungen in den Herkunftsländern - namentlich im ländlichen/ldw. Bereich - sollen mittels ausgewählter agrar- und betriebsstruktureller Eigentümlichkeiten nachgewiesen werden, um das Verständnis über die Gastarbeiterwanderung, ihre Vorbedingungen und Implikationen, zu fördern.

---

1) Vgl. hierzu: BÖHNING, W.R. (1975): Some thoughts on the emigration from the Mediterranean basin, International Labour Review, 111, March, S. 251-277; KUDAT, A. (1974): International Labour migration: a description of the preliminary findings of the West Berlin migrant worker survey, Reprint Series, Internationales Institut für vergleichende Gesellschaftsforschung, Wissenschaftszentrum Berlin; MEHRLÄNDER, U. (1974): Soziale Aspekte der Ausländerbeschäftigung, Schriften des Forschungsinstituts der Friedrich-Ebert-Stiftung, Bd. 103, Bonn; BOCK, C. und TIEDT, F. (1978): Befragung jugoslawischer Haushalte in der Bundesrepublik Deutschland.

1 Einführung

Die Türkei befindet sich in einer spezifischen Situation der gesamtwirtschaftlichen Entwicklung und nimmt deshalb eine Sonderstellung zwischen Industrie- und Entwicklungsländern ein. Für die Türkei als fortgeschrittenem Entwicklungsland[1], an die Europäische Gemeinschaft assoziiert mit dem Ziel der Vollmitgliedschaft[2], ergab sich aus der GAW[3] eine - wenngleich sehr eingegrenzte - Freizügigkeit von Arbeitskräften, deren Mobilität eine Verbindung zwischen ungleichen Bereichen - den industriellen Sektoren der hochentwickelten westeuropäischen Nationen und der ländlichen Türkei - herstellt. Aus dieser spezifischen Verknüpfung, den daraus erwachsenden Möglichkeiten und Wirkungen, werden Veränderungen und Entwicklungen im landwirtschaftlichen Bereich erwartet, die in Arbeitshypothesen gefaßt sind und deren Gehalt mittels der empirischen Daten überprüft wird. Dabei sind die Grundlagen für die GAW in der türkischen (Land-)Wirtschaft relevant.

---

1) Vgl. Weltbank Jahresbericht 1979, S. 16. Im Weltbank Weltentwicklungsbericht 1979, S. 145, wird die Türkei als Land mit mittlerem Einkommen genannt, für welches das Bruttosozialprodukt pro Kopf 1977 auf 1110 US$ beziffert ist.

2) Nach dem Assoziierungsabkommen vom 12.9.1963 sollte die Türkei '1995 ... als erster (und einziger) islamischer und nahöstlicher Staat, Mitglied der Gemeinschaft werden' (Metin MÜNIR: Ein Staat blickt nach Westen, EG--Magazin, Bonn, (5/6), 1979, S. 12f) und türkischen Gastarbeitern zwischen 1976 und 1986 schrittweise dieselben Freizügigkeitsrechte eingeräumt werden, wie EG-Bürgern (Erich HAUSER: Was uns die Türkei angeht ...,EG-Magazin, Bonn, (5/6), 1979, S. 11f). Neben den Freizügigkeitsproblemen kommt auch den Agrarfragen innerhalb des Assoziationsabkommens Bedeutung zu. (Vgl. z.B. Tätigkeitsberichte des Assoziationsrates an den gemischten Parlamentarischen Ausschuß (jährlich) und Commission of European Communities (1977): Turkey-EEC Relations 1963 - 1977).

3) Alle Wanderungen von türkischen Arbeitskräften zur Arbeitstätigkeit (oder im Zusammenhang mit Arbeitsaufnahmen) ins Ausland (speziell Westeuropa). Vgl. die Ausführungen von H. WITTMANN (1979), S. 32ff, zum Begriff 'Gastarbeitswanderung'.

1.1 Die Landwirtschaft in der türkischen Wirtschaft

Zu Beginn der GAW in der Türkei (um 1962) betrug der Anteil der im Agrarsektor tätigen Menschen 77 % der insgesamt beschäftigten Erwerbspersonen[1]. Gleichzeitig betrug der Anteil der Arbeitslosen innerhalb des Agrarsektors an der Gesamtheit der türkischen Arbeitslosen 76 %. Damit ist die für die Türkei in den 50er Jahren charakteristische Situation angesprochen, die sich aus dem extremen Bevölkerungswachstum seit der Gründung der Türkischen Republik 1923 ergab[2]. Die erhebliche Bevölkerungszunahme der Türkei konnte durch die traditionelle Rolle der Landwirtschaft - den Bevölkerungszuwachs in den Produktions- und Einkommensprozeß einzubeziehen - verkraftet werden. Die jedoch dabei auftretenden Hauptfragen

- Nahrungsmittelversorgung bzw. -finanzierung und
- Arbeitsbeschaffung

bringen den Agrarsektor in eine problematische Situation[3].

Durch eine horizontale Produktionssteigerung der damals vornehmlich auf Inlandsversorgung ausgerichteten ldw. Erzeugung konnte die Nahrungsproduktion erheblich ausgeweitet werden[4], so daß die Türkei heute als Land mit sicherer Ernährungslage

---

1) Vgl. Tabelle 1. Der Anteil der in der Landwirtschaft Beschäftigten fiel auf 73 % (1965), 65 % (1972) und sollte nach den Angaben des Staatlichen Planungsamtes 1977 auf 58 % gesunken sein.
2) Die Bevölkerung der Türkei wuchs von 13.6 Mill. im Jahr 1927, 20.9 Mill. (1950), 31.4 Mill. (1965) auf 40.3 Mill. im Jahr 1975. Bis 1980 soll die Bevölkerung auf 45.4 Mill. angestiegen sein. Vgl. Statistical Yearbook of Turkey 1977, S. 29.
3) Vgl. H. WILBRANDT (1974), S. 486f.
4) Vor allem durch die Ausweitung der Ackerflächen, in die seit den 1950er Jahren auch sehr marginale Böden einbezogen wurden. Die dadurch u.a. ausgelöste Bodenerosion ist eine der wichtigsten Folgen der Bevölkerungsexplosion.

Tabelle 1: Die Entwicklung der türkischen Landwirtschaft
1962 - 1977 nach Anteilen an den beschäftigten
Personen und am Bruttosozialprodukt

Kriterium		Jahr		
		1962	1973	1977
Bevölkerung insgesamt (in '000) (a)		28933	37800	42600 [1]
arbeitsfähige Bevölkerung (15 Jahre und älter in '000) (a)		12933	15374	16800 [1]
Beschäftigte insgesamt (in '000) (a)		11951	13810	14930 [1]
Anteil der im landwirtschaftlichen Sektor beschäftigten Personen (a)	%	77.1	63.4	57.6
Anteil des ldw. Sektors am Bruttosozialprodukt (b)	%	42.5	25.4	27.9

1) Im dritten Fünf-Jahres-Plan

Quellen: (a) OECD (1976): Economic Surveys: Turkey, Paris, S. 36
(b) TURKIYE IS BANKASI, Ankara (jährlich): Economic Indicators of Turkey

gilt, in dem mehr als 105 % des Mindestkalorienbedarfs bereitstehen[1].

Auf dem Arbeitsmarkt zeigte sich die Situation weniger zufriedenstellend. Insbesondere innerhalb des Agrarsektors (und seit dem Aufkommen der Landflucht um 1950 auch inner-

---

1) Vgl. KREDITANSTALT FÜR WIEDERAUFBAU (1979): 30. Jahresbericht, Geschäftsjahr 1978, Frankfurt/M., S. 27.

halb der urbanen Bereiche)[1] führte die Bevölkerungsexplosion zu einem hohen Anteil der Arbeitslosen, zu versteckt Arbeitslosen und unterbeschäftigter Erwerbsbevölkerung. OSTERKAMP stellt nach empirischen Studien in zwei südwestzentralanatolischen Dörfern fest, daß das "verglichen mit den übrigen Produktionsfaktoren überproportionale Wachstum des Produktionsfaktors Arbeit" die Beschäftigungssituation kennzeichnet und "die Beseitigung dieses wirtschaftlichen Ungleichgewichts schwierig (ist), weil fehlende Arbeitsplätze außerhalb der Landwirtschaft kaum aussichtsreiche Möglichkeiten des Nebenerwerbs oder der Abwanderung in andere Wirtschaftssektoren bieten"[2]. Möglichkeiten zur Beseitigung dieser Problematik scheinen sich mit der GAW eröffnet zu haben.

1.2 Die Hintergründe der Gastarbeiterwanderung

Demographische Faktoren (Veränderungen in der Altersstruktur) bewirkten zusammen mit sozio-ökonomischen Entwicklungen (längere Ausbildung, frühere Pensionierung u.a.) eine Verringerung der aktiven Erwerbspersonen in der Gesamtbevölkerung in Westeuropa. In Verbindung mit dem rapiden Wirtschaftswachstum ergab sich daraus der Bedarf an ausländischen Arbeitskräften[3]. Diese Entwicklung ging einher mit steigender Unterbeschäftigung und geringem Lebensstandard in den, die GA entsendenden, Ländern des Mittelmeerraumes. (Vgl. hierzu die oben skizzierte türkische Situation, die verallgemeinert werden darf.) Trotz der Bemühungen in den Anwerbeländern durch

- Steigerung des Arbeitskräfteangebotes (speziell durch

---

1) 1950 betrug der Anteil der urbanen Bevölkerung nur ca. 25 %; auf 42 % war der urbane Bevölkerungsteil in der Türkei 1975 gestiegen. Vgl. Statistical Yearbook of Turkey (1977), S. 30f.
2) H. OSTERKAMP (1967) in seinen Schlußfolgerungen, S. 174f.
3) Nach PAINE (1974), S. 9, wo die Theorien über die Bedingungen des Einsatzes von GA in Westeuropa erörtert werden.

Frauen) und
- Verminderung der Arbeitskräftenachfrage (arbeitssparende Technologien)

erwuchs die Nachfrage nach Wanderarbeitskräften. Diese Arbeitskräfte sollten a) jung, b) stark, c) alleinstehend und d) billig sein; sie sollten keine (oder wenige) abhängige Angehörige haben und für alle Arbeiten bereitstehen[1]. In den Mittelmeerländern (speziell in den weiter fortgeschrittenen Entwicklungsländern)[2] wurden diese Möglichkeiten für die Arbeiterwanderung[3] aufgegriffen. Mit der GAW sollte
- überschüssige Arbeitskraft exportiert und
- die Verfügbarkeit über knappe Devisen
erweitert werden[4].

In der Beteiligung der Türkei an der GAW sahen viele türkische Planer[5] die einzige Lösung für die aus dem Bevölkerungswachstum und der vornehmlich ldw. Ausrichtung des Landes stammenden Probleme. Durch die GAW sollte das Über-

---

1) Vgl. S. PAINE (1974), S. 9f; K. BINGEMER u.a. (Hg.), (1970), S. 111ff.

2) In der Weltbankterminologie, vgl. Jahresbericht 1979, S. 16, gelten die GA-Entsendeländer Griechenland, Jugoslawien, Portugal, Spanien und Türkei als solche.

3) Um die ursprünglich zeitlich begrenzte Anwesenheit der Arbeitskräfte im Anwerbeland zu kennzeichnen, bürgerte sich der Begriff Gastarbeiterwanderung (GAW) ein, der in dieser Untersuchung verwendet wird.

4) Vgl. H. WITTMANN (1979), S. 34-44, der eine Inhaltsbestimmung der Gastarbeiterwanderung aus den Sichten der Gastarbeiter selbst und den Nebenbeteiligten durchführt. Ebenso wie PAINE (1974), S. 23, und MILLER/CETIN (1974), S. 3-5 meint er, daß die Nebenbeteiligten (Unternehmer, der Staat) die GAW ausschließlich als Ex- und Import von Arbeitskräften betrachten würden.

5) Die staatliche Entwicklungsplanung begann als Folge des Militärcoups 1961 und führte zur Erarbeitung und ab 1963 zur Implementierung des ersten Fünf-Jahres-Planes (1963-1967). Während der Erhebungen befand sich der dritte Fünf-Jahres-Plan (1973-1977) in der Durchführungsphase.

wechseln vom ldw. Sektor in industrielle/urbane Tätigkeiten erleichtert und gefördert werden[1]. Aus dieser Zielsetzung sowie
- der dominierenden Stellung des Agrarsektors und
- dem Anteil der GA aus ländlichen Bereichen (2/3 aller türkischen GA kommen direkt oder über den Umweg der internen Wanderung (Land-Stadt-Flucht) aus dem ländlichen Raum)[2]

ergibt sich die Relevanz dieser Untersuchung.

---

[1] Zu den Funktionen der Landwirtschaft in der gesamtwirtschaftlichen Entwicklung vgl. z.B. D. THORNTON (1973), der als die wichtigsten die Produktion der Nahrungsmittel, den Kapitaltransfer, den Exportbeitrag, die Nachfrage nach Industriegütern und die Bereitstellung von Arbeitskräften für nicht-ldw. Sektoren hervorhebt.
Die Zielsetzungen der türkischen Agrarpolitik sind in OECD (1974): Agricultural Policy in Turkey, S. 31ff, zusammengefaßt. Danach sollen u.a. jährlich die Getreideproduktion um 3.4 % und die Produktion tierischer Erzeugnisse um 5.0 % gesteigert werden. Ein Investitionsprogramm sieht vor, ca. 12 % aller Aufwendungen innerhalb des dritten Fünf-Jahres-Planes (1973 - 1977) für ldw. Maßnahmen aufzuwenden. Die Verbesserung der Land- und Wasserressourcen hat dabei erste Priorität nach den Anteilen der Aufwendungen (43 %), gefolgt von Mechanisierungsaktivitäten (34 %).

[2] Vgl. BÖRTÜCENE, I. und ERSOY, T. (1974), S. 162, die ohne die Einbeziehung der innertürkischen Land-Stadt-Wanderung eine Herkunft von 45 % der GA aus ländlichen Gebieten nennen. Nach den Angaben der Generaldirektoren des türkischen Arbeitsamtes in Ankara sollen von den 810486 GA, die von 1961 bis 1974 vermittelt wurden, 399957 (47.6 %) aus dem ländlichen Raum kommen.(Kontaktgespräch im o.g. Amt, 1978).

2 Die Untersuchung: Methodik und Bezugsrahmen der Aussagen

Die Einflußnahme der GAW auf die ldw. Entwicklung vollzieht sich auf der Ebene von ldw. Betrieben in den Dörfern. Die bäuerlichen ldw. Betriebe sind mit der jeweiligen Untersuchungseinheit 'Haushalt' erfaßt, als dessen Subsystem sie behandelt werden. Dabei wird die Familie als integrierende Verbindung von Haushalt und ldw. Betrieb angesehen. Alle Produktionsfaktoren wie Arbeit, Boden und Kapital werden vom Haushalt, der auch in der Primärökonomie die "Steuerung der Güterverwendung ... nach dem Prinzip der Nutzenmaximierung" (STEINHAUSER u.a. (1972), S. 16) vornimmt, an den Betrieb geliefert, wo diese - unter dem Management der Haushaltsmitglieder - für die Produktion eingesetzt werden. Als Gegenleistung und Ziel der Produktionsaktivität wird im ldw. Betrieb die Naturalentnahme bzw. die Geldentnahme für den Haushalt ermöglicht. So wird deutlich, daß der ldw. Betrieb hier als ein Subsystem - d.h. als Produktionsbereich des Haushalts - verstanden wird, und daß alle betrieblichen Aktivitäten, Ziele und Einsatzfaktoren sowie die Betriebsorganisation letztlich vom Haushalt bestimmt werden[1].

Über die funktionale Verflechtung der Konsum- und Produktionsbereiche hinaus ergibt sich für den betreffenden Haushalt ein Rahmengefüge innerhalb der Dorfeinheit, welchem beide Teilbereiche des Haushalts ausgesetzt sind. Zum einen befindet sich der Produktionsbereich des Haushalts, d.h. in dieser Studie speziell der ldw. Betrieb, im dörflichen und kleinregionalen Produktionspotential (Rahmenbedingungen wie Klima, Boden, Infra- und Marktstruktur) und in der Dynamik der Produktionsfaktoren (Konkurrenz um Boden, Kapital und Arbeit); zum anderen unterliegt der Haushalt einer Nachfrage-, Konsum- und Anspruchsnorm, die ebenfalls weitgehend

---

1) Vgl. hierzu besonders die Ausführungen von RUSHTON, W. and SHAUDYS, E. (1967) und GÜVENC, B. (1969), S. 25, der in Anlehnung an CARLETON and SANDERS 'the family (as) the basic unit of production' kennzeichnet.

auf dem dörflichen und kleinregionalen Interaktions- und
und Kommunikationssystem basiert. Diese Verflechtungen führen zum Abweichen von der ausschließlich auf ldw. Betriebslehre begrenzten Forschungsmethodik, zugunsten der umfassen-
deren Methode der Dorfstudie.

2.1 Die Arbeitshypothesen

Die Einwirkungen der GAW auf die türkische Agrarstruktur[1]
an einem konkreten Beispiel aufzuzeigen, ist die Leitidee
der Untersuchung. Dabei ist folgenderweise abgegrenzt: Die
Agrarstruktur, d.h. "die Gesamtheit der in einem ländlichen
Gebiet bestehenden dauerhaften Produktions- und Lebensbe-
dingungen", die "aus sozialen, technischen und wirtschaftlichen Elementen (besteht) und ... die erreichbare Produkti-
vität, das Einkommen und seine Verteilung und die soziale
Situation der Landbevölkerung (bestimmt)"[2], ist ein Begriff,
welcher sich auf der Basis von ldw. Haushalten/ldw. Betrieben
operationalisieren läßt. In dieser disaggregierten Bezugs-
ebene von Haushalten umfaßt die Agrarstruktur u.a.

- die Eigentums- und Besitzverhältnisse
- die Nutzungsarten des Landbesitzes und Bodens
- die sozialen und wirtschaftlichen Rahmenbedingungen
- die Technologiestufen und

---

1) Das 'Gefüge', der 'innere Aufbau' eines Gegenstandes,
einer Handlung, eines Gedankenganges, oder eines Modells
etc. ist nach lexikalischer Aussage unter dem Begriff
'Struktur' zu verstehen. Änderungen in diesem Gefüge oder
innerem Aufbau werden hier mit 'Strukturveränderung'
bzw. 'Änderung der Struktur' benannt, wobei sowohl inner-
haushalt-betriebliche als auch zwischenhaushalt-betrieb-
liche Bewegungen einbegriffen sind.

2) Nach F. KUHNEN (1980), S. 11, der dabei neben der Agrarverfassung (die soziale Agrarstruktur) auch die Bedingungen der Bodenbewirtschaftung (die technisch-wirtschaft-
liche Agrarstruktur) einbezieht.

- den Stand der ldw. Produktionstechnik[1].

Die GAW, von den anwerbenden westeuropäischen Industriebetrieben als Einzelwanderung von Arbeitskräften initiiert, gewinnt erst in ihrer haushaltlichen Dimension (Verminderung der Arbeitskräfteverfügbarkeit, Erweiterung der finanziellen Möglichkeiten und Bereitstellung neuer Informationen) im dörflichen Bereich agrarstrukturelle Bedeutung. Das Abwerben von Arbeitskräften nach - und die damit eröffnete neue Erwerbsmöglichkeit in - Westeuropa verändert die Zielsetzung der Haushalte, die vorher auf den Unterhaltserwerb durch die Bewirtschaftung von eigenem Land bzw. die Mitbewirtschaftung/-arbeit auf dem Land Dritter angewiesen waren.

Mit der Aufnahme der GAW durch ein Haushaltsmitglied werden die Bestimmungsgrößen für den Produktionsbereich (Betrieb) des den GA entsendenden Haushaltes neuen Ausprägungen unterzogen. Die von der GAW beeinflußten spezifischen Verhältnisse[2] für den ldw. Betrieb des Haushaltes sind u.a.

- das Arbeitskräftepotential der Bewirtschafterfamilie
- die Kapitalausstattung (Vermögen und liquide Mittel),
- die verfügbaren betriebsfremden Arbeitskräfte,
- die Persönlichkeit des Betriebsleiters (Betriebsmanagement) und
- die dörflichen Normen des wirtschaftlichen Verhaltens.

Diese Wirtschaftsbedingungen bilden die Grundlagen der Ent-

---

1) Weitere mit implizierte Elemente, u.a. z.B. - die Flurverfassung und Größe der Flurstücke, - die Besiedelungsform des Landes, - die Bevölkerungs- und Gewerbedichte, sind durch die GAW ebenfalls tangiert, doch sind diese Veränderungen erst längerfristig zu quantifizieren; sie bleiben deshalb, wegen der zeitlichen Begrenzung der vorliegenden Studie, unberücksichtigt.

2) Hierzu zählen nach BRANDES/WOERMANN (1971), S. 14ff, die zu den standortspezifischen Verhältnissen gehörenden integrierenden und differenzierenden Kräfte im ldw. Betrieb, wie z.B. Arbeits- oder Risikoausgleich und institutioneller Rahmen.

wicklung[1] kleinbäuerlicher Betriebe hinsichtlich der Erreichung haushaltlicher und betrieblicher Ziele. Solche Zielsetzungen können z.B. sein: die Steigerung des Einkommens, der Risikoausgleich, d.h. die Vermeidung von Einkommensschwankungen, und höhere Arbeitsproduktivität. Die Entwicklung der kleinbäuerlichen Landwirtschaft auf diese Ziele hin wird durch die Beschäftigung von ländlichen Arbeitskräften als GA im Ausland mitbeeinflußt, indem durch die GAW die Ausstattung des Systems 'Haushalt-Betrieb' und seiner genannten Bestimmungsfaktoren verändert wird. Insbesondere können drei Einflußarten hervorgehoben werden:

- die Einflüsse, die sich aus der Verringerung der im Produktionsprozeß verfügbaren Arbeit ergeben (hier sind sowohl qualitative als auch quantitative Aspekte zu nennen),
- der Einfluß des Geldtransfers aus der Gastarbeitertätigkeit und
- die Veränderungen in den sozialen Rollen und Normen, welche durch die GAW ausgelöst werden.

Diese Einflußfaktoren, die bei der Formulierung folgender Hypothesen berücksichtigt wurden, sind in der Realität nicht unabhängig voneinander. Die Trennung wird nur zu heuristisch--analytischen Zwecken durchgeführt. An konkreten dörflichen und betrieblichen Daten werden die Wirkungen der GAW auf die Agrarstruktur bzw. deren Änderung aufgezeigt, wobei das System 'Haushalt-Betrieb' notwendigerweise als ein Subsystem innerhalb des Dorfes angesehen wird. Dabei wird das ehemals geschlossene System 'Dorf' durch die GAW extremen Bewegungen ausgesetzt. So sind z.B. Wirtschaftsauffassungen, das Ausmaß der Partizipation der Frauen in Entscheidungsprozessen und

---

1) Entwicklung im Sinne einer Veränderung von Objekten im Zeitablauf, in der die Phasenübergänge irreversibel sind, die jedoch Zielsetzungen unterliegen (vgl. RAMMSTEDT in: W. FUCHS u.a. (Hg), (1973): Lexikon zur Soziologie, Opladen, S. 171f.

die Organisation der Märkte für ldw. Bedarfsgüter und Erzeugnisse von den dörflichen Gegebenheiten bestimmt. Sie sind oft konstante Rahmenbedingungen für den einzelnen Haushalt, werden jedoch durch die GAW langfristig gewandelt.

Die Abwanderung von Familienangehörigen als GA verringert die im Betriebsablauf zur Verfügung stehende Gesamtmenge an Arbeit. Daraus ergeben sich folgende Hypothesen, die in dieser Arbeit auf ihren Aussagegehalt für die Untersuchungshaushalte überprüft werden sollen:

(1) Das Arbeitspotential der Haushalte reicht auch nach der Abwanderung von Familienangehörigen als Gastarbeiter aus, um die Betriebsorganisation ungeändert beibehalten zu können[1].

(2) Das verringerte Arbeitspotential der Betriebe wird durch die Anwerbung ständiger und/oder saisonaler Arbeitskräfte ausgeglichen.

(3) Die Betriebsorganisation wird durch verstärkte Mechanisierung an das verringerte und qualitativ veränderte Arbeitspotential des Betriebes angepaßt.

GA leiten einen erheblichen Teil ihrer Einkommen als Transferzahlungen an zurückgebliebene Familienangehörige weiter[2]. Wird dieses Einkommen nicht nur konsumiert, sondern auch investiert, so können sich daraus in der kleinbäuerlichen Einheit 'Haushalt-Betrieb' wichtige Veränderungen für die Betriebsgestaltung ergeben, von denen hier einige in Hypothesenform dargestellt sind:

(4) Die erhöhte Liquidität der Haushalte führt zu verstärktem

---

[1] Im Sinne der relativ 'unlimited supplies of labour' nach dem Sektormodell von A. LEWIS. Vgl. z.B. A.P. THIRLWALL (1972), S. 87 - 94.

[2] Vgl. DEUTSCHE BUNDESBANK (1974): Ausländische Arbeitnehmer in Deutschland: Ihr Geldtransfer in die Heimatländer und ihre Ersparnisse in der Bundesrepublik, Monatsberichte der Deutschen Bundesbank, 26, (4), S. 22 - 29.

Kapitaleinsatz im ldw. Produktionsprozeß (z.B. durch vermehrten Handelsdüngereinsatz, besseres Saatgut, Bewässerungsanlagen).

(5) Die höhere Liquidität des Haushalts führt zu einer Lockerung der Beziehung zwischen Haushalt und Betrieb, da die Bedürfnisse der Familie nicht mehr ausschließlich direkt aus der Erzeugung des Betriebes gedeckt werden müssen. Dadurch wird eine Verringerung der Subsistenzquote erreicht und der Betrieb verstärkt in den Markt integriert.

(6) Der vermehrte Kapitaleinsatz im Produktionsprozeß ermöglicht eine günstigere Kombination der Produktionsfaktoren.

(7) Die Ausgabenelastizitäten der Haushalte verschieben sich zuungunsten landwirtschaftlicher Güter.

Die Abwesenheit von Familienangehörigen während ihrer Gastarbeitertätigkeit verursacht Veränderungen im Rollengefüge der Familie, die Rückwirkungen auf die betriebliche Entwicklung haben, z.B.:

(8) Durch die Abwesenheit der männlichen Familienmitglieder erhalten die Frauen größere Teilhabe in betrieblichen Entscheidungen[1].

(9) Frauen und Kinder übernehmen spezifische Arbeiten, deren Erledigung vor der GAW den männlichen Arbeitskräften vorbehalten war.

(10) Die Aufspaltung von Großfamilien in Kernfamilien bedingt die Auflösung der Betriebe in kleinere Einheiten.

---

1) Die weiblichen türkischen GA kommen überwiegend aus urbanen Gebieten. Bei der Untersuchung wurden nur zwei im Ausland weilende Frauen als dort arbeitstätig festgestellt (vgl. Tabelle 12).

Durch die Gastarbeiter haben die Haushalte Kontakt mit den Industriegesellschaften Westeuropas. Daraus können sich Auswirkungen ergeben, von denen einige in den folgenden Hypothesen ausgedrückt sind:

(11) Das von der Familie dem ldw. Betrieb vorgegebene Zielsystem ist stärker auf eine Gewinnmaximierung ausgerichtet.

(12) Die Bereitschaft der Haushalte zur Übernahme von Neuerungen im Betrieb ist gestiegen.

(13) Die Betriebe werden mit größerer Risiko- und Unsicherheitsfreudigkeit geführt.

(14) 'Zeit' wird als Bewertungsfaktor in den Betriebsablauf eingeführt (Arbeitsproduktivität).

Auf der Dorfebene der Untersuchung sind weitere Hypothesen zu prüfen, z.B.:

(15) Durch die erhöhte Liquidität der Haushalte steigt die Nachfrage nach dem Produktionsfaktor Boden, die in einer Steigerung der Bodenpreise resultiert.

(16) Kleinstbetriebe und nicht-ldw. Haushalte suchen wegen ihrer Einkommen aus den Transferzahlungen keine oder weniger Lohnarbeit nach, was ein Ansteigen des Lohnniveaus für ständige und saisonale Arbeitskräfte in den ldw. Betrieben bedingt.

2.2 Der Aussagerahmen

Um Aussagen zur Agrarstruktur unter dem Einfluß der GA- und Binnenwanderung zu ermöglichen, werden nach der Dorfauswahl und der erfolgten Grunderhebung die Haushalte in folgende Gruppen unterteilt:

(1) Haushalte, in denen ein/mehrere Mitglied(er) als GA tätig ist/sind.

(2) Haushalte, in denen ein/mehrere Mitglied(er) nach erfolgter Gastarbeitertätigkeit in den Haushalt zurückgekehrt ist/sind.

(3) Haushalte, in denen kein Mitglied an der GAW beteiligt ist, von denen jedoch ein/mehrere Mitglied(er) an der Binnenwanderung teilnimmt/-nehmen bzw. teilnahm/-nahmen.

(4) Haushalte, in denen keine Mitglieder an der GAW oder der Binnenwanderung teilnehmen oder -nahmen.

Weiterhin sind jeweils die Haushalte mit und ohne ldw. Betrieb zu unterscheiden. Durch den Vergleich dieser Gruppen hinsichtlich ausgewählter Kennzahlen werden die agrarstrukturellen Veränderungen während der bzw. durch die GAW festgestellt und aufgezeigt.

2.3 Das Dorfstudienverfahren

Das Dorf ist in diesem Zusammenhang nicht als eine Einheit für Entscheidungsprozesse definiert, wohl aber als Zusammenfassung von miteinander verknüpften Entscheidungseinheiten, d.h. Haushalten. Darauf aufbauend, umfaßt die Dorfstudien--Methode beide Bereiche:

- den Bereich der verstehenden, anthropologisch und ethnologisch orientierten Zustandsbeschreibung, die Entwicklungsdynamik des Dorfes, und
- den speziell produktionstechnischen - in einer Primärökonomie ldw. - Prozeß, der sich unter den, mittels der und gesteuert durch die zuvor in den Hypothesen angesprochenen Bedingungen entwickelt.

Bedeutet dies einerseits, daß die dörflichen Verhaltensweisen sehr sorgfältig erfahren und durch Beobachtung erfaßt werden müssen, so folgt andererseits daraus die mehr quantitative Erfassung und Darstellung der wirtschaftlichen Faktoren, Abläufe und Potentiale für eine sozio-ökonomische Entwicklung des Dorfes, d.h. der das Dorf konstituierenden Haushalte.

Eine zentrale Notwendigkeit für die Durchführung einer Dorferhebung ist die ständige Anwesenheit des Forschers bzw. zumindest der Erheber/Interviewer im Dorf. Dieses wurde bei der vorliegenden Untersuchung durch Anwesenheit, d.h. Haushaltsführung in den Untersuchungsdörfern mit Aufenthalten von 1 Monat im Dorf Cemel im Jahre 1976 und jeweils 3 Monaten im Viertel 'Yerli' des Dorfes Gümüstepe 1977 und 1978 erreicht. Dabei wurde jeweils ein leerstehendes Haus bzw. Nebenhaus, bezogen und unter Hinzuziehung des Dolmetschers 1977 bzw. des Dolmetschers und zweier Erheber im Sommer 1978 ein Haushalt aufgebaut, der sich nach und nach voll in das dörfliche Leben (besonders die Ausleihrituale)[1] integrierte bzw. integriert wurde.

Durch die Führung des 5 Personen umfassenden 'einfachen Haushaltes'[2] seitens meiner Ehefrau wurde 1978 die Problematik der dörflichen Haushaltung sowie spezifische Auswirkungen der GAW innerhalb des Konsumbereiches deutlich bzw. vertraut.

2.4 Erhebungstechniken

Die Beobachtungen wurden während eines 10-wöchigen Aufenthaltes in der Türkei mittels Kontaktaufnahmen zu Verwaltungs- und Forschungsstellen und in kurzfristigen Dorfaufenthalten 1976 aufgenommen. Die empirischen Erhebungen begannen im Dorf Cemel im Juni 1976. Die Mitte Juli 1976 durch einen Unfall ausgelöste Unterbrechung der Datensammlung endete Mitte August 1977. Die Erhebungsarbeiten wurden nach erfolgter Wohnungsnahme im Dorf Gümüstepe fortgesetzt. Diese zweite Dorferhebungsphase brachte - neben einer erneuten Überprüfung des Grunderhebungsfragebogens - die umfassende Grunderhebung der beiden Dörfer

---

1) Vgl. PLANCK (1972), S. 125 -128, der die soziale Funktion des 'Leihens' beschreibt.
2) In der Terminologie STERLINGs (1965), S. 36; zuvor bestanden jeweils in 1976 und 1977 fragmentarische Haushalte des Bearbeiters.

Sagir und Gümüstepe[1].

Die Grunderhebungsbefragung jedes Haushaltes wurde derart vorgenommen, daß die in Anhang A 1 aufgezeigten Fragenkomplexe dem Haushaltsvorstand oder - falls abwesend - einer zum Haushalt gehörenden erwachsenen Person (meist der Ehefrau) vorgelegt wurden. Dies besorgten zwei Abiturienten, welche aus der Provinzhauptstadt Sivas anreisten, insoweit, als die Haushalte nicht durch den Bearbeiter oder seinen Dolmetscher (Student der Germanistik, kurz vor dem Examen) befragt werden konnten.

Der dritte Dorferhebungsabschnitt wurde 1978 durchgeführt, wobei sich der Vorbereitungs- und Pretest-Phase - der in Anhang A 2 aufgezeigten Intensivbefragungsthemen - die Datenerhebung durch zwei Studenten der Agrarökonomie anschloß. Die Durchführung der Interviews mit rückgekehrten oder auf Urlaub weilenden Gastarbeitern, mit Bauern, Lehrern etc. erfolgte durch den Bearbeiter, unterstützt von einem Dolmetscher (Germanistikstudent nach dem Examen), um das Verständnis der GAW bezüglich des dörflichen und speziell ldw. Bereiches zu erweitern.

Darüberhinaus war es relevant, gute Beziehungen mit der Verwaltung (auf Kreis- und Provinzebene) zu pflegen und Kommunikations- sowie Transportfunktionen der Dörfer zu übernehmen.

---

1) Die Frauen der Untersuchungsdörfer überwanden schnell ihre anfängliche Scheu und stellten sich für Befragungen und Gespräche zur Verfügung. Besonders die Frauen in Haushalten mit direkter Beteiligung an der GAW zeigten großes Interesse an der Untersuchung; sie waren - vielleicht wegen Kenntnis der Sprach-/Akkulturationsprobleme ihrer Söhne, Ehemänner, Brüder oder Väter - meine verständigsten Gesprächspartner.

> 'Nothing is good or bad but by comparison'
> Thomas FULLER

nach WONNACOTT and WONNACOTT (1972^2), S. 213

2.5 Die Klassifizierungen der Untersuchungseinheiten

Auf der Basis der Daten aus der erweiterten Grunderhebung in den drei Untersuchungsdörfern (in Sagir und Gümüstepe eine Totalerhebung aller Haushalte; in Cemel eine Zufallsauswahl[1] von ca. 48 % der Haushalte insgesamt) wurde die Klassifizierung der Haushalte in die festgelegten Haushaltsgruppierungen vorgenommen. Für die vorliegende Untersuchung sind die folgenden Klassifikationsmerkmale ausgewählt worden, die aus den predeterminierten Haushaltsgruppierungen hergeleitet sind[2].

Die Gruppierungen der Haushalte sind im Schaubild 1 graphisch verdeutlicht; durch die mit den Klassifikationsvariablen und ihren Merkmalsausprägungen genannten Häufigkeiten wird die Gewichtigkeit der betreffenden Eigentümlichkeit für die Einordnung der Haushalte im dörflichen Sozialsystem in Übersicht 1 aufgezeigt. Die Summierung der betreffenden dörflichen Einzelklassen zu Haushaltsgruppierungen weist in Übersicht 1 zusätzlich auch die Anzahl der Haushalte aus, auf deren Basis die Untersuchungsaussagen über die Einwirkungen der GAW auf die agrarstrukturelle Entwicklung gemacht werden.

---

1) Modifiziert durch die Notwendigkeit, die Befragungen auch zum Aufbau sozialer Beziehungen für die Beobachtungen einzusetzen.
2) Vgl. zu Haushaltsgruppierungen und Vergleichsmethodik Kapitel 2.2.

2.5.1 Die Beteiligung der Haushalte an der Gastarbeiterwanderung

Als untersuchungs-relevant wurden die folgenden Merkmalsausprägungen der Variablen 'Beteiligung an der GAW' zur Klassifikation herangezogen:

(2.5.1.1) Haushalte mit aktiver aktueller GAW-Beteiligung (2)[1],

d.h. Haushalte mit einem (oder mehreren) Mitglied(ern) im Arbeitsaufenthalt in Nordwesteuropa. Ohne Bezugnahme auf die Art der Ausreise oder Arbeitsaufnahme wurden diese als Haushalte mit aktiver, aktueller Beteiligung an der GAW zum Zeitpunkt der Erhebungen zusammengefaßt. Der Beginn der haushaltlichen GAW-Beteiligung - der Ausreisezeitpunkt des ersten von mehreren bzw. des einzigen ausgereisten Haushaltsmitgliedes - blieb ohne Einfluß auf die Klassifizierung. Ebenfalls als Haushalte mit aktiver, aktueller GAW-Beteiligung sind diejenigen eingruppiert, welche Mitglieder umfassen, die ehemals als Gastarbeiter tätig waren, in denen jedoch gegenwärtig (ein) andere(s) Haushaltsmitglied(er) als GA arbeitstätig ist/sind. Die Rückkehrer in solchen Haushalten waren in ihrer Gastarbeiterzeit meist als 'Touristarbeiter' beschäftigt, d.h. mehr oder weniger illegal im Aufnahmeland[2]. Die Rückkehrer in diesen Haushalten mit, zum Zeitpunkt der Untersuchung, aktueller GAW-Beteiligung, wurden den aktuellen GA[3] nachge-

---

1) (2) vertritt in Übersicht 1 zusammen mit (1), dem Ausprägungskode für ehemalige GAW-Beteiligung, in Kapitel (2.5.1.2) als 12 alle Haushalte mit aktueller oder ehemaliger GAW-Beteiligung.

2) 'tourist worker' nach BÖRTUCENE/ERSOY (1974), S. 161, die die Anzahl der türkischen Touristarbeiter auf ca. 50000 beziffern.

3) Gastarbeiter waren die zum Grunderhebungszeitpunkt im Ausland arbeitstätigen Personen; Rückkehrer hatten ihre Auslands-Arbeitstätigkeit zu diesem Zeitpunkt endgültig abgeschlossen.

ordnet, da die typischen GAW-Wirkungen und -Einflußnahmen (Arbeitskraft-, Geld- und Informationstransfer) in diesen Haushalten bestehen bleiben. Die Merkmalsausprägung der GAW umfaßt zwei Haushalte mit Arbeitsaufnahmen von Mitgliedern vor 1963 ebenso wie die 123 Haushalte, welche in der Zeit intensivster Gastarbeiteranwerbungen - 1967 bis zum Anwerbestop 1973 - mit der GAW-Beteiligung begannen. Insgesamt umfaßt diese Gruppierung 'Haushalte mit aktueller GAW-Beteiligung' 139 Haushalte (27.6 % aller Untersuchungshaushalte)[1].

(2.5.1.2) Haushalte mit ehemaliger GAW-Beteiligung (1)[2]

Alle Haushalte, in denen für ein (oder mehrere) Mitglied(er) ein Zeitpunkt der Arbeitsaufnahme im Ausland festgestellt wurde - vermittelte, offizielle und graue, illegale Arbeitsaufnahmen (Touristarbeiter) wurden gleich behandelt - und die zum Zeitpunkt der Grunderhebungen (Sommer 1977) jede Arbeitstätigkeit im Ausland beendet hatten, wurden unter 'Haushalte mit ehemaliger GAW-Beteiligung' zusammengefaßt[3]. Zu dieser Merkmalsausprägung der Klassifikationsvariablen 'Beteiligung an der GAW' zählen 36 (7.1 %) der 504 Untersuchungshaushalte. Bezüglich des Beteiligungszeitpunktes umfaßt diese Klasse einen Haushalt, der kurz und früh (vor 1966) an der GAW beteiligt war, sowie Haushalte, welche die GAW in der Hauptanwerbezeit (1967 - 1973) begannen und diese erst nach dem allgemeinen Anwerbestop (1973) bis zum Abschluß der Grunderhebung beendeten[4].

---

1) Vgl. hierzu die jeweiligen Einzelsummen der NG und LG Gruppierungen je Untersuchungsdorf/-viertel sowie die beiden Gesamtsummen der Haushaltsgruppierungen NG und LG von 86 bzw. 53 Haushalten in Übersicht 1.

2) (1) vertritt in Übersicht 1 zusammen mit (2) von Kapitel (2.5.1.1) als 12 alle Haushalte mit aktueller oder ehemaliger GAW-Beteiligung.

3) Im Gegensatz dazu bezog A. AZMAZ (1980), S. 20f, in ihre Untersuchung nur solche Rückkehrer ein, die für wenigstens 1 Jahr in der Bundesrebublik Deutschland als GA tätig waren.

4) Der später benannte Rückkehrer M., mit 10 Jahren Gastarbeitstätigkeit, ist die Ausnahme.

Von den 36 Haushalten mit ehemaliger GAW-Beteiligung waren die sieben nicht-ldw. Haushalte - nach dörflichen Informationen - zwischen wenigen Tagen und sechs Jahren an der GAW beteiligt gewesen. Die 29 ldw. Haushalte mit Rückkehrer(n) hatten durchschnittlich jeweils 56 Monate lang ein Mitglied im Ausland arbeitstätig.

(2.5.1.3) Haushalte ohne jegliche GAW-Beteiligung (0)[1]

Haushalte, welche nicht eindeutig in die beiden vorgenannten Merkmalsgruppen eingeordnet werden konnten, bei denen keinerlei Informationsunsicherheit bestand, wurden zur Bildung der 'Vergleichsgruppe' zusammengefaßt. Diese Haushalte sind zwar nicht losgelöst von allen Kontakten zur GAW, aber nur mittelbar durch die GAW beeinflußt - zumeist durch enge nachbarschaftliche oder verwandtschaftliche Bindungen.

Diese Klasse umfaßt eine breite Streuung: Haushalte mit dörflichen Dienstleistungsfunktionen, wie Lehrer-, Imam- und Geschäfts(Krämer-)haushalte, welche zumeist wegen ihres begrenzten Umfanges (oft sind diese Haushalte nur Kernfamilien) keine Mitglieder zur Teilnahme an der GAW freistellen konnten, sind hier eingeordnet. Ebenso finden sich hier Haushalte, die bemüht waren, GA zu entsenden, jedoch wegen der Beendigung der Anwerbung (allgemein Ende 1973) keine Gelegenheit mehr hatten, ihr(e) Mitglied(er) als Gastarbeiter ins Ausland zu senden. Der Merkmalsausprägung (0) konnten insgesamt 231 der Untersuchungshaushalte (45.8 %) eindeutig zugeordnet werden.

(2.5.1.4) Haushalte, deren GAW-Beteiligung nicht sicher erhoben werden konnte[2]

Den vorstehend aufgezeigten Ausprägungen der Variablen 'GAW--Beteiligung' konnten 98 Haushalte (19.4 %) nicht zugeordnet

---

1) (0) vertritt in Übersicht 1 diese Merkmalsausprägung.
2) In Übersicht 1 mit ?? angezeigt.

werden. Z.T. haben diese Haushalte einen mittelbaren Anteil an der GAW durch Reisen, deren Zweck nicht eindeutig festgestellt werden konnte. Ausschließlich touristische Besuchsreisen und Reisen zwecks Arbeitssuche - oder mit, in der Dorfmeinung, derartigen Zielsetzungen versehene Reisen - und evtl. extrem kurze Arbeitsaufenthalte sind hierunter gefaßt. Die Mehrzahl dieser nicht sicher zuzuordnenden Haushalte konzentriert sich auf das Dorf Cemel und resultiert aus der zeitlich begrenzten Pretestphase im Jahr 1976. Auch die Haushalte, die nicht bei der Untersuchung erfaßt werden wollten, sind hierunter gefaßt.

2.5.2 Aktuelle, aktive Beteiligung an der türkischen Binnenwanderung[1]

Um die Relevanz der Effekte an der kleinbäuerlichen Betriebsentwicklung konkreter einschätzen zu können, wurde die Binnenwanderung - die innertürkische Arbeiterwanderung ist, national, ein sehr relevanter Faktor - in die Wahl der Klassifikationsvariablen aufgenommen, um zumindest ansatzweise den Umfang der Einflußnahmen dieser Wanderung vergleichsweise aufzuzeigen. Auf der Grundlage der einfach zugänglichen - und andauernden - innertürkischen Arbeiterwanderung (die finanzielle Hemmschwelle ist ebenso weit niedriger im Vergleich mit der GAW, wie das erreichbare Einkommens-, Informations- -und Erfahrungspotential) ergaben sich bei der empirischen Erhebung jedoch Schwierigkeiten, welche die Stufung auf der Basis weniger Klassen erzwangen. So wurde bei der Klassifikation nur die gegenwärtig aktuelle, innertürkische Wanderarbeitsaufnahme von Haushaltsmitgliedern als Merkmalsausprägung der Klassifikationsvariablen 'Binnenwanderung (B)' aufgegriffen. In konkreten Fällen umfaßt die B den weiten Rahmen

---

[1] Dieses Kriterium ist in Übersicht 1 nicht eigens ausgewiesen. Erst später damit gebildete Haushaltsgruppierungen sind dort aufgezeigt.

von saisonaler Pendelwanderung (z.B. zur Durchführung ldw. Erntearbeiten in mehr oder weniger weit entfernten Gebieten) bis zur Annahme von Dauerarbeitsplätzen in den aufstrebenden Industriezentren der umliegenden Provinzhauptstädte. Nicht einbegriffen in diese Kategorie wurde die tägliche Pendelarbeit in der Kreisstadt Sarkisla. Insgesamt wurde für 18 Haushalte (3.6 %) dieses Klassifikationsmerkmal festgestellt. Haushalte ohne aktuelle oder mit ehemaliger innertürkischer Arbeiterwanderung wurden in die Klasse der nicht an der GAW beteiligten Haushalte (0) gefaßt. In Haushalten mit beiden Wanderungsarten wurde die GAW als klassifikationsrelevante geführt und die Einordnung entsprechend vorgenommen.

2.5.3 Aktive Landbewirtschaftung

Auf der Grundlage des Rechtes jedes einzelnen Dorfhaushaltes, Tiere auf die allgemeinen Weiden zu senden (unter Obhut der Dorfschäfer), ist das Viehhaltungspotential jedes einzelnen Haushaltes umfangreich und nicht unbedingt an Landbesitz gebunden[1]. Dies führte zur Eingrenzung der Klassifikation der Haushalte bezüglich der Führung eines ldw. Betriebes auf die Nutzung von Land (Boden) als primärem und ausschließlichem Merkmal zur Abgrenzung des ldw. Betriebes. Die in der Grunderhebung gewonnenen Informationen über den Landbesitz, sowie die Nutzung dieses Landes und weiteren (angepachteten) Landes durch die einzelnen Haushalte, wurden zur Durchführung der Klassifikation nach Haushalten mit und ohne ldw. Betrieb und damit als ldw. bzw. nicht-ldw. Haushalte herangezogen.

(2.5.3.1) Ldw. Haushalte (1)[2]

Die unmittelbar produktive Fläche (Kulturfläche) eines Haushaltes wurde zur Klassifikation herangezogen[3]. Dabei wurde nur die ldw. genutzte Fläche (LF) (einschließlich der frucht-

---

1) Vgl. zur Tierhaltung Kapitel 7.2.
2) (1) steht in Übersicht 1 für Haushalte mit ldw. Betrieb.
3) Vgl. zur Betriebsabgrenzung z.B. BRANDES/WOERMANN (1971), S. 40ff.

folgebedingten Brachflächen) zum Klassifikationskriterium gewählt. Nicht genutzte, aber ldw. nutzbare Flächen wurden bei der Klassifikation ausgeschieden. Folglich wurde nur jeder Haushalt mit einer selbst ldw. genutzten Fläche (LF) als Haushalt mit einem ldw. Betrieb definiert. Haushalte mit Land- -(Boden)-Besitz, welche diesen - teilweise oder vollständig - als erweiterte Brache (bosluk) lassen, d.h. nicht ackerbaulich nutzen, werden nur als Haushalte mit ldw. Betrieb eingestuft, wenn ein Rest ldw. Nutzfläche aus dem Eigentumsland zur Selbstbewirtschaftung verblieb und/oder ldw. Nutzfläche mittels Pacht (Fest- und/oder Teilpacht) hinzugewonnen wurde, um eine ldw. Primärproduktion durchzuführen[1]. Haushalte, deren gesamtes Land im Teilpachtverhältnis an andere Haushalte abgegeben wurde, sind - auf der Basis des vorherrschenden Teilpachtsystems verfügen diese über prinzipiell erhebliche, jedoch kaum genützte, Möglichkeiten der Einflußnahme - nicht als ldw. Haushalte definiert worden. Solche Haushalte wurden, wie alle Haushalte ohne LF unter aktiver eigenständiger Organisation, in die verbleibende Merkmalsausprägung zusammengefaßt.

(2.5.3.2) Nicht-ldw. Haushalte (0)[2]

Diese Klasse umfaßt, neben den in Teilbauabkommen verpachtenden 61 Haushalten (12.1 %), alle Haushalte, welche ihren Landbesitz entweder vollständig in erweiterte Brache fallen ließen, oder ihn in Festpacht vergaben. Insgesamt hatten 23 Haushalte (4.6 %) ihren gesamten Landbesitz in erweiterter Brache und wurden deshalb in dieser Untersuchung als nicht-ldw. Haushalte klassifiziert. Ebenfalls gehören zu dieser Merkmalsklasse die Haushalte ohne jedwelchen Bodenbesitz und ohne Zupachtung. Haushalte mit relativ umfangreichen Tierbeständen, jedoch ohne

---

1) Die 'landwirtschaftlich genutzte Fläche (LF) eines Haushaltes' wurde herangezogen, um Einkommen auszuschließen, welche , wie bei der Kriteriumsvariablen 'Besitz an landwirtschaftlicher Nutzfläche (LN) eines Haushaltes' möglich, als Rente bezogen werden könnten.

2) (0) steht in Übersicht 1 für Haushalte, die über keinen ldw. Betrieb verfügen und ?? für Haushalte, die infolge unzureichender Informationen keiner der beiden Gruppen zugeordnet werden konnten.

eigene Eigenstums- oder Pachtlandbewirtschaftung, wurden
gleichfalls dieser Klasse zugezählt[1]. Weiterhin wurden hier alle
Haushalte mit Einkommenserwerb im tertiären Sektor (Lehrer,
Dorfgeistliche, Taxifahrer) oder im sekundären Sektor (hauptsächlich alle ausschließlich GAW-abhängigen Haushalte) einbegriffen.

2.6 Die Haushaltsgruppierungen

Die in der Grunderhebung gewonnenen Daten wurden mittels der
beschriebenen Merkmalsausprägungen der vorausgewählten Klassifikationsvariablen zusammengefaßt[2] und sind in einer Kreuztabellierung den in Schaubild 1 aufgezeigten einzelnen Klassen
von Haushalten zugeordnet worden. Übersicht 1 skizziert die
einzelnen Klassen von Haushalten je Dorf bzw. Dorfviertel in
absoluten und relativen Größen und benennt den Umfang der Haushaltsgruppierungen, die die Basis bilden für die Aussagen über
die Beeinflussung der Agrarentwicklung und -struktur durch die
GAW[3].

Die Grundgesamtheit der Haushalte sind die unter dem Begriff
Untersuchungsviertel in Übersicht 1 zusammengefaßten 504 Haushalte, welche insgesamt 76 % aller 666 Haushalte der drei Untersuchungsdörfer ausmachen. Durch die Grunderhebung wurden

---

1) In der Mehrzahl hatten diese Haushalte relativ große Viehbestände nur wegen der von ihren Mitgliedern betriebenen
Tierhandelsgeschäfte.

2) Die elektronische Datenverarbeitung erfolgte auf der Rechenanlage (einer Univac 1108 bzw. 1100/80) der Gesellschaft
für wissenschaftliche Datenverarbeitung Göttingen. SPSS
(Statistical Program for Social Sciences), Version 7, war
das hauptsächlich benutzte Software-Programm.

3) Die für das Dorf Cemel ausgewiesene Aufteilung in $Cemel_U$
(untersucht) und $Cemel_R$ (restliche Haushalte) beruht
nicht auf einer dorfeigenen Mahalle-Struktur, sondern ergab
sich aus der Begrenzung der erfaßten Haushalte in der Grunderhebung 1976.

Schaubild 1: Schema der Haushaltsgruppierungen und ihre Bezeichnungen

Untersuchungshaushalte		
Untersuchungshaushalte		(n)
—**N**icht-ldw. Haushalte		(185)
-**o**hne Wanderarbeiter (N 0)		(86)
- mit **R**ückkehrer(n) (ehem. Gastarbeiter) (N R)		(7)
- mit **B**innenwanderung (N B)		(6)
- mit **G**astarbeiter(n) (N G)		(86)
— **N**icht einzuordnende Haushalte (H ?)		(98)
—**L**dw. Haushalte		(221)
-**o**hne Wanderarbeiter (L 0)		(127)
- mit **R**ückkehrer(n) (ehem. Gastarbeiter) (L R)		(29)
- mit **B**innenwanderung (L B)		(12)
- mit **G**astarbeiter(n) (L G)		(53)

→ alle Haushalte mit Beteiligung an der Gastarbeiterwanderung (GAW) (175)

→ alle Haushalte ohne Beteiligung an der Gastarbeiterwanderung (231)

(n) = die nach der Grunderhebung zur jeweiligen Gruppierung gezählten Haushalte (vgl. auch Übersicht 1)

diese 504 Haushalte erfaßt[1] und bildeten nach der Klassifizierung die Grundgesamtheiten für die Intensiverhebungsphase. Zu den Haushalten mit ldw. Betrieb (die eigentlichen Haushalt--Betrieb-Einheiten der Untersuchung, im folgenden ldw. Haushalte genannt) zählen 221 Einheiten (43.8 % der Grundgesamtheit).

185 (36.7 %) der Haushalte hatten definitiv keinen ldw. Betrieb und werden deshalb als nicht-ldw. Haushalte bezeichnet, für 98 Haushalte (19.4 %) - davon 17 in Sagir und 79 in Cemel - konnte der Nachweis einer der vorgenannten Merkmalsausprägungen der Variablen 'Aktive Landbewirtschaftung' nicht erbracht werden[2].

Haushalte, die in einer der vordefinierten Arten[3] an der GAW partizipiert haben/hatten, machten 175 von 504 Haushalten (34.7 %) aus. Der Anteil der gegenwärtig oder ehemals an der GAW beteiligten Haushalte beträgt 20.2 % und 47.8 % in den beiden Vierteln des Dorfes Gümüstepe, während die beiden anderen Untersuchungsdörfer mit 34.6 % (Sagir) und 33.6 % (Cemel)[4] der Haushalte, die direkt an der GAW beteiligt sind, eine mittlere Beteiligung aufweisen.

---

1) Die Grunderhebung umfaßt zwei Totalerhebungen der Dörfer Gümüstepe und Sagir sowie eine Klumpenauswahl im Dorf Cemel.

2) Vor allem Haushalte, die an der/für die Arbeiterwanderung (B und GAW) beteiligt waren/Beteiligung angaben, welche sich jedoch als Falsch- und Fehlinformation herausstellte. Diese Haushalte machten zumeist ebenfalls nicht konsistente Angaben zu Landbesitz und Landnutzung.

3) In Übersicht 1 mit (12) zusammengefaßt; vgl. ebenfalls die Übergruppierungen 'Haushalte mit Beteiligung an der GAW' in Schaubild 1.

4) Ausschließlich die bei der Grunderhebung erfaßten Haushalte; nach Informationen des Bürgermeisteramtes waren 35 % aller Haushalte des Dorfes Cemel an der GAW beteiligt.

2.6.1 Die Beschreibung der Haushaltsgruppierungen

Die Kreuztabellierung der Haushalte mittels der jeweils festgestellten Merkmalsausprägungen der oben ausgeführten Klassifikationsvariablen führte zu den Haushaltsgruppierungen, die die Bezugsgrößen für die aufgezeigten Untersuchungsergebnisse sind (vgl. Übersicht 1). Dabei ist für jede Gruppierung ein Kürzel festgelegt, welches zur Beschreibung und für die erklärenden Aussagen im Fortlauf der Arbeit jeweils die hiermit gekennzeichneten Zusammenfassungen von Haushalten benennt[1]. Zusammen mit dem Inhalt sollen diese Kürzel im Folgenden aufgezeigt und eingeführt werden.

(2.6.1.1) Nicht-ldw. Haushalte ohne Wanderarbeiter (NO)

Die Aussagegruppierung NO umfaßt die 86 Haushalte der Kontrollgruppe, welche weder über einen ldw. Betrieb verfügen noch an der Binnenwanderung bzw. der GAW beteiligte Mitglieder zählen.

(2.6.1.2) Ldw. Haushalte ohne Wanderarbeiter (LO)

LO beinhaltet die 127 Haushalte, die weder an der inländischen Arbeiterwanderung noch an der GAW teilnehmen, aber einen ldw. Betrieb führen.

(2.6.1.3) Nicht-ldw. Haushalte mit Gastarbeiterrückkehrer(n) (NR)

NR sind 7 Haushalte, die ehemals Mitglieder zwecks Arbeitstätigkeiten im Ausland hatten. Solche Haushalte weisen Rückkehrer, aber keinen ldw. Betrieb auf. Jeder zu dieser Gruppierung zählende Haushalt hatte durchschnittlich für 2.6 Mannjahre ein Mitglied im Ausland arbeitend. Die Aufnahme der GAW erfolgte hauptsächlich in der Zeit der Hauptwanderungswelle zwischen 1967-73 (Erstwanderung 1969). Die Beendigung der haushaltlichen GAW-

---

1) Sowohl je Dorf bzw. Dorfviertel sind die Anzahl der zur jeweiligen Gruppierung zählenden Haushalte in Übersicht 1 aufgezeigt, als auch zu Haushaltsgruppierungen zusammengefaßt. Die Aufteilung der 504 Grunderhebungshaushalte auf vier Teilmengen ist zufällig; der Begriff 'Viertel' bezieht sich nicht auf sie, sondern wird nur im Sinne von Dorfviertel, d.h. Teil eines Dorfes, verwendet. Vgl. auch Übersicht 2.

Übersicht 1: Die Verteilung der Haushalte nach administrativen Einheiten

			Erhebungsstufen	
		Dorf	Gümüştepe	
Einheiten		Haushalte (n)	202	
		% insgesamt	30.3	
		Dorfviertel	Yerli	Yeni
		Haushalte (n)	113	89
		% insgesamt	22.4	17.7
		% je Dorf	55.9	44.1
Grunderhebung	Kriterien	GAW-Beteiligung (1,2/0/??)** (n)	54 / 59 / 0	18 / 69 / 2
		% insgesamt	30.9 / 25.5 / 0	10.3 / 29.9 / 2.0
		% je Viertel	47.8 / 52.2 / 0	20.2 / 77.5 / 2.2
		landw. Betrieb (1/0/??)** (n)	43 / 70 / 0	48 / 39 / 2
		% insgesamt	19.5 / 37.8 / 0	21.7 / 21.1 / 2.0
		% je Viertel	38.1 / 61.9 / 0	53.9 / 43.8 / 2.2
	Erhebungsklassen	je Viertel (n)	NO 32, NR 4, NB 1, NG 33, LO 24, LR 5, LB 2, LG 12	NO 23, NR 1, NB 4, NG 11, H? 2, LO 39, LR 2, LB 3, LG 4
		% insgesamt	37.2 / 57.1 / 16.7 / 38.4 / 18.9 / 17.2 / 16.7 / 22.6	26.7 / 14.3 / 66.7 / 12.8 / 2.0 / 30.7 / 6.9 / 25.0 / 7.5
		% je Viertel	28.3 / 3.5 / .9 / 29.2 / 21.2 / 4.4 / 1.8 / 10.6	25.8 / 1.1 / 4.5 / 12.4 / 2.2 / 43.8 / 2.2 / 3.4 / 4.5
Intensiverhebung		Stichproben (n)	9 / 2 / 0 / 27 / 5 / 5 / 1 / 11	5 / 0 / 0 / 6 / 0 / 14 / 2 / 0 / 4
		% je Viertel	8.0 / 1.8 / - / 23.9 / 4.4 / 4.4 / .9 / 9.7	4.4 / - / - / 5.3 / - / 12.9 / 1.8 / - / 3.5
		% je Klasse	28.1 / 50.0 / - / 81.8 / 20.8 / 100.0 / 50.0 / 91.7	21.7 / - / - / 54.5 / - / 35.9 / 100.0 / - / 100.0

*) Erklärungen im Text   **= vgl. die Beschreibungen der einzelnen Merkmalsausprägungen

Quelle: Eigene Erhebungen 1977/78

und ihre Einordnung in Erhebungsklassen und Haushaltsgruppierungen *)

Sağır	Cemel		Untersuchungsdörfer
153	311		666
23.0	46.7		100.0
Sağır	Cemel$_U$	Cemel$_R$	Untersuchungsviertel
153	149	162	504
30.4	29.6	–	100
100.0	47.9	52.1	75.7
53 / 83 / 17	50 / 20 / 79	X	175 / 231 / 98
30.3 / 35.9 / 17.3	28.6 / 8.7 / 80.6		100 / 100 / 100
34.6 / 54.2 / 11.1	33.6 / 13.4 / 53.0		34.7 / 45.8 / 19.4
81 / 55 / 17	49 / 21 / 79	X	221 / 185 / 98
36.7 / 29.7 / 17.3	22.2 / 11.4 / 80.6		100 / 100 / 100
52.9 / 35.9 / 11.1	32.9 / 14.1 / 53.0		43.8 / 36.7 / 19.4

Haushaltsgruppierungen

	Sağır									Cemel$_U$								Cemel$_R$		NO	NR	NB	NG	H?	LO	LR	LB	LG
	NO	NR	NB	NG	H?	LO	LR	LB	LG	NO	NR	NG	H?	LO	LR	LB	LG											
	27	1	1	26	17	50	6	5	20	4	1	16	79	14	16	2	17	X		86	7	6	86	98	127	29	12	53
	31.4	14.3	16.7	30.2	17.3	39.4	20.7	41.7	37.7	4.7	14.3	18.6	80.6	11.0	69.9	16.7	32.1	X		100.0	100.0	100.0	100.0	100.0	100.0	100.0	100.0	100.0
	17.6	.7	.7	17.0	11.1	32.7	3.9	3.3	13.8	2.7	.7	10.7	53.0	9.4	10.7	1.3	11.4	X		17.1	1.4	1.2	17.1	19.4	25.2	5.8	2.4	10.5
	2	1	0	20	6	23	6	4	17	1	1	11	0	4	13	2	33	X		17	4	0	64	0	46	26	7	65
	1.3	.7	–	13.1	–	15.0	3.9	2.6	11.1	.7	.7	7.4	–	2.7	8.7	1.3	22.1	X		3.4	.8	–	12.7	–	9.1	5.2	1.4	12.9
	7.4	100.0	–	76.9	–	46.0	100.0	80.0	85.0	25.0	100.0	68.8	–	28.6	81.2	100.0	194.0	X		19.8	57.1	–	74.4	–	36.2	89.7	58.3	123.0

"–" = 1978 nicht einbezogen   x = nicht erhoben

-Beteiligung wurde oft durch die unsichere rechtliche Stellung dieser GA bzw. wegen Verstößen der GA gegen den Rechtskodex des Gastgeberlandes erzwungen. Keiner dieser an der GAW beteiligten Haushalte hatte mitreisende, nicht erwerbstätige Mitglieder im Ausland - wodurch die unsichere rechtliche Stellung der GA ebenfalls angezeigt wird[1].

(2.6.1.4) Ldw. Haushalte mit Gastarbeiterrückkehrer(n) (LR)

Zu dieser Gruppierung zählen 29 Haushalte, die über Rückkehrer aus der GAW und einen ldw. Betrieb verfügen. Auf der Datenbasis von 21 Haushalten[2] ergibt sich folgende Beschreibung dieser Gruppierung:

- Durchschnittlich hatte jeder Haushalt 4.6 Jahre lang an der GAW teilgenommen.
- Gegenüber den NR waren die ehemaligen GA aus ldw. Haushalten meist mit konkreteren, genaueren Zielvorstellungen bei der GAW-Aufnahme ausgereist und
- die GA in rechtlich gefestigten Positionen tätig (weshalb die Termine der Rückkehr meistens selbst gewählt worden waren).

Die 21 Haushalte waren durchschnittlich 10 Monate lang mit mitreisenden, nicht-arbeitstätigen Mitgliedern im Ausland vertreten.

(2.6.1.5) Nicht-ldw. Haushalte mit Binnenwanderung (NB)

Nicht-ldw. Haushalte sind nur in sechs Fällen an der Binnenwanderung zum Zeitpunkt der Grunderhebung beteiligt gewesen. Die Durchschnittswerte dieser Gruppierung ebenso wie die der folgenden Gruppierung

(2.6.1.6) Ldw. Haushalte mit Binnenwanderung (LB)

mit insgesamt 12 Haushalten, beruhen deshalb auf einer kleinen

---

1) Der im Ausland tätige Vorstand eines Haushalts suchte eine 'Touristarbeiter-Stellung' durch die Heirat einer deutschen Frau zu legalisieren. Diese Bemühungen verhinderten das Nachholen dörflicher Haushaltsmitglieder ebenso, wie das Scheitern der Bemühungen oft die abrupte Beendigung der GA--Tätigkeit und zwangsweise Rückkehr ins Dorf zur Folge hatte.

2) Drei Haushalte konnten nicht in die Intensiverhebung einbezogen werden und für fünf Haushalte ergaben sich nicht konsistente Informationen.

Grundgesamtheit. Diese Ergebnisse sind vorsichtig zu betrachten - unterstreichen aber auch die Bedeutung der GAW in den Untersuchungsdörfern.

(2.6.1.7) Nicht-ldw. Haushalte mit Gastarbeiter(n) (NG)

sind 86 Untersuchungshaushalte, die Mitglieder als GA im Ausland haben und primär Einkommen aus der GAW beziehen. Alle diese Haushalte sind seit über zehn Jahren an der GAW beteiligt. 22 Haushalte dieser Gruppierung sind vollständig im Ausland. Weitere 25 Haushalte sind mit arbeitstätigen und mitreisenden Haushaltsangehörigen im Ausland vertreten, während von 39 Haushalten sich nur eine Person (meist der Haushaltungsvorstand) als GA im Ausland aufhält.

(2.6.1.8) Ldw. Haushalte mit Gastarbeiter(n) (LG)

verfügen gegenüber NG zusätzlich über den ldw. Betrieb und stellen somit die Gruppierung dar, in der GAW und Agrarentwicklung direkt fortlaufend aufeinander einwirken. Hierzu zählen 53 Haushalte, von denen sich Kernfamilien[1] im Ausland aufhalten, während die Familien der Brüder oder Eltern, mit denen zusammen ein Haushalt des erweiterten Großfamilientyps gebildet ist, den verbleibenden dörflichen Stammhaushalt darstellen. Im Sommer 1977 waren diese Haushalte durchschnittlich knapp zehn Jahre lang an der GAW beteiligt, obwohl nicht alle Haushalte die GAW gleichzeitig aufnahmen, sondern entsprechend der Ausstattung des Haushaltes mit Ressourcen (z.B. Land) die Erstwanderungen über die gesamte Anwerbezeit der GAW gestreut sind.

2.6.2 Übergruppierungen von Haushalten

Wie in Schaubild 1 ausgewiesen, sind die genannten Haushaltsgruppierungen der zweite Schritt der Klassifikation nach der allgemeinen Einteilung der Untersuchungshaushalte in drei Übergruppierungen. Diese Übergruppierungen werden z.T. mit ihrem allgemeinen Durchschnitt beim Vergleich von Ergebnissen heran-

---

[1] Meist eine vollständige Kernfamilie (Mann + Frau + alle eigenen Kinder) aus erweiterten Haushalten (Familien). LG, von denen nur ein Mitglied allein im Ausland ist, sind nur einige Haushalte mit Kleinstbetrieb.

gezogen. Dabei sind (vgl. Übersicht 1)

(2.6.2.1) Ldw. Haushalte

alle Untersuchungseinheiten mit der Merkmalsausprägung (1)(mit ldw. Betrieb) der Klassifikationsvariablen 'Aktive Landbewirtschaftung'. Hierunter fallen 221 Haushalte (43.8 % aller Untersuchungshaushalte).

(2.6.2.2) Nicht-ldw. Haushalte

weisen die Merkmalsausprägung (0) (ohne ldw. Betrieb) dieser Klassifikationsvariablen auf und zählen insgesamt 185 Haushalte (36.7 % aller untersuchten Haushalte).

(2.6.2.3) Haushalte mit Beteiligung an der GAW

sind alle Haushalte, bei denen ein Mitglied mit aktueller bzw. mit ehemaliger Arbeitstätigkeit im Ausland festgestellt werden konnte. Hierzu zählen alle Haushalte mit Rückkehrern ebenso wie sämtliche Haushalte, die zur Untersuchungszeit (einen) Angehörige(n) zwecks Erwerbstätigkeit im Ausland benannten - ohne Bezugnahme auf die Klassifikationsvariable 'Landbewirtschaftung'. Wie in Schaubild 1 angezeigt, zählen die Haushaltsgruppierungen NR, NG, LR und LG zu den unter der genannten Übergruppierung zusammengefaßten Haushalten. Dahingegen summieren sich die Haushaltsgruppierungen NO, NB, LO und LB zur Übergruppierung

(2.6.2.4) Haushalte ohne Beteiligung an der GAW,

die ebenfalls in Schaubild 1 angezeigt ist. Die empirischen Erhebungen ergaben eine (nachgewiesene) unmittelbare Teilhabe von 175 (35 %) aller 504 bei der Untersuchung angesprochenen Haushalte an der Entsendung von GA, wobei die 98 (19 %) Haushalte zu berücksichtigen sind, die nicht gruppiert werden konnten[1].

An der Anzahl von 175 Haushalten, die unmittelbar unter den genannten Einwirkungen der GAW[2] stehen und ihrer jeweiligen,

---

[1] Im Intensivbefragungsabschnitt konnten durch die zusätzlichen Informationen 12 dieser Haushalte den LG zugeordnet werden.

[2] Vgl. Kapitel 1.3.

für ein Dorf typischen Verbundenheit mit anderen Haushalten[1]
ist ersichtlich, daß die GAW über die Einflußnahmen an den
GA entsendenden Haushalten hinaus das gesamte dörfliche Leben
sowohl in sozialer als auch in wirtschaftlicher Hinsicht bewegt. Zwar sind die mittelbar von der GAW betroffenen Anteile
der Haushalte je Dorf bzw. -viertel unterschiedlich umfangreich[2], doch in keinem Falle so kennzeichnend, um die Betrachtung dieser Einheiten bei der Analyse der durch die GAW
verursachten Wirkungen in der dörflichen Agrar- und Betriebsstruktur nicht einzubeziehen.

2.6.3 Die Haushalte der Intensiverhebung

Die mehrstufig angelegte Untersuchung - sowohl bezüglich der
Aussageebenen als auch der Erhebungsintensität - erforderte,
die einzelnen Haushaltsgruppierungen nach der Grunderhebung
jeweils als eine Grundgesamtheit anzusehen, aus der die zu befragenden Haushalte für die Intensiverhebung auszuwählen waren. Durch den für die Intensiverhebung herangezogenen standardisierten Fragebogen (vgl. Anhang A2) war es notwendig,
die Zahl der zu befragenden Haushalt-Betrieb-Einheiten einzuschränken. Um möglichst viele spezifische Einzelheiten in
den Gruppierungen mit GAW- bzw. mit ehemaliger GAW-Beteiligung und aktiver Landbewirtschaftung zu erfassen, war in diesen Gruppierungen (LR und LG) eine vollständige Erhebung vorgesehen. Daraus ergibt sich, daß die aktuelle Zahl von Haushalten mit aktiver GAW und aktiver Landbewirtschaftung von
53 auf 65 Haushalte in dieser Gruppierung LG zunahm, d.h. aufgrund erweiterter Informationen insgesamt 12 Haushalte, die
vordem nicht einzuordnen waren - zur Gruppierung H? gezählt
wurden -, nunmehr als LG eingruppiert werden konnten.

Für die Intensivbefragung wurden aus den neun Haushaltsgruppierungen des Grunderhebungsabschnittes sieben ausgewählt, die

---

1) Innerhalb des o.g. Gesamtsystemes 'Dorf'.
2) Vgl. Übersicht 1, speziell die Zeile GAW-Beteiligung und
   die jeweiligen prozentualen Anteile der Ausprägung '0' -
   keine Beteiligung -, welche von 13 % (Cemel) bis 78 % (Gümüstepe, Yeni-Mahalle) reichen.

dann die Grundlage für die Stichprobe der bei der Intensiverhebung erfaßten Haushalte innerhalb einer Gruppierung bildeten. Die Stichprobengrößen verhalten sich disproportional zueinander und reichen von einer 20 %igen Auswahl bis zur Totalerhebung in den besonders relevanten Haushaltsgruppierungen (vgl. Übersicht 1). Die Auswahl der Haushalte wurde separat für jedes Dorf bzw. -viertel durchgeführt. Die Verzerrung der Stichproben (Unter- und Übergewichtung einzelner Aspekte) wurde durch die Bereitschaft bzw. fehlende Aufgeschlossenheit von einzelnen Haushalten zur Teilnahme an der Untersuchung verursacht[1] wie durch die Einbeziehung von Haushalten, mit denen sich in persönlichen Beziehungen Interview- und Erhebungssituationen ergaben. Dennoch sind die Stichprobenergebnisse relevant, um als durchschnittliche Werte für die Situation in den einzelnen Haushaltsgruppierungen interpretiert und für den Vergleich der Haushaltsgruppierungen herangezogen zu werden. Allerdings würde eine strikte Zufallsauswahl bei den LO zu allgemein niedrigeren Durchschnittswerten und geringeren Streuungen führen, denn durch die bewußte Einbeziehung der Betriebe mit Traktoren (diese Haushalte sind die Meinungsbildner der Untersuchungsdörfer) in die Stichprobe von 46 (36 %) aus den 127 LO waren auch die erfolgreichsten Betriebe ausgewählt. Die Unterschiede zwischen den einzelnen Gruppierungen sind in der dörflichen Situation deshalb zumindest so gravierend, wie in der Analyse der Intensiverhebungsdaten angezeigt. Der GAW zugeordnete Einflußnahmen und Wir-

---

1) Z.B. waren einige Haushalte erst für die Intensiverhebung aussagebereit, wenn ein anderer (in der Dorfmeinung hochangesehener) Haushalt die Fragen beantwortet hatte. Die Theorie der Zufallsauswahl berücksichtigt solche dörflichen Beziehungsgeflechte nicht, doch wurden die dörflichen Bedingungen als diejenigen betrachtet, die die Befragung leiten, und damit Abweichungen der einzelnen Stichproben von der Stichprobentheorie bewußt akzeptiert.

kungen sind somit als Minimalbedingungen aufzufassen, die, innerhalb der Untersuchungsdörfer, die Situationen der Haushalte in Abhängigkeit von ihrer Stellung zum Landbau und zur Wanderung von Arbeitskräften - speziell in der als GAW bezeichneten, internationalen Bewegung von Arbeit - kennzeichnen.

2.7 Auswertungsmethoden

Zur Analyse des erhobenen Datenmaterials wurden im wesentlichen Kennzahlen der deskriptiven Statistik[1] angewandt, um die in die Gruppierungen geordneten Haushalte zu beschreiben. Dabei werden die Kennzahlen jeweils über die Summe der Haushalte dargestellt, für welche die Daten sicher festgestellt werden konnten. Aus dem Vergleich der jeweils genannten Anzahl der Haushalte, die in die Errechnung der Kennzahlen eingeschlossen werden konnten, und der zu dieser Gruppierung zählenden Haushalte (vgl. Schaubild 1), läßt sich die Zahl der Haushalte ableiten, deren Daten für die Errechnung der Kennzahlen nicht verfügbar waren.

Die Gründe der fehlenden Daten in diesen Erhebungseinheiten sind vielschichtig und reichen von Verweigerungen bis zu - durch die während der periodischen Anwesenheit in den Dörfern festgestellten - Datenmanipulationen durch bewußt falsche Angaben. Die erstellten Kennzahlen je Haushaltsgruppierung sind somit begrenzt in ihren Interpretationsmöglichkeiten, dienen dennoch dazu, die durch die mit der Datenerhebung nach der Dorfstudienmethodologie verbundenen Beobachtung zu untermauern.

Die Anwendung der elektronischen Datenverarbeitung mittels des SPSS-Systems[2] auf der Rechenanlage der Gesellschaft für Wissenschaftliche Datenverarbeitung in Göttingen ermöglichte die

---

1) Insbesondere das arithmetische Mittel, der PARSON'sche Variationskoeffizient und der Gini-Koeffizient (G) (vgl. Anhang 3).
2) NIE, N.H./HULL, C.H., u.a. (1975^2): Statistical package for the social sciences. New York: McGraw-Hill.

Durchführung sowohl der - im großen Umfang notwendigen - Rechenarbeiten zur Datenbeschreibung als auch die Datenanalyse und Hypothesentestung in - durch die Beobachtungserkenntnisse besonders relevant erscheinenden - Teilbereichen der Untersuchungsthematik, die sich zudem der intensiveren quantitativen Behandlung nicht verschlossen. Kontingenztabellierungen, -tests und Varianzanalyse wurden dabei zur Überprüfung der Beobachtungsergebnisse herangezogen.

2.8 Resümee

Die GAW als ein multisektorales, -nationales und -dimensionales Phänomen soll in ihrer Bedeutung für die Agrarstruktur auf Dorf- und Betriebsebene dargestellt werden. Diese Zielsetzung enthält die Beschreibung des Untersuchungsgebietes im Kontext der Gastarbeiterwanderungen, sowie die Interpretation der regionalen Bedingungen, die die dörfliche bzw. einzelhaushaltliche Beteiligung an der Gastarbeiterwanderung beeinflussen. Die Rahmendaten werden bei der gewählten Untersuchungsmethodik - dem Dorfstudienverfahren - implizit zur Beurteilung und zum Verständnis der Wirkungen aus der Gastarbeiterwanderung in Haushalt-Betrieb-Einheiten vorausgesetzt.

Anschließend erfolgt die Beschreibung der Kriterien, mittels welcher die Haushalte nach ihrer Stellung zur GAW eingeordnet wurden, um die Bedeutung der GAW hinsichtlich der einzelnen Haushalte bzw. Gruppen von Haushalten erfassen zu können. Die Klassifizierung der Haushalte und die darauf folgende Zusammenfassung der Haushalte zu homogenen Gruppierungen hinsichtlich der Kriterien 'Landbewirtschaftung' und 'GAW-Beteiligung' sind die Grundlage, mittels derer die Wirkungen der Maßnahme 'GAW' auf die Organisation der Haushalt-Betrieb-Einheiten und der dörflichen Agrarstruktur erfaßt werden.

Aus der Aufteilung der Haushalte in die Gruppierungen wird die bestehende Agrarstruktur umrissen und ihre Entstehung durch die Beschreibung der Veränderungen in den einzelnen Gruppierungen während der GAW angezeigt (Kapitel 4). Die Bedingungen des Strukturwandels (Betriebliche Ausstattung und Organisation, die Notwendigkeiten des Bewirtschafterhaushaltes) zeigen die Größe des Prozesses 'Agrarstrukturwandel' an. Daran wird ebenfalls der Einfluß der GAW ersichtlich. Am Zustand der Entwicklung und an den Determinanten zukünftiger Wandlung wird die zeitliche Dimension der GAW deutlich werden. Damit ist die Bedeutung der GAW erwiesen, die über die allgemeine Wanderung von Arbeitskräften hinausgeht und sowohl in den Anwerbeländern als auch - und noch weit relevanter - in den Herkunftsregionen umfangreiche Neuordnungen erforderlich macht.

3 Zum Untersuchungsgebiet unter dem Einfluß der Gastarbeiterwanderung

3.1 Der Landkreis der Untersuchung

Der Landkreis Sarkisla innerhalb der Provinz Sivas wurde ausgewählt aufgrund der folgenden untersuchungsrelevanten Kriterien:
Der Landkreis[1] liegt im östlichen Zentralanatolischen Hochland und umfaßt Gebirgsketten, beiderseits des Kizilirmak, sowie ausgedehnte Hochplateaus. Im Schnittpunkt der Einflußbereiche zwischen der Provinzhauptstadt Sivas[2] und der benachbarten Provinzhauptstadt Kayseri[3] liegend, gelangt der Kreis Sarkisla in die Vorteile der Grenzlage - ebenso werden Nachteile der räumlichen Peripherie spürbar. Die Vor- und Nachteile administrativ-peripherer Position sind bezüglich der Beteiligung an der GAW von Relevanz.

Der Kreis Sarkisla liegt - wie aus Karte 1 ersichtlich ist - an der Kommunikationslinie, die vom Nordosten der Türkei (aus dem Gebiet des östlichen Schwarzmeeres und dem Schwarzmeergebirge) zur östlichen türkischen Mittelmeerküste - mit den dort aufstrebenden wirtschaftlichen Zentren um das Städtedreieck Iskenderun, Mersin und Adana - verläuft. Entlang dieser Straße, die zugleich Wanderungsbewegungen zeitlich begrenzter Arbeitstätigkeit in der ldw.-hochertragreichen Cukurova-Region und Langzeit-Pendelwanderungen zu dem erwähnten Industriedreieck trägt, vollzieht sich ein Teil der türkischen Land-Stadt-Wanderung. In diesem - von Transit-Bewegungen geprägten - Landkreis fand sich, darauf aufbauend, eine große Aufgewecktheit

---

1) Der Landkreis Sarkisla umfaßt insgesamt 112 Dörfer der Provinz Sivas (1280 Dörfer) und rechnet mit dieser zur Region Zentralanatolien.
2) Eine zu entwickelnde Stadt (gelistirilecek sehir) nach Imar ve Iskan Bakanligi, Ankara, zitiert bei MILLER (1975), S. 12.
3) Eine sich entwickelnde Stadt (gelismekte olan sehir), ebenda.

Karte 1: Der Untersuchungsraum innerhalb der Türkei und Zentralanatolien

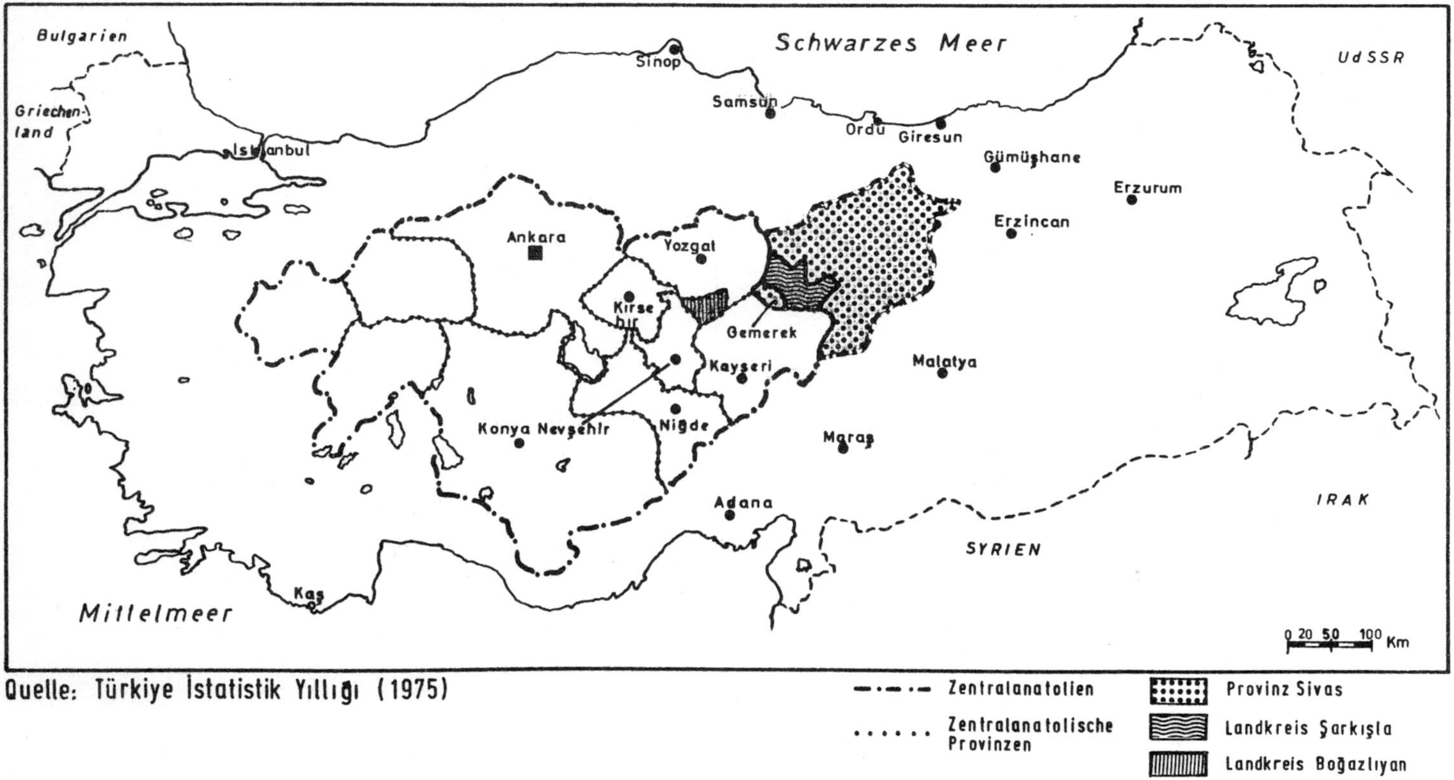

Quelle: Türkiye Istatistik Yıllığı (1975)

und Bereitschaft, die sich seit dem Ende der 50er Jahre auftuende Möglichkeit der GAW zu erkennen und zu nützen.

3.2 Die Dorfauswahl

Innerhalb des zentralen Sarkisla-Hochplateaus, um die Kreisstadt Sarkisla herum, liegen insgesamt fünf Dörfer. Diese Dörfer besitzen mehr oder weniger die gleichen agronomischen Faktorausstattungen. Sechs Dörfer liegen darüberhinaus an der Peripherie der Zentralebene und sind zusätzlich zu den angewachsenen Stadtentfernungen (durchschnittliche Dorf-Kreisstadt--Entfernung 9 km) von ungünstigeren Boden-und Wasserverhältnissen gekennzeichnet. Die feldbautechnischen Potentiale sind - ebenso wie die die Tierhaltung und Feldbau integrierenden - geringer als in den vorgenannten Dörfern in der Zentralebene. Diese peripheren Ortschaften wurden - wie die zum Landkreis gehörenden, jedoch nicht in der Hochebene gelegenen Siedlungen - bei der Wahl der Untersuchungsdörfer ausgeschlossen, obwohl die Einflüsse der GAW, angesichts des kaum geringeren Grades der Beteiligung, wohl ebenso - evtl. sogar verstärkt - zur Geltung kommen dürften.

Neben der ehemaligen Ackerbaustadt Sarkisla verbleiben die fünf Dörfer, die durch nahezu homogene infrastrukturelle Faktorausstattungen gekennzeichnet sind[1], als Erhebungsgebiete. Die Auswahl der Untersuchungsdörfer (vgl. Karte 2) wurde in zwei Schritten durchgeführt. Zur Einarbeitung, Fragebogenentwicklung und Pretestung des Fragebogens wurde das Dorf Cemel ausgewählt, welches nach den Zahlen, die verfügbar waren, die höchste Beteiligungsrate an der GAW aufwies, und zudem über die Kreisstadt und den Landkreis hinaus wiederholt bei ver-

---

[1] Sie zählen zu den insgesamt 172 der Dörfer in der Provinz Sivas, die 1978 über Elektrizität - wenngleich mit zeitlichen Begrenzungen - verfügen konnten. Vgl. HÜRRIYET- Orta Dogu Anadolu vom 28.7.1978.

Karte 2: Die Lage der Untersuchungsdörfer um die Kreisstadt Şarkışla auf der ost-zentralanatolischen Hochebene

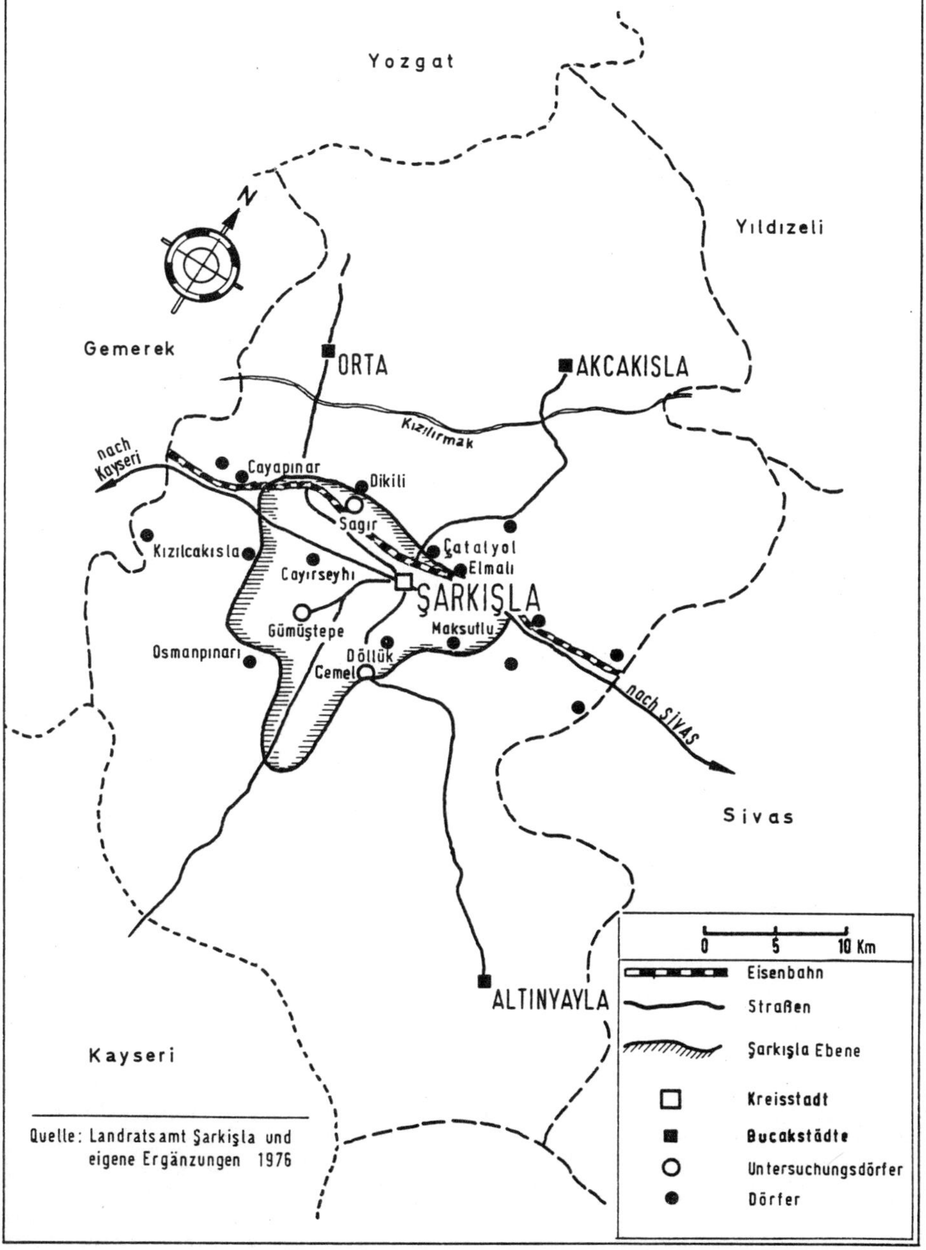

Quelle: Landratsamt Şarkışla und eigene Ergänzungen 1976

▭▬▭	Eisenbahn
───	Straßen
▨▨▨	Şarkışla Ebene
□	Kreisstadt
■	Bucakstädte
○	Untersuchungsdörfer
●	Dörfer

schiedenen Stellen als d a s Gastarbeiterdorf bezeichnet wurde. Auf der Basis der Erfahrungen in diesem ersten Dorf wurden beim Fortgang der Arbeit die beiden anderen Untersuchungsdörfer - mit der Landkreisverwaltung gemeinsam - ausgesucht. Dabei wurden von der Verwaltung die Dörfer Gümüstepe und Sagir empfohlen. Die Dörfer verfügten über eine gute Verkehrslage[1] und damit auch über mehr Kontakte mit dem Landratsamt bzw. der Kreisstadt. Diese Kontakte waren dem Wissen um die/und der Beteiligung an der GAW förderlich.

3.3 Die Untersuchungsdörfer

Die ausgewählten drei von den fünf Dörfern der Zentralebene um Sarkisla sind durch relativ homogene agronomische Ausgangsbedingungen untereinander vergleichbar, differieren jedoch - abgesehen von der Größe - hinsichtlich zweier weiterer Faktoren. Dieses sind die siedlungs- und verwandtschaftsbedingte Grundstruktur des 'türkischen' Dorfes - die Dorfv i e r t e l - Ordnung der Verwaltungskörperschaft 'Dorf' - und der Obstbau als primärwirtschaftlicher Erwerbszweig.

Die Dorfviertel-(mahalle)struktur[2] ist in den Dörfern Cemel und Sagir nicht ausgeprägt (abgesehen von ständig anwachsenden dörflichen Randgebieten mit ausschließlich von Gastarbeitern erbauten neuen Häusern), während das Dorf Gümüstepe durch diese Teilung in einer untersuchungsrelevanten Dimension gekennzeichnet wird.

3.3.1 CEMEL,

das mit 311 Haushalten größte der untersuchten Dörfer, ist eine sich im Übergang zur Funktion der 'Schlafsiedlung' für die Kreisstadt Sarkisla befindliche, relativ wohlhabende Ortschaft. Die durch die Anzahl und den Umfang einiger Höfe aus-

---

1) Vgl. Karte 2. Die Orte liegen jeweils nahe bei den Straßen, welche die Bucakstädte (untere Verwaltungszentren innerhalb der Landkreise) mit den Kreisstädten verbinden.
2) Vgl. PLANCK (1972), S. 128; siehe auch Übersicht 2.

gewiesenen wirtschaftlichen Vorteile des Dorfes sind in einem als Obstplantage und für Gemüseanbau genutzten Tal begründet, welches sich von der Zentralebene aus ca. 3 km in die dahinterliegenden Berge hineinzieht und durch den Wasserfluß aus den Bergen bewässerbar ist. Dieser als Garten genutzte Flurteil ermöglicht den Dorfhaushalten - über die Eigenbedarfsdeckung hinaus -, Obst- und Gemüseüberschüsse auf dem lokalen Markt in Sarkisla anzubieten, und so, neben Bareinkünften, auch die Kommunikation mit der Kreisstadt kontinuierlich aufrechtzuerhalten, d.h. an den sie durchfließenden Informationsströmen zu partizipieren.

Auf dieser Basis erscheint die überdurchschnittliche Beteiligung des Dorfes an der internationalen Gastarbeiterwanderung predeterminiert. Über das bereits erwähnte, vorwiegend gartenbaulich genutzte Potential Cemels hinaus, welches in

3.3.2 SAGIR

nur sehr begrenzt vorhanden ist, sind diese beiden Dörfer durch keine nennenswerten Unterschiede geprägt. Wie in Cemel findet im Dorf Sagir der tägliche Pendelverkehr von - vorerst - nur wenigen Personen, die zumeist als Besitzer von kleinen Läden tätig sind, zur Kreisstadt statt.

Die landwirtschaftliche Produktion in Sagir ist ebenfalls durch die - nahezu - vollständige Trennung von Ackerbau und Tierhaltung gekennzeichnet. Die bewässerungstechnische Nutzung des aus den Bergen kommenden und durch den Gartenteil der Cemel--Flur fließenden Wassers erlaubt es, einen geringen Flächenanteil als bewässerbare Felder zu nutzen. Die 1953 erstellten Bewässerungskanäle und die kleine Staumauer ermöglichen es, 6.2 % der Dorffläche potentiell, d.h. wenn genug Wasser verblieben ist, als bewässerbar zu bezeichnen[1]. Die verbleibenden 1400 ha der Dorfflur werden im extensiven Anbau von Ge-

---

[1] Informationen der Teknik Ziraat Subesi (Landwirtschaftsamt), Sarkisla.

treide im 1. Jahr sowie durch die Brache und die Einbeziehung dieser Brache in die kommunale Weide im 2. Jahr der landwirtschaftlichen Nutzung zugeführt.

3.3.3 GÜMÜSTEPE

Ähnlich wie in den beiden vorgenannten Ortschaften ist die landwirtschaftliche Situation des Dorfes Gümüstepe, welches neben einer Bewässerungsfläche von 1.1 % der Dorfflur[1] die Trennung von tierischen und pflanzlichen Produktionen im gleichen Umfang aufwies, wie diese in Sagir und Cemel vorkam.

Im Unterschied zu den Dörfern Cemel und Sagir - und als einziges Dorf der Zentralebene - ist Gümüstepe durch eine klar abgegrenzte Viertel(mahalle)-Siedlungsstruktur gekennzeichnet. Im ersten Viertel, dem als 'Yerli' (d.h. dem der 'Ureinwohner') bezeichneten, wohnen die seit vielen Generationen ansässigen Familien, die infolgedessen Rechte und Besitzgüter akkumulieren konnten. Demgegenüber sind in dem 2. Viertel (der Yeni (Neuen) oder Muhacir(Flüchtlings)-Mahalle) vor allem Familien angesiedelt, welche nach der Gründung der türkischen Republik (1923) aus dem Berggebiet um Gümüshane[2] zugewandert sind und Hofstellen von armenischen Minderheitsfamilien übernahmen, die zur selben Zeit - wie die offizielle Version lautet, ihren handlungsgewerblichen Neigungen folgend - in die Großstädte Istanbul und Ankara abwanderten. Um diese damals meist landlosen Haushalte mit gesicherten Existenzmöglichkeiten zu versehen, wurde - ebenfalls am Anfang der 50er Jahre - eine Landverteilung durchgeführt. Vom staatlichen Land (hazine) wurden diesen Haushalten zumeist nicht bewässerbare Felder zugeteilt, welche nicht wiederverkäuflich sein sollten.

---

[1] Die Situation vor dem Bau des Bewässerungsprojektes, welches z.Zt. der Erhebungen erstellt wurde. Nach dem dritten Fünf-Jahres-Plan sind für das Projekt, mit einem Stauvolumen von 14610 m^3 und einer Bewässerungsfläche von 1630 ha, Ausgaben in Höhe von 80500000 TL (13.4 Mill. DM) vorgesehen.

[2] Einem ackerbaulich begrenzt nutzbarem, bergigem Gebiet zwischen der anatolischen Hochebene und der Ebene entlang der östlichen Schwarzmeerküste.

Übersicht 2: Allgemeine Merkmale der Untersuchungsdörfer/-dorfviertel

Merkmal	Untersuchungsdorfviertel Yerli	Untersuchungsdorfviertel Yeni	Untersuchungsdörfer Sagir	Untersuchungsdörfer Cemel
		gemeinsam(a)		
Haushalte	113	89	153	311
Dorfgaststätten	1	1	1	3
Poststelle	nein	nein	nein	ja
Stromversorgung	ja	ja	ja	ja
Volksschule	ja		ja	ja
dorfansässige Lehrer	ja		nein	ja
dörfliche Gravitätsbrunnen	1	1	1	2
Straßenqualität	Schotter	Schotter	Schotter	Schotter
Stellung des Bürgermeisters Periode 1972-77	Landwirt		Landwirt	ehem. Gastarbeiter
Stellung des Bürgermeisters Periode 1977-83	Gastwirt		Landwirt	ehem. Gastarbeiter
Bürgermeisterkontinuität	Wechsel		ja	Wechsel
Transit anderer Dörfer auf dem Weg zur Kreisstadt	ja	ja	ja	ja
Dorffläche (ha)	5800		2292	5500
Ackerfläche %; ha	75; 4350		67; 1542	47; 2563
- davon bewässerbar %; ha	1; 64		6; 142	5; 275
Weideland %; ha	22; 1259		30; 683	36; 1975
Lebensmittelhändler	3	keiner	2	3
Dorfgenossenschaft	landw. Verkaufsgenossenschaft(b)		nein	Arbeitnehmergenossenschaft(c)
Beginn der Gastarbeiterwanderung	1961	1962	1963	1963(d)
Hauptanwerbeland	DK	D	D	D (d)

(a) Gemeinsam sind die Dorfviertel Yerli und Yeni das Untersuchungsdorf Gümüstepe
(b) 1977 neubegründet und im Aufbau
(c) seit 1975 inaktiv
(d) in den untersuchten Haushalten
(e) vor dem Bewässerungsprojekt

Quelle: Informationen des Landratsamtes in Sarkisla und eigene Beobachtungen

Neben dieser Viertel-Struktur verfügt das Dorf Gümüstepe über ein größeres Potential für eine ackerbauliche Entwicklung, welches sich durch den Bau einer Talsperre ergibt, die ca. 1630 ha (28 %) der Dorfflur nach Fertigstellung in - zumindest potentiell - bewässerungsfähiges Land umwandelt und deren Bauende für 1979 geplant war. Diese Staudamm- und Bewässerungskanalanlage versetzt nahezu alle ldw. Betriebe und auch einige ldw. Betriebe des Dorfes Cemel (dieses ist marginal in das Projekt einbezogen) in die vorteilhafte Situation, die Bodenproduktion zukünftig intensiver zu gestalten.

Diese Gegebenheiten der drei Dörfer bedingen z.T. eine erhebliche Verschiedenheit in den Wirkungen der GAW auf die betriebliche und damit agrarstrukturelle Entwicklung, welche durch die Größen der Variabilitätskoeffizienten verdeutlicht wird und bei der Interpretation der GAW-Einflußnahmen zu beachten ist.

3.4 Die Gastarbeiterwanderung (GAW) und die Untersuchungsdörfer

Der Interaktionsprozeß zwischen den Industrieländern Europas und den Entsendeländern von Gastarbeitern, welcher in der Problemstellung aufgezeigt wurde, kann nach der Durchführung der Grunderhebung in seinen grundlegenden Dimensionen auf der Ebene der Untersuchungsdörfer quantitativ beschrieben werden.

3.4.1 Regionale Ursachen für die hohe GAW-Partizipation

Die besondere Förderung[1], die den als "unterentwickelt" bezeichneten Provinzen gewährt wird, bestand u.a. auch in einer höheren Bewertung der Dringlichkeit von Anträgen zur Zulas-

---

[1] PAINE (1974), S. 66 - 68, zeigt die Verfahrensweisen der GA-Anwerbungen ausführlich auf und stellt die Vorteile dar, die speziell mit persönlichen, wachstums- und entwicklungsfördernden sowie administrativ-geographischen Eigenheiten von einzelnen Bewerbern verknüpft waren.

sung für die Arbeitsaufnahme außerhalb der Türkei, speziell in Nordwest-Europa. Die Provinz Sivas, als unterentwickelt eingestuft, hob sich dadurch, ebenso wie die Provinz Yozgat, vom aufstrebenden Wirtschaftszentrum Kayseri ab, welches einheitlich für alle Landkreise dieser gleichnamigen Provinz als "entwickelt" betrachtet wurde und deshalb nicht den Bonus bei Anträgen auf GAW-Berechtigung gewähren konnte.

Durch die verdeutlichte Kommunikationsdynamik im Landkreis Sarkisla sowie die Einstufung derselben als Teil der Provinz Sivas mit Priorität bei der Entsendung von Gastarbeitern wurden die Voraussetzungen für die starke Beteiligung des Kreises an der GAW geschaffen, ebenso wie dies auch - evtl. sogar noch verstärkt - für die Kreise Gemerek, Sivas und Bogazliyan, Yozgat zutraf[1].

3.4.2 Die sich im Ausland aufhaltenden Bevölkerungsteile der Untersuchungsviertel

Die erhobenen 504 Haushalte zählten 2841 Mitglieder, von denen 431 (15.2 %)[2] im Sommer 1977 im Rahmen der GAW im Ausland waren. Aufgeteilt nach Geschlecht zeigen die Daten - unter Beachtung der später wieder aufgegriffenen Altersgruppierungen - unterschiedliche Ausprägungen der sich im Ausland aufhaltenden prozentualen Anteile an der jeweiligen Altersgruppe eines einzelnen Dorfes/Dorfviertels (vgl. A4).

Die statistisch hochsignifikant unterschiedliche Beteiligung

---

[1] Vgl. hierzu die Stellung des Landkreises Bogazliyan, dargestellt in ABADAN-UNAT (1976), S. 164ff. (Vgl. auch Karte 1).

[2] Diese Zahlen stellen die effektiv gezählten Haushaltsmitglieder dar. Familien, die vollständig im Ausland weilen, sind in den 504 Haushalten erfaßt, jedoch in den Zählungen der Haushaltsmitglieder nur als zwei Personen (dem Haushaltungsvorstand und seiner Ehefrau) aufgenommen. Lokale Informationen von Verwandten, Freunden, offiziellen Stellen und Nachbarn zeigten sich als sehr widersprüchlich und wurden deshalb außer dem Minimalwert 2 negiert.

der männlichen Haushaltsmitglieder an der GAW in den einzelnen Untersuchungsvierteln ist in Schaubild 2 verdeutlicht, und daraus lassen sich Hinweise auf unterschiedliche Voraussetzungen (z.B. Landbesitz) für die Beteiligung der Haushalte an den GAW in jedem Viertel ableiten. Aus der ebenfalls statistisch signifikant differenzierten Beteiligung von Frauen - im Anwerbeland sind sie zumeist nicht erwerbstätig - je Dorf bzw. -viertel darf geschlossen werden, daß die mit der haushaltlichen Beteiligung an der GAW verbundenen Zielsetzungen voneinander abweichend sind. Nach den Erfahrungen bedeutet die direkte Mitteilnahme von Familienmitgliedern oder die komplette Wanderung von einem Haushaltsteil (oft eine Kernfamilie) eine verstärkte Lösung (Desintegration) dieser Familie oder dieser wandernden Haushaltsmitglieder aus der dörflichen Gemeinschaft, als es für einzeln migrierende Gastarbeiter generell der Fall ist[1].

Mit dieser unterschiedlichen Beteiligung von männlichen und weiblichen Haushaltsangehörigen an der GAW ergeben sich für die landwirtschaftliche Entwicklung spezifische Wechselwirkungen, welche sich in allen drei Verknüpfungsbeziehungen (Arbeitskräfte, Geldtransferzahlungen, Informationen) durch oft gegensätzliche Effekte niederschlagen. Mit dem Haushaltsmitglied/den Haushaltsmitgliedern oder der Kernfamilie, die dem GA bei seiner Arbeitstätigkeit im Ausland - tendenziell - einen familiären Rahmen schaffen, wird zumeist eine Zielsetzung für die GAW offenkundig, die die Abwanderung aus dem landwirtschaftlichen Sektor beinhaltet. Diese Abwanderung aus der Landwirtschaft (nicht notwendigerweise aus dem ländlichen Raum) wird durch die Mitreise von Haushaltsangehörigen vor allem

- durch eine eingeschränktere Sparneigung und damit einer verminderten Geldtransferbereitschaft bzw. -möglichkeit,

---

[1] Vgl. hierzu speziell A. AZMAZ (1979), S. 6 - 9, und L. YENISEY in ABADAN-UNAT (1976), S. 327 - 348.

Schaubild: 2

Die Anteile der im Ausland weilenden Bevölkerung nach Altersklassen in den Dörfern (Gümüştepe[G][*] und Sağır)

Altersgruppen

Dorf/-viertel	%	Männer	Frauen	%	Altersgruppe
(Sağır)= S	22.0			0	50 Jahre und älter
(G.-Yeni)= YG	0			0	
(G.-Yerli)= GY	25.0			21.0	
S	46.4			18.7	15 bis 49 Jahre
YG	17.0			8.7	
GY	31.2			20.1	
S	2.4			1.2	7 bis 14 Jahre
YG	11.0			8.5	
GY	13.0			7.5	
S	2.8			0	bis 6 Jahre
YG	0			7.5	
GY	15.2			9.0	

Anzahl: 200 160 120 80 40 0 40 80 120 160 200

☐ Ständig im Dorf lebende Bevölkerung

▓ Überwiegend im Ausland lebende Dorfbevölkerung

[*] Die ungleich an der Gastarbeiterwanderung beteiligten zwei Teile (Viertel) des Dorfes G ü m ü ş t e p e sind getrennt aufgezeigt

Quelle: Eigene Erhebungen 1977

- mit weniger postalischen Kontakten und dadurch eingeengtem
  Informationsaustausch,
- mit selteneren Heimatdorfbesuchen und
- durch einen umfangreicheren Entzug von dörflichen/landwirtschaftlichen Arbeitskräften bei der GAW

bekundet. Da die Mitreise der Ehefrau ins Ausland in kleineren Haushalten nur nach der Abgabe der Landbewirtschaftung und Tierhaltung möglich wird, ist die Beteiligung eines Haushaltes mit mehr als einem Mitglied meist an die Abwanderung des Haushaltes aus der Landwirtschaft gebunden.

In Haushalten, in denen eine komplette Kernfamilie durch die GAW ins Ausland gelangt, löst sich diese zwar ebenfalls aus der Landwirtschaft und schränkt ihre Kontakte zum Dorf und zum dörflichen Stammhaushalt ein, doch bleibt im Dorf der ldw. Betrieb bestehen. Besonders das Zusammentreffen der GA-Anwerbung mit dem Ende eines Haushalts-/Familienzyklusses war der Abwanderung eines, nunmehr neu entstandenen, Haushaltes (der Kernfamilie) aus der Landwirtschaft förderlich. Solche sich aus dem Dorf und dem Stammhaushalt lösenden GA-Haushalte sind häufig bemüht, den Zeitraum der Auslandstätigkeit auszudehnen, zu emigrieren oder - falls die Rückkehr in die Türkei notwendig werden sollte - im (klein-)städtischen Raum zu siedeln und arbeitstätig zu werden. Die Zielsetzung der Abwanderung aus der Landwirtschaft und dem ländlichen Raum dieser Haushalte ist oft der Hintergrund der Problematik der 2. und 3. Generation von Gastarbeitern in den ehemaligen Anwerbeländern.

3.4.3 Bedingungen des zeitlichen Ablaufes der Gastarbeiterwanderung

Globale Zahlen[1] zeigen eine schubweise Wanderung von Gastarbeitern im Zusammenhang mit den wirtschaftskonjunkturellen Situationen in den Anwerbeländern. Auf der Ebene der Haushalte jedoch werden diese von Konjunkturzyklen bedingten GAW-Phasen durch - zumindest - zwei weitere Umstände relativiert. Dies sind:

- die sozialökonomische Ausgangssituation des GA entsendenden Haushaltes und
- die Stellung des Haushaltes im Prozeß des generativen Familienzyklusses[2].

Diesen beiden Faktoren kommt für die Einflußnahme der GAW auf die Entwicklung der ldw. Haushalte und somit der Agrarstruktur eine wichtige Rolle zu.

Die Beteiligung der Untersuchungshaushalte an der GAW begann 1961 in zwei Haushalten, deren Mitglieder die Gastarbeit in Dänemark bzw. Österreich aufnahmen. Die GAW nach der Bundesrepublik Deutschland folgte in den Untersuchungsvierteln erst nach dem Abschluß des Anwerbeabkommens im Jahre 1961 und dem daraus folgenden konkreten Wanderungsverfahren: Eintragung in die Warteliste, Warten, evtl. Abwandern.

Der Verlauf der Wanderung aus den Untersuchungsdörfern nach der BRD folgt der Dynamik der konjunkturell gesteuerten Entwicklung der Gastarbeiteranwerbung, d.h., in der ersten Hauptanwerbephase (bis 1967) wurden die Arbeitskräfte (GA) aus größeren und umfangreichere Landflächen besitzenden Haushalten abgeworben. In der zweiten Hauptanwerbephase (nach dem Konjunkturrückgang 1967/68) waren dann - aufgrund der erweiterten Informationen und verringerten Hemmnisse - auch landlose und einen Kleinbetrieb bewirtschaftende Haushalte zur Teil-

---

1) Z.B. die allgemeinen Statistiken der Bundesanstalt für Arbeit, Nürnberg, über ausländische Arbeitnehmer (jährlich).
2) Vgl. PLANCK (1972), S. 125 - 128.

nahme an der GAW stimuliert. Haushalte, die einen mittleren ldw. Betrieb bewirtschaften, sind in der GAW unterrepräsentiert:

- In der ersten Phase waren ihre ökonomischen und informativen Rückhalte nicht ausreichend, um die Unsicherheit der GAW einzugehen.
- Später, in der folgenden Migrationsphase, ergab sich für diese durchschnittlichen ldw. Betriebe nicht die, für landlose Haushalte zwingende, Notwendigkeit in der GAW d i e Möglichkeit des Einkommenserwerbes zu sehen.

Diese Situation wird unten in Tabelle 6 deutlich; wie dort dargestellt, befinden sich die Betriebe in der Größe von 2.1 bis 5.0 ha und von 5.1 bis 10.0 ha mehrheitlich in der nicht an der GAW beteiligten Gruppe von Haushalten. Diese Haushalt--Betrieb-Einheiten in ihrem begrenzt sicheren ökonomischen Status waren weder in der Lage, das Risiko der GAW - und die meist damit verbundene Abwanderung aus der Landwirtschaft - auf sich zu nehmen, noch, aufgrund ihrer ungünstigen, weil landlosen Wirtschaft, dazu angehalten. Diese Haushalte verursachen die später zu nennenden Ungleichheiten und die zumeist größten Streuungen in der Vergleichsgruppierung der landwirtschaftlichen Haushalte ohne Gastarbeiter (Wanderarbeiter allgemein).

Haushalte, welche die GAW-Beteiligung in der Frühphase (1961 -- 1966) aufnahmen, unterscheiden sich von den die GAW-Beteiligung später aufnehmenden Haushalten durch ihren relativ besseren ökonomischen Status, meist in Form eines umfangreicheren Landbesitzes.

Für die beiden vollständig erhobenen Untersuchungsdörfer (Gümüstepe und Sagir) ist der Zusammenhang zwischen dem Landbesitzumfang und dem Jahr der Beteiligungsaufnahme an der GAW statistisch signifikant nachzuweisen (vgl. Tabelle 2). Die mit der Aufnahme der GAW verbundene Hemmschwelle lag in der Anfangsphase der GAW relativ hoch (unsichere Erfolgsaussichten, Informationslücken und die erforderliche Vorfinanzierung der Reise) und verursachte damit für viele - vor allem landlose -

Tabelle 2: Der Beginn der haushaltlichen Gastarbeiterwanderungs-
-Beteiligung in Abhängigkeit vom Landeigentum in den
Dörfern Gümüstepe und Sagir (n, Prozent)

Gastarbeiter-wanderungs-beginn Zeit	Landeigentum vor Beginn der Gastarbeiterwanderungs-Beteiligung							
	Gümüstepe				Sagir			
	landlos	unter 10.1ha	10.1 ha u.mehr	insge-samt	landlos	unter 10.1 ha	10.1 ha u.mehr	insge-samt
1961-66	-	-	8	8	2	4	1	7
			100	100	28.6	57.1	14.3	100
1967-73	19	31	7	57	7	28	9	44
	33.3	54.4	12.3	100	15.9	63.6	20.5	100
1974-77	2	3	-	5	4	-	-	4
	40	60	-	100	100	-	-	100
Insgesamt	21	34	15	70	13	32	10	55
	30	48.5	21.4	100	23.6	58.2	18.2	100
Jahr nicht bekannt	-	-	-	-	7	7	4	18

Kontingenztests:

Gümüstepe : 3 x 3 X^2_4 = 33.54 ; Sign. = 0.001 ; C = 0.57 ;

Sagir: 3 x 3 X^2_4 = 14.51 ; Sign. = 0.01 ; C = 0.48 ;

Umfangreiches Landeigentum der Haushalte ist der frühen Aufnahme der Gastarbeiterwanderung sehr förderlich gewesen.

Die Sagir-Haushalte, bei welchen das Jahr der GAW-Beteiligung nicht bekannt ist, befinden sich komplett im Ausland und die Informationen bezüglich des Landbesitzes sind mittelbar aus dörflichen Meinungen gewonnen.

Quelle: Eigene Erhebungen 1977

Haushalte eine späte Adaption an die neuen Gegebenheiten. Die Daten aus den Erhebungen unterstützen die Argumentation dahingehend, daß Haushalte mit Landbesitz in jedem der genannten Dörfer - besonders solche mit umfangreichem Landbesitz (über 10.1 ha) - eher geneigt waren, die Beteiligung an der GAW aufzunehmen. Diese An-/Aufnahme der GAW in Haushalten mit umfangreicherem Landbesitz ist besonders relevant, da die GAW somit bereits vorhandene ökonomische Vorteile der Haushalte - zumindest am Anfang - zur Bedingung machte, wodurch die später aus der GAW resultierenden Erträge zu bestehenden Überlegenheiten und Möglichkeiten kumuliert werden konnten. Diese Kumulierung von Vorteilen konnte nahezu ungehindert stattfinden, solange ökonomisch weniger umfangreich ausgestattete Haushalt-Betrieb--Einheiten nicht über die Einkommen aus der GAW-Beteiligung verfügen konnten. Die von außer Landes ermöglichte GAW ist in ihren Einwirkungen auf die Agrarstruktur deshalb - zumindest ansatzweise - bereits konzentrationsfördernd hinsichtlich der Vermögen, und verstärkt so die innerdörflichen Differenzierungen.

Neben der Landbesitzverteilung (und dem daraus - in einer Primärökonomie - resultierenden wirtschaftlichen Potential) ergibt sich aus der Situation der den Haushalt bildenden Familie (aile) eine wichtige Rolle. Ein Haushalt, der sich zum Zeitpunkt des Aufkommens der GAW-Möglichkeiten in einem Stadium befand,

- in dem die nachwachsenden Kinder älter waren[1], oder
- welches zur Endphase des generativen Familienzyklusses zählt[2],

hatte die günstigeren Voraussetzungen, an der Entsendung von Arbeitskräften in der GAW teilzunehmen.

---

1) Im arbeitsfähigen Alter - nach dem Sozialsystem des anwerbenden Landes - d.h. zumindest über 18 Jahre (der Grenzschwelle des Eintragens in die Liste der als Gastarbeiter abwanderbereiten Erwerbspersonen).

2) Das Aufspalten der Großfamilie nach dem - oder mit dem absehbaren - Ableben des Familienpatriarchen mit der damit verbundenen Realteilung der haushaltlichen Wirtschaftsgüter.

Die Anzahl der Arbeitskräfte in einem solchen Haushalt erlaubte es leicht oder zumindest leichter, eine Arbeitskraft zu erübrigen und durch die angesammelten wirtschaftlichen Ressourcen die GAW-Beteiligung zu finanzieren. Die Möglichkeiten zur Vorfinanzierung der Ausreise und zum Ausgleichen des Arbeitskraftverlustes bedingten die hohe Partizipation von Großfamilien in der ersten Phase der GAW (1961 - 1966); diese großfamiliären Haushalte sind weitgehend mit den umfangreicher landbesitzenden Haushalten identisch.

Im nur teilweise erfaßten größten Untersuchungsdorf Cemel, gekennzeichnet durch eine ungleichere Landverteilung, begann die Teilnahme von landlosen Haushalten an der GAW nicht erst in der zweiten, sichereren Anwerbephase (1967 - 73). Die relativ große Armut in diesem Dorf[1], durch eine hohe Arbeitslosigkeit und Unterbeschäftigung bedingt, führte zum schnellen Annehmen der Innovation GAW und trug dazu bei, daß Cemel d a s Dorf mit den meisten Gastarbeitern im Landkreis Sarkisla und in der Provinz Sivas wurde.

---

1) Cemel hatte vor der GAW in der Hierarchie der Dörfer innerhalb der Sarkisla Ovasi (Hochplateau von Sarkisla) eine ungünstige Stellung. Cemel galt als armes Dorf, vor dessen Bewohnern man sich vorsehen sollte. Durch die Einflüsse aus der Teilnahme an der GAW ist Cemel in der Meinung der Nachbardörfer angesehener geworden. Insbesondere die vielen Wohnhausneubauten werten das Dorf auf und bewirken seine Spitzenstellung in der Prestigeskala der Dörfer des Landkreises neben dem Dorf Sivrialan, welches ebenfalls sehr umfangreich an der GAW beteiligt ist. Cemel steht dem Ansehen nach vor Sagir und Gümüstepe.

3.4.4 Die Erträge der Gastarbeiterwanderung

Die vorgehend angesprochenen Mittel zur Finanzierung der Wanderung - aufgebracht vom GA entsendenden Haushalt - lösten allgemein einen nachhaltigen Rückstrom von Sachgütern und Transferzahlungen aus Europa in die dörflichen Stammhaushalte[1] aus. Dieser Sachgüter- und Transfergelderstrom erreicht auf unterschiedlichen Wegen nahezu alle Haushalte der Stammsiedlung - unabhängig von der direkten Beteiligung der Haushalte an der GAW.

Mit der erstmaligen Rückkehr des GA in das Dorf zum Urlaubsaufenthalt beginnt die Zufuhr von Sachgütern - zumeist langlebige Gebrauchsgüter, wie Radio-, Fernseh-, Tonbandgeräte, aber auch Kleidungsgegenstände und Nahrungs-/Genußmittel -, die dem Stammhaushalt zufließen, oder teilweise als Geschenke an Bekannte und Freunde im ganzen Dorf verteilt werden. Der mit und bei dem ersten - und allen weiteren - Urlaubsbesuch(en) demonstrierte Wohlstand[2] erweckt - gefördert durch die Kaffeehauserzählungen über Arbeit und Verdienst im Anwerbeland - das Aufkommen von Wünschen und Bitten nach - oft finanzieller - Unterstützung. Sowohl zur Haushaltsführung als auch für Geschäftsbeteiligungen (z.B. für die Erweiterung des Viehbestandes eines nicht GAW-beteiligten Haushaltes) werden Mittel bei den GA nachgefragt und von diesen auch bereitgestellt[3]. Diese Verpflichtungen - sie scheinen gerne angenommen zu werden - führen privathaushaltlich wie makroökonomisch zum wichtigen Strom konvertibler Währungen in die Türkei.

---

1) Stammhaushalt, d.h. der im Dorf weiterbestehende, den Gastarbeiter entsendende Haushalt (vgl. BOCK und TIEDT (1978), S. 36f).
2) "Wenn man seinen Lohn für einen Traktorkauf verwenden will, dann darf man keine Heimatbesuche machen, um so Ausgaben für Fahrt und Geschenke zu sparen". (Äußerung eines Rückkehrers mit Schlepperbesitz in Gümüstepe 1978).
3) Meist in Form der Teilhaberschaft nach dem Ortakci-Landpacht-System.

(3.4.4.1) Die Geldtransferzahlungen aus der GAW

Ein anderer Bereich, in welchem die Einflüsse der GAW deutlich werden, sind die Geldtransferzahlungen der GA an im Heimatdorf weilende Haushaltsangehörige, Verwandte, Freunde und für eigenständige Investitionsprojekte in der Heimat[1]. Diese Zahlungen werden makroökonomisch, neben der Verminderung der Arbeitslosenrate bzw. Unterbeschäftigung, als herausragender Beitrag der GAW zum Wachstum der Volkswirtschaft der Entsendeländer angesehen[2]. Neben dieser makroökonomischen Bedeutung - nicht zuletzt durch diese Transferzahlungen der GA wurde die gegenwärtig schwierige Wirtschafts- und Finanzlage der Türkei ausgelöst/verstärkt[3] - verknüpfen sich auf der einzelhaushaltlichen Ebene mit den Transferzahlungen Veränderungen der Aktionsmöglichkeiten der Haushalte, die im folgenden deutlich werden.

Der Geldzufluß in die drei Untersuchungsdörfer wurde in Zusammenarbeit mit den sechs wichtigsten Geldtransferinstituten ermittelt. Von der Hauptpost und fünf Banken in Sarkisla wurden 1977 DM 1369973 vom Ausland (d.h. von GA) an Empfänger in den Dörfern überwiesen. Diese Remissionen[4] (vgl. Tabelle 3) mittels offizieller Kanäle (Post, Banken) sind nur ein - der moderne - Weg, Transferzahlungen durchzuführen. Auf der Basis traditioneller Beziehungen wird ein - gegenwärtig zunehmender - Teil der Transfergelder vor allem durch auf Urlaub im Heimatdorf weilende Freunde und Bekannte der sendenden GA überbracht. Dies geschieht weitgehend in westlichen Währungen, die dann,

---

1) Vgl. PAINE (1974), S. 104 - 106.
2) Vgl. OECD (1976): Economic Surveys: Turkey, S. 37 - 39.
3) Vgl. hierzu z.B. den Bericht von A. McDERMOTT zur türkischen Wirtschaftskrise in Financial Times/Frankfurter Allgemeine Zeitung vom 28.1.1980.
4) Remissionen und Geldtransferzahlungen werden synonym verwendet, um die monetären Erträge aus der GAW zu kennzeichnen.

Tabelle 3: Die Geldtransferzahlungen aus dem Ausland an Empfänger in den Untersuchungsdörfern durch öffentliche Institutionen 1977 (in DM)

Dorf	Transfergelder (DM) (a)	%	DM durchschnittlich je Dorf-(b) Haushalt	GAW-(c) Haushalt
Gümüstepe	253.117	21.6	1.253	2.781
Sagir	300.442	25.6	1.963	3.709
Cemel	619.480	52.8	1.991	... (d)
Summe	1.173.039	100	1.716	... (d)
Türkei insgesamt	981.8 Mill. Dollar (e)			

(a) Umrechnungskurs: 1 DM = 14.60 TL

(b) Dorfhaushalte (vgl. Übersicht 1)

(c) Haushalte mit Beteiligung an der Gastarbeiterwanderung (vgl. Übersicht 1)

(d) Wegen unvollständiger Daten für das Dorf Cemel nicht errechenbar

(e) Statistical Pocket Book of Turkey 1978, DIE, Ankara 1979, S. 160

Quelle: Informationen des Hauptpostamtes und der fünf wichtigsten Banken in Sarkisla 1978

bei Bedarf (zu günstigen 'grauen' Marktkursen) im Land getauscht werden - dies ist (ebenfalls) mit einer der Gründe für das gegenwärtige türkische Finanzdebakel[1].

Im Vergleich mit dem jährlichen Dorfschullehrergehalt von ca. 80000 TL (nach dem Umrechnungskurs 14.60 TL zur DM etwa

---

[1] Zunehmend trägt die Türkische Zentralbank mit speziellen Wechselkursen für GA-Transferzahlungen dieser Situation Rechnung.

5480 DM) wird der Umfang bzw. die Bedeutung der Transferzahlungen von durchschnittlich 1760 DM pro Jahr für die einzelnen Haushalte deutlich. Bereits aus diesen unmittelbaren, institutionellen Transferbeträgen dürfen Veränderungen in der wirtschaftlichen Lage der dörflichen Einzelhaushalte erwartet werden[1]. Die Bereitstellung von Sachgütern für den dörflichen Stammhaushalt - anläßlich der Urlaubsbesuche und bei der endgültigen Rückkehr - fördert die Wohlstandsumverteilung[2] ebenfalls, die allerdings nicht ausschließlich auf GAW-beteiligte Haushalte beschränkt ist. Durch Geschenke und die Weitergabe gebrauchter, durch neue Geräte ersetzter, langlebiger Gebrauchsgüter gelangen viele nicht selbst direkt durch abgewanderte Mitglieder an der GAW beteiligte Haushalte in den Besitz von modernen Ausstattungen und haben so mittelbar an der GAW teil.

(3.4.4.2) Informationen für die Herkunftsdörfer der Gastarbeiter

Die auf Heimaturlaub weilenden Gastarbeiter haben zwar nun eine einst sehr wichtige Rolle verloren: Sie veranlassen keine anderen Dorfbewohner mehr, ebenfalls die GAW aufzunehmen - obwohl sie die Wünsche einer großen Zahl von heranwachsenden jungen Männern nach Arbeitsvermittlung ins Ausland stimulieren und mit Anfragen nach solcher überhäuft werden[3]. Berichten über die Arbeits- und Lebensverhältnisse in den Anwerbeländern kommt deshalb in den Gesprächen der Dorfleute mit den Gastarbeitern vermehrte Beachtung zu; sie werden - für beide Gruppen interessant - in Form von Erzählungen über Erlebnisse erstattet. Dabei ist die Institution der Dorfgast-

---

1) Vgl. zur allgemeinen Einkommenssituation Kapitel 5.
2) Vgl. die Verteilungen an modernen Haushaltsgütern in Kapitel 7.3.
3) Zunehmend junge Leute sind in der Türkei unterbeschäftigt und versteckt arbeitslos; diese Arbeitslosigkeit konnte durch das Aufkommen der GAW bis 1973 vermindert werden. Nunmehr jedoch resultiert aus der - durch die Einflüsse der GAW - vermehrten Mechanisierung der ldw. Betriebe (vgl. Kapitel 5.4) eine z.T. erweiterte versteckte Arbeitslosigkeit.

stätte[1] der wichtigste Ort für Kommunikation. In ihr kommen die auf Urlaub weilenden GA - auch die ehemaligen GA (die Rückkehrer) - mit den Personen zusammen, die entweder ständig im Dorfe leben oder die Binnenwanderer sind. 'Frage- und Antwortspiele' bewirken den Austausch von Informationen und Erfahrungen (görgü) und beinhalten einen vielschichtigen Themenkatalog - er reicht von allgemeinen Beschreibungen der Lebenssituation im Aufnahmeland, internationaler Politik bis zu rein dörflichen Angelegenheiten - und verlaufen in einer unterhaltsamen Atmosphäre. Die Planung einer Reise, zwecks Sammlung von Finanzmitteln zum Bau einer dörflichen zentralen Wasserversorgung[2] oder dem Verkauf von Anteilen an der Dorfentwicklungsgenossenschaft[3], resultiert beispielsweise aus solchen Gesprächen.

Die für diese Untersuchung relevanten Vermittlungen von Informationen über landwirtschaftliche Themen bzw. Beschreibungen des dörflichen Lebens im Aufnahmeland - speziell von erzeugungstechnischen Methoden - besaßen nicht den Einfluß, wie er vom Bearbeiter gerne gesehen worden wäre. Dies ist vor allem eine Folge des anfangs skizzierten sektoralen Transfers der GA aus dem ländlich-ldw. Milieu der Heimatdörfer in die industriellen Tätigkeitsbereiche der Aufnahmeländer.

Die Arbeitstätigkeit in den urbanen Bereichen und industriellen Sektoren der Anwerbeländer eröffnet den GA nur begrenzte Möglichkeiten, Informationen und Erfahrungen über die Situation der Landwirtschaft sowie ihre Methoden zu gewinnen. Nur durch eigenständige Initiativen ist es dem GA im allgemeinen möglich, Wissen über Landbewirtschaftung und Tierhaltung - bzw. über die Landwirtschaft, welche beide Bereiche integriert - unter westeuropäischen Bedingungen und Technologien kennenzulernen. Diese eigenen Aktivitäten wiederum konkurrieren um

---

1) Der Dorfgaststätte (kahvehane), wörtlich Kaffeehaus, kommt im dörflichen Leben eine wichtige Rolle zu (vgl. PLANCK, 1972, S. 200f).

2) 1978 planten zwei der drei Untersuchungsdörfer eine solche Anlage.

3) Geplant und ausgeführt in den Dörfern Cemel 1975 und Gümüstepe 1977.

finanzielle Ressourcen und Zeit, die zur Erreichung der Zielsetzung des GA - z.B. einen Schlepper, ldw. Maschinen etc. zu erwerben - beachtet werden müssen. Die bei gelegentlichen Überlandfahrten[1] der GA in ihrem Blickfeld stehenden/arbeitenden, impressiven ldw. Maschinen[2] stellen - für die dörflichen Verhältnisse der GA - eine kaum realisierbare spezielle Situation dar, die zwar - wegen der allgemeinen dörflichen Modernisierungsideologie - kurzfristig interessante Informationen für Kaffeehausgespräche bietet, welche aber kontinuierlicher, beratender Kommunikation kaum förderlich ist. Dennoch zeichnet sich in einigen Fällen konkretes Wissen über ldw. Verfahren ab, welches in Westeuropa gewonnen wurde. Gelegentlich wird auch der Wunsch nach derartigen Erfahrungen offensichtlich:
- M. wurde nach über 10jähriger Transportarbeitertätigkeit auf einem deutschen Flughafen arbeitsunfähig und kehrte in sein Heimatdorf zurück. Während seiner Tätigkeit als Gastarbeiter hatte M. Kontakte mit einem Bauern, dem er gelegentlich bei der Arbeitserledigung half, und so Einblicke in die praktische Betriebsführung und maschinellen Arbeitsverfahren gewann. Da M. in dem Lebensalter ist, in dem im Dorf fortgesetzt körperliche Arbeit an Jüngere delegiert wird, er zudem seinen Landbesitz in Teilbaupacht an den Betrieb seines Bruders[3], der über keinen Schlepper verfügt, abge-

---

1) Vermehrte Überlandfahrten zwecks Besichtigung ldw. Betriebe und zur Informationsgewinnung sind meist nicht möglich, da dann auf Entlohnung für potentielle Überstunden verzichtet werden müßte. Auch stehen die Fahrtmöglichkeiten (z.B. mittels eigenem PKW) im Gegensatz zur Absicht, möglichst schnell möglichst viel Geld zu verdienen, welches nach der Rückkehr in den eigenen ldw. Betrieb investiert werden kann.

2) Diese beobachteten Maschinen werden bei Mechanisierungswünschen z.T. zuerst genannt, z.B. eine Kartoffelvollerntemaschine.

3) Zum Zeitpunkt der Realteilung des väterlichen Haushaltes war es M. möglich gewesen, die GAW aufzunehmen. Der endende väterliche Hof wurde deshalb nicht aufgeteilt, sondern dem nicht wandernden Bruder überlassen. M. errichtete sich später auf einem anderen Platz im Dorf ein neues Wohnhaus mit Wirtschaftsgebäuden zur Tierhaltung, die er als Rückkehrer intensiv betreibt (vgl. Kapitel 7.2).

geben hat, ist die Anwendung seiner ldw. Erfahrungen, seines
ldw. Wissens praktisch kaum möglich und auf die Weitergabe
durch verbale Kommunikation beschränkt.

- D. kehrte nach knapp 2jähriger Arbeitstätigkeit als 'Touristarbeiter' zurück, nachdem er sein Ziel (das Geld für den Traktorkauf) angespart hatte. Während seiner Arbeitstätigkeit in Deutschland ständig im Interessenkonflikt stehend - entweder Geld zu verdienen (wegen seines 'grauen Status' ohnehin begrenzt) oder ldw. Erfahrungen und Wissen zu sammeln - äußert er nunmehr den Wunsch nach umfangreicheren ldw. Methodenkenntnissen, um seinen Hof zu modernisieren. So steht D. in engem Kontakt mit M. und ist an allen Informationen, welche die auf Urlaub weilenden GA verfügbar machen können, sehr interessiert. Zwar unterhält D. Beziehungen zu der ldw. Beratungsstelle in der Kreisstadt, zum ldw. Betriebsmittelhandel (z.B. TZDK) und zu den ldw. Genossenschaften (Kredit-, Verkaufs-), doch scheint ihm diese Tatsache oft das Fehlen eigener europäischer Landbauerfahrung zu verdeutlichen.

(3.4.4.2.1) Heimatbesuche

Während die Grunderhebungsphase nach den eigentlichen Urlaubszeiten (Juni - August) der Gastarbeiter begann, konnten in der Pretestphase 1976 und bei der Spezialerhebung 1978 die auf Heimaturlaub im Dorf weilenden GA beobachtet werden. Dabei fielen zuerst die vielen PKW auf, mit denen die GA ins Dorf anreisten. Insbesondere die Markttage in der Kreisstadt erweckten den Eindruck, die Untersuchungsregion wäre eine europäische Kolonie.

Die insgesamt 129 Haushalt-Betrieb-Einheiten[1], die 1978 aktuell an der GAW beteiligt waren und in der Intensiverhebung erfaßt wurden, erwarteten in der Mehrzahl den Heimatbesuch eines im Ausland arbeitenden Mitgliedes.

---

1) Vgl. Übersicht 1.

Tabelle 4: Die Heimatbesuche der Gastarbeiter aus den Untersuchungsdörfern 1978

Nennungen	Frage: Werden 1978 Besuche von den im Ausland weilenden Haushaltsmitgliedern erwartet?	
	absolut	%
'78 kein Besuch erwartet'	57	44.2
'findet jährlich statt'	20	15.5
von konkreten Daten für 78 (a)	52	40.3
insgesamt	129 (b)	100

(a) Die meisten der Besuche fanden während der Intensiverhebungen statt und konnten beobachtet werden.

(b) Alle an der Gastarbeiterwanderung 1978 aktuell beteiligten Dorfhaushalte.

Quelle: Eigene Erhebungen 1978

Tabelle 4 zeigt, daß in mehr als der Hälfte (55.8 %) der Stammhaushalte 1978 Urlaubsbesuche von GA stattfanden, die GA so für erhebliche Zuflüsse an Gütern, Erfahrungen sorgten und - zu einem geringen Teil - auch die betrieblichen AK-Potentiale erweiterten[1]. Die in Tabelle 4 ausgewiesenen 20 Haushalte, die jährliche Besuche von Haushaltsangehörigen - welche in Europa arbeiten bzw. mitreisen - erhalten wollen, stellen mit 15.5 % der befragten GAW-beteiligten Haushalte eine kleine Gruppe dar. Die übliche Besuchsfrequenz ihrer im Ausland sich aufhaltenden Mitglieder liegt, für die meisten

---

1) Vgl. hierzu Kapitel 4.2.2.

Haushalte zumindest, in einem 2jährigen, oft drei- oder längerjährigen Turnus[1]. Die Zeit zwischen diesen Urlaubsbesuchen wird mit brieflicher Kommunikation ausgefüllt.

(3.4.4.2.2) Der Briefverkehr zwischen Dorf und Anwerbeländern

Durch das Vorlesen der empfangenen Briefe vom Sohn, Bruder oder nachbarlichen Bekannten im Innenhof der alten Bauernhäuser (avlu), bei Tee und Dorfgesprächen, fließen Erkenntnisse, Erfahrungen und Meinungen der GA und/oder ihrer mitreisenden Familienmitglieder - über den Kreis des Stammhaushaltes hinaus - weitgehend direkt auch dem Dorfe zu. Zusätzlich wird bei solchen Besprechungen/Erzählungen auch die Antwort - sicherlich auch eine direkte Anfrage - diskutiert, die geschrieben werden soll. Dabei werden auch notwendige, mögliche und erstrebenswerte Aktionen besprochen, zu welchen man gerne die Ratschläge - auch Informationen über finanzielle Möglichkeiten - der GA einholen möchte. Die brieflichen Kontakte führten zur Eröffnung einer Poststelle innerhalb eines Krämerladens im Dorf Cemel, der einem ehemaligen GA gehört, welcher nun auch Postbeamter ist. Der Umfang der Kommunikation zwischen den dörflichen Stammhaushalten und den im Ausland weilenden Haushaltsangehörigen/Bekannten ergibt sich mit dem Brief, der durchschnittlich von jedem Stammhaushalt ca. alle drei Wochen empfangen wird (vgl. Tabelle 5, in der durchschnittlich 17 Briefzustellungen je Haushalt und Jahr ausgewiesen sind). Erstaunlicherweise zeigt sich an den Daten, daß die brieflichen Kontakte der NG mit durchschnittlich 19.3 erhaltenen Briefen intensiver sind als der Briefwechsel der

---

[1] Interessante Beispiele der beobachteten Urlaubsbesuche - von einem arbeitslosen GA abgesehen, welcher sich während des (vorgeblichen) Bezuges von Arbeitslosengeld länger im Dorf aufhielt - waren einerseits die jährliche, mehrmonatige Anwesenheit im Dorf von einem allein wandernden GA, welcher nur die dörflichen Herbst- und Wintermonate zwecks Arbeitstätigkeiten in Dänemark verbrachte, andererseits die - nach 5jähriger Abwesenheit - vollständig aus Berlin per Flugzeug angereiste 5köpfige Familie (der komplette Haushalt). Aufgrund der hohen Kosten könne man - nach ihrer Argumentation - frühestens nach 3 Jahren wieder einen solchen Besuch planen.

Tabelle 5: Der Briefwechsel von Gastarbeitern mit ihren Stammhaushalten

Haushaltsgruppierungen		Die durchschnittliche Anzahl der Briefe je Haushalt und Jahr	
	n	absolut	Index
Rückkehrerhaushalte (b)	4	15.0	88.0
Gastarbeiterhaushalte	64	19.3	113.3
Rückkehrerbetriebe (b)	25	15.3	89.8
Gastarbeiterbetriebe	65	15.6	91.6
insgesamt	158	17.0	100
(b) während der aktiven GAW-Beteiligung			

Quelle: Eigene Erhebungen 1978

LG, die durchschnittlich 15.6 Briefe im Jahr aus dem Ausland erhalten. Dies ergibt sich u.a. aus der großfamiliären Situation der Haushalte mit Gastarbeitern und ldw. Betrieb: Gastarbeiter aus solchen - insbesondere dann, wenn sie von Angehörigen (oft ihrer Kernfamilie) in ihrem Auslandsaufenthalt begleitet werden - schränken meist die sozialen Beziehungen ein, ohne sie, und vor allem die wirtschaftlichen Verknüpfungen (Transferzahlungen), aufzugeben.

3.5 Resümee

Im vorstehenden Kapitel sind die Ursachen für die Beteiligung an der Gastarbeiterwanderung aus der regionalen Situation genannt. Durch die Auswahl der Untersuchungsdörfer wurde eine Eingrenzung der Rahmenbedingungen vorgenommen, die für die Folgewirkungen der GAW bedeutsam sind.

Dieser Eingrenzung folgte die Beschreibung des Umfanges der Gastarbeiterwanderung auf der Ebene der ausgewählten Dörfer: zum einen im Hinblick auf die dem dörflichen Leben entzogenen Arbeitskräfteressourcen, zum anderen unter Berücksichtigung der den Dörfern durch Geldtransferzahlungen und Urlaubsbesuche/Briefsendungen zukommenden, agglomerierten finanziellen Mittel und Informationen.

Weiterhin wurde dargestellt, daß einerseits die günstige Lage der Untersuchungsdörfer hinsichtlich des Informationstransfers innerhalb der Türkei zum Teil ursächlich war für die Beteiligung von Dorfhaushalten an der Gastarbeiterwanderung, andererseits der Zugang zu diesen Informationen in guten ackerbaulichen Voraussetzungen begründet lag, die den ldw. Haushalten die Aufnahme der überschußvermarktung im Zentrum des Hochplateaus ermöglichten und damit die Haushalte am Informationsfluß teilnehmen ließ. Die GAW, die als Folge der so gewonnenen Kenntnisse aufgenommen wurde, stellt eine sehr erhebliche Beeinflussung der dörflichen Situation dar, welche z.B. durch die Nennung der Gesamtzahl von wandernden Personen als Anteil der jeweiligen Altersgruppe ersichtlich wurde. Die Beteiligung der Dörfer an der GAW erbringt auch Kontakte mit den industrialisierten Anwerbeländern und erhebliche Zuflüsse von monetären Einkünften in die beteiligten Dörfer, innerhalb derer aus den Transferzahlungen beträchtliche Einflußnahmen auf die traditionellen ldw. Wirtschaftseinheiten erwartet werden.

4 Die Agrarstruktur der Untersuchungsdörfer

Die Aufgabenstellung der Untersuchung bedingt die Eingrenzung auf landwirtschaftliche Haushalte und diese Analysegruppierung ist (vgl. Schaubild 1) die Zusammenfassung aller Haushalte, die einen ldw. Betrieb bewirtschaften, ohne Berücksichtigung ihrer Verbindung zur Arbeiterwanderung/Nichtwanderung. Diese Gruppierungen umfassen insgesamt 221 landwirtschaftliche Haushalte (Untersuchungseinheiten 'Haushalt-Betrieb'). Sie sind die Grundlage der Aussagen über die Einflußnahme der GAW auf die agrarstrukturelle bzw. allgemein ländliche Entwicklung in den Untersuchungsdörfern.

Die Aussagen über die Entwicklung der Agrarstruktur machen es notwendig, beim Aufzeigen derselben die Haushalte ohne ldw. Betrieb (Nicht-ldw. Haushalte) mit einigen relevanten Faktorausstattungen einzubeziehen, um die bisherige Entwicklung der Agrarstruktur in den Untersuchungsdörfern zu kennzeichnen. Allerdings bleiben die nicht-ldw. Haushalte bei der Beschreibung der die agrarstrukturellen Veränderungen auslösenden Prozesse und Bedingungen (Einkommen, Ausgaben, Faktorausstattungen der Haushalte u.a.) teilweise unberücksichtigt, da diese nur indirekt die Agrarstruktur beeinflussen. Einzelne für nicht--ldw. Haushaltsgruppierungen angezeigte Werte werden in diesem Zusammenhang als Daten zu Vergleichszwecken benannt.

Dem Überwechseln der Haushalte aus dem ldw. Bereich zu nicht--ldw. Sektoren - der Konkretisierung des mit wirtschaftlicher Entwicklung implizierten Prozesses - gingen ähnliche Differenzierungen zwischen den Haushalten voraus, wie sie unten in Kapitel 5 und 6 deutlich werden. Auch für die nunmehr nicht-ldw. Haushalte ergaben sich früher ähnliche Bedingungen ihrer Betriebsführung und Betriebsabgabe, welche mit der GAW - und den mit ihr verbundenen Erwerbsmöglichkeiten - eng verknüpft waren.

4.1 Die Betriebsgrößen (nach LF)[1]

Die Darstellung des Wandels der Agrarstruktur ergibt sich aus der Grunderhebung in den Untersuchungsvierteln und den dabei ermittelten Einzeldaten. Die aus diesen Einzeldaten errechnete Betriebsgrößenstruktur bildet die Grundlage aller weiteren Aussagen. Aus den Angaben der Haushalte über den Landbesitz und die Bewirtschaftung dieses Haushaltslandes (Verpachtung bzw. Selbstbewirtschaftung) wurde durch die Hinzuzählung der zugepachteten Flächen die Betriebsgröße ermittelt[2]. Dabei wurde sowohl in Festpreis- bzw. in Teilbaupacht hinzugewonnenes Land vollständig (in aktueller Größe) eingerechnet. Die sich aus den beiden Pachtsystemen ergebenden unterschiedlichen Risikobelastungen der Betriebe wurden dabei nicht ausgewiesen, denn arbeitstechnisch ergeben sich aus den beiden Pachtsystemen[3] keine verschiedenen Ansprüche an die Betriebsführung. Bezüglich der Faktoraufwendungen (welche gemeinsam vom Pächter und Verpächter im Verhältnis 50:50 zu tragen sind) oblag es - nach den Beobachtungen in den untersuchten Betrieben

---

[1] Der Verfasser ist sich der begrenzten Aussagefähigkeit der Darstellung der Betriebsgrößen allein auf der Basis der landwirtschaftlich genutzten Fläche (LF) - hier identisch mit der Ackerfläche, da Wiesen und Weiden überwiegend kommunales Eigentum sind und gemeinsam bewirtschaftet werden - bewußt, er nimmt diese aber - wegen der Problematik der Einbeziehung weiterer Referenzgrößen zur Errechnung der Betriebsgröße (z.B. Umsatz, Gewinn etc.) - wohlwissend als einziges Kriterium in die Untersuchung auf. Die Anwendung des Kriteriums "Betriebsfläche" z.B. entzog sich durch die Problematik der Erhebung von Wege-, Hof- und Gebäudeflächen, die Bestandteile der Betriebsfläche sind - denen in der einzelbetrieblichen Situation eine bedeutende Rolle zukommt -, der Nutzung als Kriterium zur Darstellung der Betriebsgrößenstruktur. Die einfacher zu erhebende LF, durch die ständige Arbeit auf den Feldern wird deren Größe häufig verdeutlicht, erscheint deshalb als günstiges Kriterium zur Darlegung der Betriebsgrößenstruktur (vgl. hierzu z.B. STEINHAUSER u. a. (1972), 273ff).

[2] Nach STEINHAUSER u.a. (1972), S. 38: "Eigentumsfläche und zugepachtete Fläche - verpachtete Fläche = Betriebsfläche".

[3] In den Untersuchungsdörfern war das Halbbausystem (yaricilik) in Anwendung. Drittelpachtverhältnisse (marabacilik) wurden nicht festgestellt (vgl. auch Kapitel 5.3).

- zumeist dem Pächter, d.h. dem Betriebsleiter, die Initiative zu ergreifen. Der Landeigentümer folgte dann den Vorschlägen, die - aus der engen sozialen Bindung begründet - die Interessen der Verpächter ausreichend berücksichtigten.

Aus den Erhebungen ergab sich für insgesamt 199 Betriebe (90 % der 221 ldw. Betriebe) als Grundlage der Betriebsgröße die Selbstbewirtschaftung von haushaltlichem Eigentumsland. 16 landwirtschaftliche Betriebe (7 %) waren ausschließlich auf die Anpachtung von Land nach dem Teilbauverfahren gegründet[1]. Bei sechs Betrieben (3 %) konnte die eigentumsrechtliche Situation der Landflächen nicht eindeutig geklärt werden. Diese ldw. Betriebe sollen zusammen mit 12 weiteren Höfen, deren Betriebsgröße dem Umfang nach nicht ausreichend aufgezeigt werden konnte, insgesamt also 18 Betriebe (8 %), bei der Darstellung der Betriebsgrößenstruktur unberücksichtigt bleiben[2].

Die einzelnen Haushaltsgruppierungen (vgl. Schaubild 1) berücksichtigend, ist in Tabelle 6 die vorgefundene Betriebsgrößenstruktur unter den genannten Einschränkungen aufgezeigt. Ebenfalls sind die Ergebnisse der gemeinsamen Darstellung aller Betriebe über die sieben Betriebsgrößenklassen bzw. alle Haushaltsgruppierungen zu ersehen. Durchschnittlich wurde für jeden der einbezogenen 203 ldw. Betriebe eine Betriebsgröße von 9.9 ha errechnet. Von allen Betrieben hatte die Mehrzahl von 62 (28.1 %) eine Betriebsgröße zwischen fünf und zehn ha LF; diese durchschnittlich 9.9 ha LF korrespondieren mit den

---

1) Der Anteil der Pachtbetriebe ist in den Untersuchungsvierteln mit 7 % gering - verglichen mit dem gesamttürkischen Durchschnitt von 9.5 % der ausschließlich Pachtflächen bewirtschaftenden ldw. Betriebe (vgl. VARLIER (1978), S. 55).

2) Diese Betriebe gehören überwiegend zu Haushalten, in denen sich die Erbteilung in der Durchführung befand. Das Land gehörte einer Erbengemeinschaft, die es einem Erben zur Bewirtschaftung gab. In diesen erbrechtlichen Prozessen bewirkt die GAW häufig eine Nichtaufteilung der Felder (diese wäre nach dem üblichen Seriat-Erbrecht zwingend) zwecks Bewirtschaftung der Flächen durch einen nicht GAW-beteiligten Familienteil, der nunmehr einen eigenen Haushalt darstellt.

Tabelle 6: Die Betriebsgrößenstruktur (n und % je Betriebsgrößenklasse)

Betriebs-größenklassen[+]	Landwirtschaftliche Haushalte				
	ohne Wander-arbeiter	mit Gastarbeiter-rückkehrer(n)	mit Binnen-wanderung	mit Gastar-beiter(n)	insgesamt
0.1- 2.0 ha	24 18.9	2 6.9	2 16.7	6 11.3	34 15.4
2.1- 5.0 ha	35 27.6	4 13.8	2 16.7	9 17.0	50 22.6
5.1-10.0 ha	40 31.5	4 13.8	- -	18 34.0	62 28.1
10.1-20.0 ha	20 15.7	6 20.7	5 41.7	10 18.9	41 18.6
20.1-50.0 ha	3 2.4	2 6.9	1 8.3	7 13.2	13 5.9
50.1 ha u. mehr	2 1.6	- -	- -	1 1.9	3 1.4
n. bekannt	3 3.1	11 37.9	2 16.7	2 37.1	18 8.0
Summe	127 100	29 100	12 100	53 100	221 100
Durchschnittliche Betriebsgröße(ha)	8.5	11.4	11.6	12.6	9.9
Variations-koeffizient	137.9	81.4	83.3	101.4	119.4

[+] in ha Ackerfläche

Quelle: Eigene Erhebungen 1977

durchschnittlich 10.2 ha Betriebsgröße aller ldw. Betriebe
der agrargeographischen Region Zentralanatolien[1].

Die geringe Abweichung in der Ausstattung zentralanatolischer
Betriebe und der Untersuchungseinheiten mit LF wird jedoch
in der Anzahl von Betrieben je Betriebsgrößenklasse relativiert. Während im Vergleich die Mehrzahl der zentralanatolischen Betriebe (29 %) der kleinsten Betriebsgrößenklasse
(bis 2.0 ha) zugerechnet wird, befindet sich die Mehrzahl
der Betriebe der untersuchten ldw. Haushalte in der Betriebsgrößenklasse von 5 - 10 ha. Daraus ergibt sich eine insgesamt günstigere Ackerflächenverteilung in den Untersuchungsdörfern[2].

Dennoch ergeben sich für die einzelnen Gruppierungen von ldw.
Haushalten hinsichtlich der Teilnahme an der Arbeiterwanderung
unterschiedliche Betriebsgrößen. Ausgehend von der durchschnittlichen Betriebsgröße aller Betriebe von 9.9 ha, welche eine
große Streuung aufweist (von 0.1 ha bis 104.0 ha/Variationskoeffizient (V) = 119), liegt nur die Vergleichsgruppe LO
unter diesen Werten (vgl. Tabelle 6). Betriebe dieser Haushaltsgruppierung verfügen durchschnittlich nur über 8.5 ha LF,
welche darüberhinaus ungleicher verteilt ist (V = 137). Diese
geringen durchschnittlichen Betriebsflächen und die große
Streuung ergeben sich aus der sehr heterogenen Zusammensetzung
dieser Gruppierung, die mit 18.9 % den größten Anteil der
Kleinstbetriebe (Betriebsfläche unter 2 ha) aufweist. Ebenfalls zu dieser Gruppierung zählen zwei Betriebe (1.6 %), die
über LF von 70.0 und 104.0 ha verfügen.

Mit durchschnittlich 12.6 ha besitzen die LG die umfangreichste
LF-Ausstattung. Geringer sind ebenfalls auch die Abweichungen
in den einzelbetrieblichen Flächen, welche durch die begrenzte
Streuung (V = 101) dokumentiert sind. Kleinstbetriebe sind
nur 11.3 % aller zu dieser Gruppierung zählenden Betriebe;
dieser Anteil ist damit geringer als in der ungruppierten Be-

---

1) Vgl. hierzu VARLIER (1978), S. 18, Tablo I-5.
2) VARLIER (1978), S. 19, Tablo I-6, nennt für die in Tabelle 6
   aufgeführten sechs Betriebsgrößenklassen jeweils Anteile von
   29, 28, 19, 14, 8 und 2 %.

trachtung über alle auswertbaren Betriebe. Dennoch ist mit der Mehrzahl von 18 (34 %) Betrieben in der Betriebsgrößenklasse 5.1 - 10.0 ha die allgemeine Tendenz in diesen LG zur Anpassung der betrieblichen Verhältnisse an die haushaltlichen Möglichkeiten (besonders im Hinblick auf Arbeit) erstmals angezeigt.

LR verfügen durchschnittlich über LF in einer Größe, die geringfügig über 10 ha liegt. Die durchschnittliche Betriebsfläche dieser Betriebe von ehemaligen Gastarbeitern beträgt 11.4 ha. Daß diese ldw. Betriebe mit ihrer LF-Ausstattung relativ gleich umfangreich sind, verdeutlicht die geringste Streuung (V = 81) innerhalb aller Gruppierungen von ldw. Haushalten bezüglich ihrer Ackerflächen, d.h. die Gastarbeiterrückkehrer versuchen die ihren Ressourcen angemessenen Betriebsgrößen zu erreichen.

Aus Tabelle 6 ist ersichtlich, daß die Betriebe der Haushalte mit GAW-Beteiligung (LR und LG) nach dem Kriterium LF größer sind als diejenigen der Haushalte ohne Teilnahme an der GAW (die Haushaltsgruppierungen LO und LB). Jedoch ist nicht nur die LF der Haushalte mit (ehemaligen) GA umfangreicher, sondern auch aus den verhältnismäßig gleichen LF-Ausstattungen - mit den jeweils geringen Streuungen im Vergleich mit den anderen Gruppierungen von ldw. Haushalten - wird die o.g. Argumentation unterstützt. Nach ihr tendierten vor allem größere und umfangreicher landbesitzende Haushalte zur Aufnahme der GAW und die bereits günstiger gestellten Haushalte/Betriebe konnten durch die Teilnahme an der GAW die weiteren Vorteile erwerben, die im Verlauf der Analyse deutlich werden.

4.2 Bedingungen der Betriebsgrößenstruktur

Die gegenwärtige Betriebsgrößenstruktur, welche anhand des Kriteriums landwirtschaftlich genutzter Fläche (LF)[1] dargestellt ist, leitet sich aus einer Anzahl von Rahmenbedingungen ab, die jeweils unter dem (direkten) Einfluß der GAW stehen. Diese sind nachfolgend systematisch aufgeteilt und einzeln dargestellt, obwohl - und in der Beurteilung sollen diese Einzelfaktoren auch so gesehen werden - sich die aufgezeigte Betriebsgrößenstruktur nur aus dem Zusammenwirken der Einzelkomponenten ergibt.

4.2.1 Die Landbesitzverteilung in den Untersuchungshaushalten

Neben der Tierhaltung besitzt das Verfügungsrecht der Haushalte über Land (nicht immer ist es in Grundbüchern festgehalten, obwohl für die Untersuchungsdörfer Grundbücher im Grundbuchamt der Kreisstadt Sarkisla geführt werden) eine große Bedeutung für die einzelhaushaltliche Situation (Autarkiebestreben) in der primärsektorellen Wirtschaftsverfassung. Die sozio-kulturelle Stellung der Haushalte ergibt sich auch in der Zeit der/nach der GAW zum Teil aus den Landbesitzverhältnissen.

Von den 504 erfaßten konnten 41 Haushalte (8.1 %) - aufgrund jeweils widersprüchlicher Informationen - weder den landlosen noch den landbesitzenden Haushalten zugeordnet werden. Die Aussagen bezüglich des Landbesitzes von Haushalten bzw. der Landbesitzverteilung beruhen deshalb auf der Datenbasis von 463 Haushalten. Doch darf als sicher gelten, daß diese ausgeschlossenen 41 Haushalte nur über maximal durchschnittliche Landbesitzungen verfügen. Eine größere Beeinflussung der in

---

1) Wegen der Desintegration von Ackerbau und Tierhaltung ist die LF identisch mit der Ackerfläche; die Betriebe bewirtschaften neben der kommunalen Weide keine Wiesen oder betriebseigenes Weideland.

Tabelle 7 dargestellten Landbesitzverteilung ist deshalb auszuschließen.

Eine positive, signifikante Beziehung zwischen GAW-Beteiligung und dem Landbesitz der Haushalte zum Erhebungszeitpunkt ist offenkundig. Durch das Einbeziehen der vom Landbesitz funktional unabhängigen Haushalten (wie Lehrer-, Krämer- und Imamhaushalte) in die NO ergibt sich notwendigerweise eine stärkere Ballung von landlosen Haushalten in dieser Gruppierung (43 % an der Gesamtzahl aller landlosen Haushalte). Der daneben noch hohe Anteil der landlosen Haushalte an den NG weist erneut auf die vermehrten GAW-Aufnahmen von landlosen Haushalten hin, die in den 'sicheren' Abwanderungsjahren (Zeitraum 1967 - 73) vollzogen wurden (vgl. Tabelle 2). 43 % des Landbesitzes gehören zu Haushalten, welche direkt an der GAW partizipieren (NG und LG) bzw. an der GAW teilnahmen (NR und LR); dabei zählen nur 37 % aller landbesitzenden Haushalte zu diesen Haushaltsgruppen. Dies bedeutet, daß jeder dieser Haushalte mit Teilhabe bzw. ehemaliger Teilhabe an der GAW über den durchschnittlich umfangreicheren Landbesitz verfügt.

Nicht der direkten aktiven ldw. Nutzung unterzogen sind die von den nicht-landwirtschaftlichen Haushalten gehaltenen 22.8 % des Landes, welches vor allem im Abschnitt zur Landbesitzverwendung angesprochen wird. Besonders deutlich werden die agrarstrukturellen Wirkungen der GAW an den Eigentumsflächen der direkt mit der GAW verbundenen nicht-ldw. Haushalte; 437 ha Ackerland (15.3 %), die zu diesen NG bzw. NR gehören, wurden während der GAW und durch sie mobil.

Die Landbesitzverteilung ist in Tabelle A5 unter Bezugnahme auf Konzentrationskriterien wie den Gini-Koeffizienten (G) und den PEARSON'schen Variationskoeffizienten (V) weiter aufgeschlüsselt und für alle Untersuchungshaushalte sowie ausgewählte Gruppierungen von Haushalten mittels Lorenz-Kurven in Schaubild 3 aufgezeigt.

Durchschnittlich verfügen die landbesitzenden Haushalte über 8.4 ha Eigentumsland. Die unterschiedliche Ausstattung der Haushalte mit Eigentumsland wird in der Streuung (V = 88) deut-

Tabelle 7: Die Eigentumslandverteilung 1977

Merkmal		Untersuchungshaushalte									insgesamt
		Nicht-landwirtschaftliche				Landwirtschaftliche					
		ohne Wander- arbeiter	mit Rück- kehrer(n)	mit Binnen- wanderung	mit Gast- arbeiter(n)	H?	ohne Wander- arbeiter	mit Rück- kehrer(n)	mit Binnen- wanderung	mit Gast- arbeiter(n)	
Landlose Haushalte	n	53	1	4	27	22	8	4	2	2	123
	%	43.0	0.8	3.3	22.0	17.9	6.5	3.3	1.6	1.6	100
Haushalte mit Eigen- tumsland	n	32	6	2	55	46	119	20	10	50	340
	%	9.5	1.8	0.6	16.2	13.5	35.0	5.9	2.9	14.7	100
Durchschnittl. Eigen- tum je Haushalt	ha	6.6	4.8	2.5	7.4	8.3	7.5	10.9	11.6	11.6	8.4
Anteil des bewässer- baren Landes	%	13.6	50.0	-	17.6	23.7	24.4	32.3	24.7	21.7	22.9
Anteil der Gruppier- ung am Land	%	7.4	1.0	0.1	14.3	13.4	31.6	7.6	4.0	20.3	2857.7 ha (100 %)

Anteil der landlosen Haushalte (Topraksiz hane orani): 26.6 %
Anteil der Betriebe ohne Eigentumsland (Topraksiz isletme orani): 7.4 %
H? - Nicht einzuordnende Untersuchungshaushalte

Quelle: Eigene Erhebungen 1976/77

lich. Ebenfalls weist der G mit 0.41 eine relativ begrenzte Konzentration des Landes in wenigen Haushalten aus. Im Vergleich zur Landverteilung innerhalb der Agrarregion Zentralanatolien (G = 0.63) und der Türkei (G = 0.62) stehen die Untersuchungshaushalte sehr günstig da[1]).

Die LO verfügen über Landeigentum, das nahezu diesen allgemeinen Durchschnittswerten entspricht (durchschnittlich 7.4 ha, V = 87 und G = 0.39). Dahingegen sind LG, LR und LB durch das jeweils durchschnittlich umfangreichere Eigentumsland gekennzeichnet. Die landwirtschaftlichen Haushalte mit GAW-Beteiligung (die Haushaltsgruppierungen LR und LG) haben zusätzlich noch günstigere Werte für die Landeigentumsverteilung um die Durchschnittsgrößen der betreffenden Gruppierungen (V = 66 bzw. 71 und G = jeweils 0.33).

Die Bedeutung von Landeigentum für die Teilnahme eines Haushaltes an der GAW wird an Schaubild 3 offensichtlich. Die NG, die durchschnittlich über 7.4 ha Eigentumsland verfügen (vgl. Tabelle 7 bzw. Tabelle A5), haben zumeist (in 55 von 86 Haushalten) diese Ausstattung an Landeigentum und damit nach den LG die zweitgünstigste Verteilung an Eigentumsland - eine Verteilung, die mit G = 0.36 gleichmäßiger ist als in der Gruppierung der LO (G = 0.39) und die Landverteilung über alle Untersuchungshaushalte insgesamt (G = 0.41).

Das ebenfalls im durchschnittlichen Umfang je Haushaltsgruppierung und Haushalt in Tabelle 7 angezeigte, bewässerungsfähige Land besitzt große - über das ihm eigene agronomische Potential hinausgehende - Bedeutung. Verkehrsgünstig in Dorfnähe gelegen, erlaubt es den besitzenden Haushalten eine stabile Nahrungsmittelversorgung durch Selbstbewirtschaftung. Ebenso wird die passive Landnutzung (Verpachtung) durch das Bewässerungspotential erleichtert. Dieses bewässerungsfähige Land, welches - relativ und in absoluter Größe - vermehrt zu den landwirtschaftlichen Haushalten zählt, dürfte ein wesentlicher Faktor sein, der die Erhaltung eines ldw. Betriebes in diesen Haushalten fördert. Beide Haushaltsgruppierungen mit

---

1) VARLIER (1978), S. 39 bzw. S. 34.

Schaubild 3: Die Landbesitzverteilungen in ausgewählten Haushaltsgruppierungen

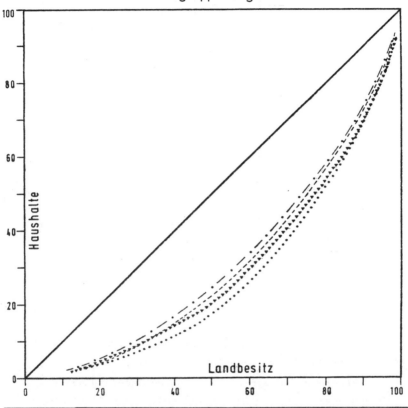

– – – – – Nicht-landwirtschaftliche Haushalte mit Gastarbeiter (n), Gini-Koeffizient = 0,36

▲▲▲▲▲▲▲▲▲▲ Landwirtschaftliche Haushalte ohne Wanderarbeiter, Gini-Koeffizient = 0,39

–·–·–·– Landwirtschaftliche Haushalte mit Gastarbeiter (n), Gini-Koeffizient = 0,36

············ alle 340 Untersuchungshaushalte mit Landeigentum, Gini-Koeffizient = 0,41

Quelle: Eigene Erhebungen 1977

Rückkehrern besitzen einen relativ hohen Anteil an bewässerbarem Land (NR = 50 %, LR = 32.3 %), der sich vor allem in der Landnutzung der LR besonders bemerkbar macht[1]. Mit dem bewässerungsfähigen Land, welches zu einem Haushalt gehört, ist in den Untersuchungsdörfern die längerfristige Entwicklungsmöglichkeit des Haushaltes bestimmt bzw. unter Beachtung des Umfanges an Bewässerungsland die Möglichkeit des Verbleibens im landwirtschaftlichen Sektor vorgezeichnet.

4.2.2 Das Arbeitskräftepotential der Haushalte

Der primäre Ansatzpunkt der wechselseitigen Bedingung und Verursachung von GAW und Agrarentwicklung in den Entsendeländern ist die Arbeitskraft, d.h. die arbeitende Person. Ihr kommt in beiden Prozessen tragende Bedeutung zu hinsichtlich der Einflußnahme in der Entwicklung, als auch als Ziel/Zweck der Entwicklung.

In dieser Untersuchung sind deshalb beide Einflußnahmen zu erörtern, wobei eine nicht einseitig abgegrenzte und aufeinander aufbauende Betrachtungsweise gewählt wurde. Zuerst soll die Person als Faktor (Arbeit) in den Wandlungs- und Entwicklungsfunktionen behandelt werden, welche wiederum letztlich diesen Faktorträgern (den Menschen) dienen.

In der Darstellung der agrarstrukturellen Änderung während der GAW und durch den Prozeß der GAW spielt die Arbeit eine relevante Rolle, welche - zu Vergleichszwecken - in standardisierten Arbeitskräfteeinheiten (= AK = Vollarbeitskraft) gemessen wird. Die Zielsetzung hat demgegenüber eine andere Standardisierung der Personen zur Grundlage, die Vollverpflegungsperson (VVP), an der die Erträge/Erfolge der Wandlungsdynamik während der GAW festgestellt und verglichen werden sollen. Beide standardisierte Maße gehen von Personen aus, die in Familien und Haushalten leben und z.T., abhängig von der Analysezielsetzung, nach Geschlecht und Alter unterschied-

---

1) Vgl. hierzu die Aussagen zur passiven Landnutzung in Kapitel (4.3.1.2).

liche Normenvorstellungen haben.

(4.2.2.1) Die Mitgliederzahlen der Haushalte

Die Mitgliederzahlen je Haushalt - die Haushaltsgrößen - sind in ldw. bzw. nicht-ldw. Haushalten unterschiedlich. Die nicht--ldw. Haushalte (vgl. Tabelle 8) zählen durchschnittlich 5.5, die ldw. Haushalte 6.6 Mitglieder[1]. Der durchschnittliche Untersuchungshaushalt umfaßt 5.8 Mitglieder.

Bei der Betrachtung der Untersuchungsdörfer/-viertel ergeben sich abweichende Haushaltsgrößen, die ebenfalls die unterschiedliche Beteiligung der einzelnen Viertel an der GAW verständlicher werden lassen. Die differenzierte Teilnahme der beiden Viertel des Dorfes Gümüstepe an der GAW resultiert aus den unterschiedlichen Haushaltsgrößen von durchschnittlich 6.2 im Yerli- und 5.7 im Yeni-Viertel. Die größere Anzahl von Haushaltsmitgliedern ist neben dem haushaltlichen Landbesitz der grundlegende Faktor für die Beteiligung von 47.8 % der Haushalte des Yerli-Dorfviertels von Gümüstepe an der GAW (vgl. Übersicht 1). Das geringere landwirtschaftliche Potential im Dorf Sagir (vgl. Übersicht 2) ist der Hauptgrund der Beteiligung von 34.6 % dieser Dorfhaushalte an der GAW - trotz der relativ geringen durchschnittlichen Haushaltsgröße in Sagir von 5.0 Mitgliedern[2].

Der von PLANCK[3] beschriebene "ideale Dorfhaushalt ... aus einem Mann, seiner Frau oder Frauen, seinen verheirateten Söhnen und Töchtern" wäre der Aufnahme der GAW (der Landbesitz bzw. falls landlos, die 'sichere' Anwerbephase (1967 - 73)

---

1) Nach den Zählungen bei der Grunderhebung.
2) Die durchschnittliche Haushaltsgröße im Dorf Cemel liegt unter dem für alle Untersuchungshaushalte in diesem Dorf ermittelten Wert von 6.1; dieser ist das Ergebnis der Klumpenstichprobe der Erhebung und eine Totalerhebung würde - auch wegen des bereits genannten höheren Urbanisierungsgrades - einen Wert um ca. 5.7 als durchschnittliche Anzahl der Personen je Haushalt ausweisen.
3) PLANCK (1972), S. 126.

Tabelle 8: Die personenbezogene Größenstruktur der Untersuchungshaushalte nach Gruppierungen

Anzahl der Haushalts- angehörigen	Untersuchungshaushalte													insgesamt
	Nicht-landwirtschaftliche Haushalte							Landwirtschaftliche Haushalte					
	ohne Wander- arbeiter	mit Rück- kehrer(n)	mit Binnen- wanderung	mit Gast- arbeiter(n)	alle	H?	ohne Wander- arbeiter	mit Rück- kehrer(n)	mit Binnen- wanderung	mit Gast- arbeiter(n)	alle	
1	6	-	-	-	7	1	1	-	-	-	1	9
2	11	1	1	8(a)	20	34(a)	8	6	1	3	18	72(b)
3	12	-	-	1	13	3	8	1	-	-	9	25
4	10	2	1	10	23	6	21	-	2	-	23	52
5	15	1	2	10	28	13	17	3	-	4	24	65
6	11	-	-	20	31	16	20	7	2	11	40	87
7	13	2	2	12	29	7	17	5	2	9	33	69
8	5	-	-	13	18	5	12	4	1	7	24	47
9	1	1	-	8	10	6	7	2	-	7	16	32
10	1	-	-	1	2	2	9	-	2	7	18	22
11	1	-	-	1	2	3	3	1	1	2	6	10
12	-	-	-	2	2	2	-	1	1	2	3	17
13	-	-	-	-	-	-	1	1	-	-	2	2
14	-	-	-	-	-	-	1	-	-	1	1	1
15	-	-	-	-	-	-	1	-	-	-	1	1
16	-	-	-	-	-	-	1	-	-	-	1	1
17	-	-	-	-	-	-	-	-	-	-	-	-
20	1	-	-	-	1	-	-	-	-	1	1	2
Haushalte insges.	86	7	6	86	185	98	127	29	12	53	221	504
Erfaßte Personen durchschnittl. je Haushalt	4.8	5.4	4.8	6.2	5.5	4.9	6.2	5.8	7.2	7.7	6.6	5.8

H? nicht einzuordnende Untersuchungshaushalte.
(a) Untersuchungshaushalte deren Mitgliederzahl nicht sicher festgestellt wurde.
(b) einschließlich der 42 nicht vollständig erfaßten Haushalte.

Quelle: Eigene Erhebungen 1977

sei gegeben) sehr zugeneigt, doch war eine solche Haushalts-/
Familiensituation in den Untersuchungsdörfern, zumindest dieser vollständige Idealtypus, die Ausnahme. Wegen der in solchen Haushalten erwarteten versteckten Arbeitslosigkeit[1] ist
es leicht möglich, die Arbeitskraft des in der GAW abgeworbenen Familien-/Haushaltsmitgliedes ohne umfangreiche Änderungen in den haushaltlichen Aktivitäten zu kompensieren.
Deshalb haben die Haushalte mit mehreren Angehörigen die Möglichkeit, die GAW anzunehmen bzw. weisen Haushalte mit aktiver Beteiligung an der GAW im Durchschnitt der Untersuchung
die größten Haushaltsgrößen auf. Die NG zählten mit 6.2 Personen je Haushalt mehr Angehörige als die Gruppe der nicht--landwirtschaftlichen Haushalte generell, die durchschnittlich nur 5.5 Mitglieder umfaßten (vgl. Tabelle 8). In der
Gruppe der landwirtschaftlichen Haushalte gehören zu den LG
ebenfalls die nach Mitgliedern umfangreichsten Haushalte. Mit
durchschnittlich 7.7 Personen je Haushalt sind die LG die nach
der Zahl ihrer Mitglieder größten Untersuchungshaushalte. Diese LG sind auch umfangreicher, als PLANCK nach Ermittlungen
des türkischen Dorfministeriums nennt; 1960 (1965) waren es
durchschnittlich 6.0 (5.9) Personen je Haushalt[2]. Die deutliche Unterscheidung der LG gegenüber LO mit 6.2 Personen je
Haushalt liegt vor allem in der 'modernen' Haushaltsstruktur
der LO begründet. Die LG sind in der Mehrzahl Haushalte mit
6 Mitgliedern (maximal 20 Mitgliedern[3]) - woraus ein Abweichen vom o.g. Idealtypus des türkischen Landhaushaltes abzuleiten ist - gegenüber der Mehrzahl von 21 Haushalten mit 4
Mitgliedern bei den LO, zu welchen sowohl marginale Haushalte
mit einem und zwei Mitgliedern als auch Großfamilien mit jeweils 13 bis 17 Personen zählen. Während die kleinsten Haushalte kaum in der Lage gewesen sind, GA zu entsenden (wegen
der von den GA geforderten Eigenschaften - gesund, jung, etc.),
zeigten die sehr großen LO oft zu spät Interesse an einer GAW--Teilnahme; die Registrierung in den GA-Wartelisten erfolgte

---

1) Vgl. z.B. OSTERKAMP (1967), WILBRANDT (1974) und KAZGAN (1977).
2) Vgl. PLANCK (1972), S. 126.
3) Vgl. Tabelle 8.

verzögert, so daß wegen des 1973 allgemein verhängten Ausreisestops die Aufnahme der GAW nicht mehr möglich wurde.

(4.2.2.2) Die Arbeitskräfteeinheiten (AK)

Eine unmittelbare Einflußnahme der GAW auf die Haushalt-Betrieb-Einheiten (wie auf jede andere Einheit vom Dorf/Dorfviertel bis zur Nation) findet durch die Wanderung von Personen statt. Diese Personen - seien es die GA selber oder mitreisende Familienangehörige - verlassen ein sozialökonomisches Gebilde, um in einem anderen tätig zu werden bzw. zu leben. Die Wanderung von Personen soll, um die Einflußnahme auf das sozialökonomische Herkunftssystem abzuleiten, einer Standardisierung unterzogen werden. Dabei sollen nicht die Wertanschauungen der aufnehmenden Kultur, sondern die Werte der entsendenden Gesellschaft als Kriterien verwendet werden. Die Untersuchung impliziert dies, denn es gilt, die Veränderungen der Agrarstruktur in der Herkunftsregion aufzuzeigen. Entsprechend wird für diese Untersuchung auf die Standardisierungsmethodik zurückgegriffen, welche für die Untersuchungsdörfer relevant erschien. Für die Bewertung des den Haushalten bzw. ldw. Betrieben zur Verfügung stehenden Arbeitskräftepotentials bzw. des betrieblichen Arbeitskräftebesatzes beruht der Umrechnungsschlüssel für Personen in standardisierte Arbeitskräfteeinheiten (bzw. Vollarbeitskräfte) auf einem Vorschlag von ACIL[1], welcher die Bezugspunkte nennt, die in der Tabelle A6 dargestellt sind.

Diese Umrechnungsnormen für Haushaltsmitglieder in das Arbeitskräfteeinheitenpotential der Haushalte bzw. den Arbeitskräftebesatz von ldw. Betrieben erscheinen den sozialökonomischen Wertenormen der Untersuchungsregion angepaßt zu sein und den tatsächlichen betrieblichen (potentiellen wie aktuellen) Arbeitsleistungen zu entsprechen. Zumindest befürworten die Erfahrungen der Dorfaufenthalte die Anwendung dieser Meßzahlen.

---

[1] Der türkische Begriff für "Arbeitskraft" ist die "erkek is birimi" und meint einen Arbeiter mit einer Arbeitsleistung von 260 - 300 Tagen (2400 - 2700 Stunden) je Jahr im Lebensalter zwischen 15 und 50 Jahren (vgl. ACIL/KÖYLÜ (1971), S. 118f).

Im Verlauf der allgemeinen Mechanisierung der Landwirtschaft wird es jedoch - speziell durch Tätigkeiten, die neue technische Fähigkeiten verlangen: Traktor- und Mähdrescherfahrer, Wartungsmänner der Dreschmaschinen etc. - zur langfristigen Veränderung der potentiell von Frauen durchzuführenden Arbeiten kommen, zumal schlepperfahrende Frauen in den Dörfern noch nicht vorstellbar sind (obwohl die Mitfahrt auf dem Schlepper auch für Frauen selbstverständlich ist). Gegenwärtig obliegt es zumeist den Frauen, viele (oft alle) Handarbeiten (wie Rübenpflege u. -ernte, Getreidesammeln usw.) durchzuführen. Die Männer, vornehmlich die bis 40jährigen, übernehmen die Bedienungstätigkeiten beim Betreiben von Maschinen.

(4.2.2.3) Das Arbeitskräfteeinheitenpotential der Haushalte

Die Anwendung des Arbeitskräfteeinheiten-(AK)Schlüssels nach ACIL/KÖYLÜ auf die Zahlen über die Haushaltsmitglieder aus der Grunderhebung resultiert in den durchschnittlichen AK-Besatzzahlen je Haushalt und Gruppierung, die in Schaubild 4 aufgezeigt sind.

Wie ersichtlich, ergaben sich je Haushaltsgruppierung durchschnittlich sehr unterschiedliche AK-Besätze pro Haushalt, welche als Voraussetzungen für die potentielle GAW-Beteiligung des Haushaltes und, daraus folgend, für die differenzierten Einflußnahmen der GAW und den agrarstrukturellen Wandel entscheidend sind.

Die aus Tabelle 8 ersichtliche Tendenz der größeren Haushalte zugunsten der aktiven GAW-Beteiligung zeigt sich erneut in Schaubild 4 anhand der standardisierten AK-Besätze. Haushalte aller Gruppierungen mit GA im Ausland weisen (durchschnittlich 3.9 AK in den NG und 5.0 AK in den LG) ein umfangreicheres AK-Potential[1] auf, als es für alle 504 Haushalte mit durchschnittlich 3.5 AK je Haushalt errechnet wurde. Aus Schaubild 4 geht hervor, daß die LG, offensichtlich aufgrund ihrer Größe, sowohl GA ins Ausland senden als auch einen ldw. Betrieb führen können.

---

1) Vgl. die ausführlicheren Daten in Tabelle A7.

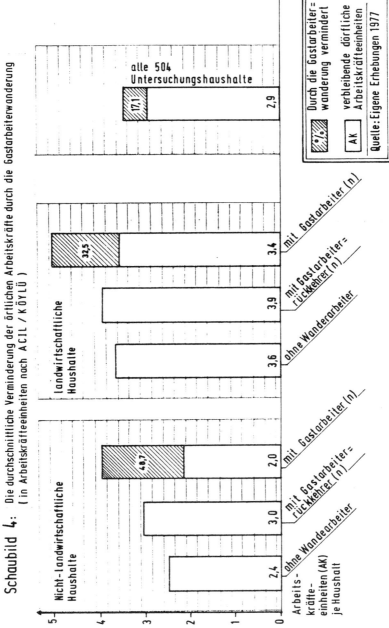

Die niedrigen Streuungen der Haushaltsgrößen in diesen Gruppierungen bekunden, daß diese Haushalte in einem weitgehend übereinstimmenden Stadium des Großfamilien-(Haushalts-)Zyklusses[1] sind, in dem die Anteile der arbeitsfähigen Haushaltsmitglieder[2] mit 59.4 % (NG) und 65.1 % (LG) umfangreiche Werte erreichen.

Dadurch wird die selektive Art der GAW wiederum unterstrichen, welche auf dem zufälligen Zusammentreffen von internationalen ökonomischen Bedingungen (den konjunkturellen Entwicklungen in Westeuropa in den 1960er Jahren) mit der einzelfamiliären Situation (AK-Verfügungsmöglichkeiten, Wanderungsbereitschaft etc.) für das Annehmen neuer, begrenzt verfügbarer Chancen gründet[3].

Der große Anteil an arbeitsfähigen Personen in den Haushalten mit Gastarbeiter(n) (vgl. A7) ist der Grund dafür, daß vor allem sozialökonomisch gefestigte Haushalte - mit umfangreichem Landeigentum und in der traditionellen Familienformation - die Chancen zur Entsendung von GA aufgenommen haben bzw. aufgreifen konnten. Die günstige Stellung des Haushaltes erlaubte es, Mitglieder für die GAW freizusetzen und die mit der GAW verbundene Vorfinanzierung zu leisten.

Mit dem Erreichen eines haushaltlichen Status, in dem potentiell Mitglieder als GA entsandt werden konnten, wurden diese in den Wartelisten registriert. Sie warteten zur Zeit der Untersuchung immer noch auf ihre Chance, die GAW aufzunehmen und waren auch nicht von den wenigen negativen Erzählungen der

---

1) Vgl. zum 'Haushaltszyklus' und zum 'Verbundhaushalt' die Ausführungen von PLANCK (1972), S. 236ff.

2) Gesamtzahl der standardisierten Arbeitskräfteeinheiten (AK) zur Anzahl der Mitglieder des Haushaltes (vgl. A7).

3) A. AZMAZ (1979) weist in ihrer mehr soziologischen Untersuchung von Haushalten zurückgekehrter Gastarbeiter auf das Zusammenrücken der aktuell an der GAW beteiligten Familien- - und Verwandtschaftsverbände hin, welches durch die aufgezeigten Haushaltsgrößen unterstrichen wird bzw. woraus die Haushaltsgrößen entstehen.

Rückkehrer zum Aufgeben ihres Wunsches zu bringen, Gastarbeiter zu werden[1].

In der Hoffnung, Gastarbeiter werden zu können, zeigen einige dieser registrierten Dorfbewohner z.T. geringes Interesse an sonstigen zukunftsgestaltenden Plänen.

(4.2.2.4) Die sich im Ausland aufhaltenden Arbeitskräfte

Die in der Grunderhebung als im Ausland lebende Haushaltsmitglieder (unabhängig davon, ob tatsächliche(r) 'Gastarbeiter/--in', oder nur als mitreisendes Familienmitglied) erfaßten Personen werden dem dörflichen Arbeitskräftepotential entzogen. Dieses Arbeitskräftepotential - ebenfalls mittels des Arbeitskräfteschlüssels nach ACIL/KÖYLÜ errechnet - ist in Schaubild 4 aufgezeigt. Für jede relevante Haushaltsgruppierung sind mit durchschnittlich 1.8 (NG) und 1.5 (LG) die AK-Potentiale ausgewiesen, welche sich im Ausland aufhalten. Der in der NG erheblich höhere durchschnittliche Anteil des sich im Ausland aufhaltenden AK-Potentials, gemessen an der gesamten Arbeitskraft des Haushaltes, bedingt die agrarstrukturellen Wirkungen, die sich aus der GAW ergeben. Infolge der Abwesenheit von nahezu 50 % der haushaltlichen - und potentiell landwirtschaftlichen - AK (NG) kommt der aufgezeigten Mobilität des Bodens[2] wesentliche Bedeutung zu. Dabei spielt die Verminderung der potentiell verfügbaren AK je Haushalt ebenso eine zentrale Rolle wie die Tatsache, daß vor allem eine bestimmte Gruppe von Arbeitskräften, nämlich diejenigen Personen, die sich am besten als Erwerbspersonen eignen, d.h. die zwischen 18 und 35 Jahre alt sind, angeworben wurde. Da diese Personen u.a. diejenigen sind, welche die aktive Führung eines ldw. Betriebes üblicherweise übernehmen, ist die Abwerbung der Arbeitskräfte aus den Untersuchungseinheiten durch und in der GAW unter diesen doppelten Wirkungsbedingungen - qualitativer und quantitativer Art - zu sehen.

---

1) In einem Fall soll die Wartezeit über 9 Jahre betragen haben, und die Ausreise erst kurz vor dem Anwerbestop (1973) erfolgt sein.
2) Vgl. 4.5.2.

4.2.3 Arbeitskräfte und Landbesitz

In der primärwirtschaftlichen Ausgangssituation war der sozialökonomische Wohlstand eines Haushaltes direkt an den ausreichenden Landbesitz und dessen Nutzung gebunden. Mitglieder von Haushalten ohne Landbesitz konnten nur als Landarbeiter oder Teilpächter tätig werden, um sich ihren Lebensunterhalt zu verdienen. Haushalte mit extrem hoher AK-Ausstattung und mit wenig oder ohne jeglichen Landbesitz tendierten deshalb vornehmlich zur bekannten Landflucht bzw. nach dem Aufkommen der GAW in deren 'sicherer' Phase (1967 - 73), zur Teilnahme an der internationalen Wanderung.

Die zwischen Eigentumsland und haushaltlichem Arbeitskräftepotential bestehende Beziehung ist die Grundlage für die Betriebsflächenstruktur, die allerdings zunehmend von der Pachtlandmobilität beeinflußt wird.

Für jede Haushaltsgruppierung ist der durchschnittliche AK--Besatz je 100 ha dargestellt (vgl. A8). An dem im Sommer 1977 theoretisch für 100 ha Eigentumsland[1] verfügbaren AK-Potential je Haushalt - einschließlich der sich im Ausland befindlichen Haushaltsmitglieder[2] - wird deutlich, daß die Haushalte mit ldw. Betrieb über ein generell größeres Arbeitskräftepotential je 100 ha Eigentumsland verfügen, welches auch noch nach der Abwanderung von durchschnittlich 32.5 % der haushaltlichen Arbeitskräfte ins Ausland ausreichend Arbeitskräfte zur Führung eines ldw. Betriebes zu stellen vermag. Die ausgewiesene Abwesenheit von durchschnittlich 48.7 % der Arbeitskräfte durch die GAW bei den NG hat den aktuell

---

1) Das hier genannte Eigentumsland berücksichtigt nur die LF, die gleich der Ackerfläche ist. Die über LF hinausgehenden Flächen (Hofflächen, Dreschplätze etc.) sind nicht erfaßt.

2) Obwohl mitreisende Ehefrauen oder Familienangehörige der GA nicht immer in Westeuropa arbeitstätig sind, stellen diese Personen nach den untersuchungsdörflichen Wertenormen - im AK-Umrechnungsschlüssel nach ACIL/KÖYLÜ bewertet - umfangreiche Verminderungen des stammhaushaltlichen AK-Potentials dar, welche die GAW mittelbar bewirkt.

verfügbaren AK-Besatz je 100 ha Eigentumsland derart verringert, daß das Eigentumsland nicht mehr der aktiven Selbstbewirtschaftung unterzogen wird bzw. unterzogen werden kann. Die Konsequenz der Reduzierung des AK-Besatzes dieser NG je 100 ha Eigentumsland - infolge der haushaltlichen Teilnahme an der GAW - von 63.0 AK/100 ha auf 45.4 AK/100 ha ist die Unterschreitung des Mindestbesatzes an AK zur Führung eines ldw. Betriebes, zumindest in der im Untersuchungsgebiet vorherrschenden Technologie-Situation. Diese Tatsache bewirkt die Mobilität des Bodens bzw. bedingt eine neue Art der Landnutzung: die erweiterte Brache[1].

Die Notwendigkeit eines AK-Bestandes des Haushaltes in einer Größenordnung von über 3.5 ist nach den Untersuchungsergebnissen angezeigt, um das Eigentumsland der Selbstbewirtschaftung zu unterziehen (vgl. A7). Für landlose NG mit einem durchschnittlichen Gesamtarbeitskräftebesatz von 3.5 AK - wovon sich 1.8 AK (51 %) innerhalb der GAW im Ausland befinden - sind[2] im dörflichen Normensystem nicht mehr zur Anpachtung eines ldw. Betriebes ausreichend bzw. die Anpachtung wird wegen der Transferzahlungen aus der GAW nicht mehr erstrebenswert. Dagegen weisen zwei landlose LG mit nur 39.4 % der AK in der GAW - auf der Basis des ohnehin umfangreicheren AK-Potentials von 3.8 - und den verbleibenden 2.3 AK im Stammhaushalt, anscheinend ausreichend Arbeitskraftressourcen auf, um Land anpachten zu können.

Neben den unterschiedlichen quantitativen AK-Potentialen je Haushalt in den einzelnen Gruppierungen, welche damit über oder unter einer AK-Schwelle zur aktiven Nutzung von Eigen-

---

1) Diese erweiterte Brache umfaßt potentielle ldw. Nutzfläche, welche länger als das übliche Jahr dem Anbau entzogen wird. Es handelt sich überwiegend um nichtbewässerbare Parzellen, die zudem häufig eine ungünstige Verkehrslage aufweisen.
2) Vor allem wegen der qualitativen Besonderheiten der migrierenden Personen (Alter, Stellung im Haushalts-/Familien-
- und Dorfverbund).

tumsland oder - in landeigentumslosen Haushalten - Pachtland liegen, ist auf die qualitativen Aspekte hinzuweisen, welche sich aus der GAW für alle Haushalte ergeben. Nach dem aktiven Abwandern von jungen Arbeitskräften als GA verfügen nur noch große Haushalte über junge Arbeitskräfte, welche die Führung von ldw. Betrieben übernehmen können. Für die Führung eines ldw. Betriebes - zumindest für die kontinuierliche Betriebsführung - ist eine bestimmte Haushaltsgröße absolut notwendig. Die bisher aufgezeigten Daten stellen diese Bedingungen der Führung eines ldw. Betriebes dar.

4.3 Die Bodenmobilität

Die unmittelbaren betriebsorganisatorischen Wirkungen der GAW zeigen sich in der Verringerung der im betrieblichen ldw. Produktionsprozeß verfügbaren AK. Primär ergeben sich aus der GAW für die beteiligten Haushalt-Betrieb-Einheiten Erweiterungen des Ressourcenverhältnisses AK: Boden, das bisher in einem - der vorherrschenden Technologieausstattung und Agrarverfassung angepaßten - bestimmten Zusammenhang stand[1].

Die Flächenausstattung je AK wird als Folge der GAW direkt verändert. Die die GAW-Beteiligung aufnehmenden Haushalt-Betrieb-Einheiten unterliegen durch die Abwanderung der AK - zumindest befristet - einer neuen Situation, in der die ursprüngliche Boden-Zuordnung je AK nicht mehr gegeben ist. Da aus der Entsendung von haushaltlichen Arbeitskräften zur Arbeitsaufnahme im Ausland eine starke Erweiterung des primär

---

1) Die Flächenausstattung je AK (vgl. zur Definition z.B. PACYNA (1978), S. 72) wurde durch die Teilbauverpachtung eingeengt bzw. durch die Einbeziehung bisher nicht genutzten Landes in die Bewirtschaftung erweitert. Erst mit dem Erschöpfen der der potentiell ackerbaulichen Nutzung zuführbaren Flächen (dem erzwungenen Ende der horizontalen Betriebserweiterungen, vgl. WILBRANDT (1974), S. 499ff), ergibt sich die vermehrte Boden- und Landmobilität bzw. deren Relevanz.

ldw. Ressourcenverhältnisses (Boden und Arbeit) zustandekommt, ergibt sich die Notwendigkeit, dieses Arbeitskräftedefizit auszugleichen, d.h. eine der Technologiesituation entsprechende neue Relation der primärfaktoriellen Ausstattung der Einheit anzustreben. Durch die GAW begrenzte sich das für dörfliche Arbeiten verfügbare Angebot an Arbeitskräften, weshalb für viele Haushalt-Betrieb-Einheiten die neue Gleichgewichtssituation nur über die Mobilität des Produktionsfaktors Boden erreichbar war. Dabei kam/kommt nicht dem Land bzw. dem Landeigentum die ausgleichende Funktion zu, sondern die Anpassung an die neuen Verhältnisse - vor allem wegen der mit dem Boden verbundenen Wertenormen - erfolgte zuerst über die Verfügungsmobilität des Bodens, d.h. des Rechtes, ein Stück Land der ldw. Produktion zuzuführen (Pachtrecht). Die o.g. Fakten berücksichtigend, ist es eine zentrale Aufgabe dieser Untersuchung, die Entwicklungen bezüglich dieser primären ldw. Produktionsbedingungen aufzuzeigen und die Veränderungen der der Agrarstruktur zugrundeliegenden haushaltlichen Faktorausstattungen - hier des Landbesitzes, d.h. des Verfügungsrechtes über die Nutzung des Landes - darzustellen. Dies soll durch die Benennung der Arten der Landbesitznutzungen und ihrer jeweiligen Umfänge geschehen.

4.3.1 Die Nutzungsformen des Landbesitzes

(4.3.1.1) Die aktive Landnutzung

Haushalte, welche ihren Landbesitz eigenständig mittels haushaltlicher Ressourcen bewirtschaften, sind - ebenso wie Haushalte, welche ihren Landbesitz zwar unter dem Einsatz von haushaltsfremden Faktoren, jedoch eigenverantwortlich nützen - als Haushalte mit einem ldw. Betrieb, d.h. ldw. Haushalte, definiert[1]. Diese Haushalte verfügen durch die ldw. Betriebsführung aktiv über Land, d.h. nutzen die Potentiale des Bodens für eine ldw. Produktion.

---

1) Vgl. Kapitel 2.5.

Bei der Analyse der in Tabelle 6 aufgezeigten 221 ldw. Betriebe ergab sich für 199 Höfe als Basis ihrer Betriebsfläche die Nutzung von Eigentumsland. Der Vergleich des durchschnittlichen Eigentumslandes mit der durchschnittlichen Betriebsgröße je Haushalt-Betrieb-Einheit und Gruppierung - vgl. Tabelle 6 und 7 - ergibt den Umfang des angepachteten Landes der Betriebe innerhalb jeder einzelnen Gruppierung. Tabelle 9 nennt die durchschnittlich je Haushaltsgruppierung und ldw. Betrieb zugepachteten Flächen in absoluter Größe (ha) und in % der jeweiligen Betriebsflächen. Die Bodenmobilität umfaßt jedoch mehr Flächen als die aufgezeigten, da die zwischen ldw. Betrieben durch Verpachtung bzw. wechselseitiger Nutzung von verkehrsungünstig liegenden Parzellen entstehenden Bewegungen

Tabelle 9: Der durchschnittliche Umfang der zugepachteten Flächen je Betrieb nach Haushaltsgruppierungen

Durchschnittlich je Betrieb (a)	Landwirtschaftliche Haushalte (Betriebe)				
	ohne Wanderarbeiter	mit Rückkehrer(n)	mit Binnenwanderung	mit Gastarbeitern	insgesamt
(n)	127	29	12	53	221
- zugepachtete Ackerfläche (ha)	1.05	0.61	0.01	1.06	0.94
- in % der Ackerfläche insgesamt	12.3	5.2	0.1	8.4	9.8

(a) Wegen des geringen Umfanges der Festpacht sind Fest- und Teilpachtverfahren zusammengefaßt.

Quelle: Eigene Erhebungen 1977

nicht einbezogen sind[1].

Die ausgewiesene Mobilität an LF (insgesamt 207.3 ha) kommt deshalb ausschließlich von nicht-ldw. Haushalten, d.h. diese LF ist Eigentumsland von Haushalten, welches diese der passiven Landnutzung[2] unterziehen.

Aus Tabelle 9 wird deutlich, daß sowohl LO als auch LG jeweils knapp über einen ha LF hinzupachten, sich also insoweit entsprechen. Relativiert ergibt sich zwischen diesen beiden Betriebsgruppen eine erhebliche, statistisch signifikant unterschiedliche Bedeutung des Zupachtlandes. Während der Pachtlandanteil bei LO mit 12.3 % nahezu 1/8 der Ackerfläche umfaßt, stellen die 1.06 ha - welche LG zupachten - nur jeweils durchschnittlich 8.4 % der einzelbetrieblichen Ackerfläche dar. Daraus folgt, daß LG beim Zupachten von Betriebsflächen nicht unbedingt die Auslastung der betrieblichen Faktorausstattungen[3] anstreben, im Gegensatz zu den LO, welche dazu - ihnen fehlt das nicht-ldw. Einkommen[4] - gedrängt werden; mittelbar ist dies ebenfalls eine Folge der dörflichen GAW-Beteiligung durch die daraus resultierenden allgemein angehobenen Ansprüche an den Lebensstandard. Der statistisch signifikant durchschnittlich niedrigere Pachtlandteil (0.61 ha) bzw. -anteil (5.2 %) der LR gegenüber dem allgemeinen Durchschnitt (vgl. Tabelle 9) bestätigt die Beobachtung, nach der Rückkehrer bei ihren Bemühungen um Einkommen - in Anlehnung an die während der GAW relativ sicheren Bargeldzuflüsse - die risikoreiche, aktive Eigenproduktion weitgehend zu vermeiden suchen und ihre Vorteile aus dem vergrößerten Maschineninventar - durch die Übernahme und Ausführung von Lohnarbeitsaufträgen von/aus

---

1) Verpachtungen von Betrieb an Betrieb wurden - wenn auch im geringeren Ausmaße - festgestellt. Dabei waren insbesondere - der Verkehrslage nach - marginale Flächen mobil; sie wurden zumeist an Betriebe außerhalb der Untersuchungsdörfer bzw. -dorfviertel vergeben.
2) Vgl. folgendes Kapitel.
3) Vgl. zum AK-Besatz Kapitel (4.2.2.3) und zum Maschineninventar Kapitel 5.4.
4) Vgl. Kapitel 6.1.4.

anderen ldw. Betrieben - zum Einsatz bringen[1].

(4.3.1.2) Die passiven Landbesitznutzungen

Aus Tabelle 7 ist ersichtlich, daß die 95 nicht-ldw. Haushalte 22.8 % (652 ha) des dörflichen Landes besitzen, dieses aber nicht selbst ldw. nutzen. An diesem Land zeigt sich die maßgebliche, durch die GAW beeinflußte, agrarstrukturelle Entwicklung. Die Mehrzahl dieser Felder unterliegt vor allem der Bodenmobilität wegen der durch die GAW veränderten haushaltlichen Arbeitskräfteverfassung. Ein Teil dieses Landes ist in Pacht (Fest- und/oder Teilpacht) an ldw. Betriebe zur Nutzung übertragen und erzielt derart für die besitzenden Familien nur ein passives (Landlord) ldw. Einkommen. Der größere Anteil dieses Landes unterliegt jedoch einer neuen Nutzungsform, die durch die GAW aufgekommen ist/ermöglicht wurde: der erweiterten Brache.

(4.3.1.2.1) Die Landnutzung in Teilbauverhältnissen

Die in den Untersuchungsdörfern vorherrschende Pachtart ist die Teilbaunutzung mit der 50/50-Teilung (yaricilik). Nach diesem Landbesitznutzungsverfahren stellt der Landbesitzer für die mit dem Pächter gemeinsam - im Risiko - getragene Landnutzung den Boden und beteiligt sich an den übrigen Produktionsmitteln zur Hälfte. Der Landpächter, welcher neben der Arbeitsleistung die andere Hälfte der Produktionsmittelkosten (Saatgut, Dünger und Pflanzenschutz) übernimmt, trägt ebenfalls das halbe Risiko. Die Erträge aus Produktionssteigerungen durch vermehrte Aufwendungen gehen deshalb nur zur Hälfte auf das Konto des Pächters - falls der Verpächter diese

---

[1] Viele (Kleinst-)Betriebe verfügen über keine oder nur rudimentäre eigene Zugkraftausstattung. Sie betreiben die Betriebsbewirtschaftung mittels Lohnarbeitsaufträgen, die - vor allem von Schlepperbesitzern ausgeführt - ein sicheres (meistens Bar-)Einkommen für die Auftragnehmer bedeuten, das sofort mit der Arbeitserledigung fällig wird. So genießen vornehmlich die liquideren LG den Vorzug, sich dieser Bewirtschaftungsmethode bedienen zu können.

speziellen Aufwendungen überhaupt erlaubt, d.h. die damit verbundene Risikobelastung mit übernimmt. In den Untersuchungsdörfern bestand zwischen Landverpächter und dem Zupächter eine zumindest eng-nachbarliche Beziehung - wenn nicht der Pächter in weiteste verwandtschaftliche Bindung gehörte[1]. Das für den Pächter weniger attraktive Drittelbausystem, 1/3 des Rohertrages zugunsten des Landpächters (marabacilik), wurde - vielleicht wegen der engen sozialen Verflechtungen - nicht festgestellt.

Aus dem 50/50-Teilbauverhältnis ergeben sich erschwerte Entscheidungsprozesse bei innovativen Einführungen von Veränderungen in der Wirtschaftsmethodik - seien es höhere Produktionsfaktoreinsätze oder allgemeine Anbauverfahren. Die Problematik der Teilbaubedingungen resultiert infolge der GAW, d.h. den dabei auf dörflicher Ebene erzielten Erfahrungen und Situationsveränderungen bezüglich des Einkommens, in einer allgemeinen Tendenz zur Abkehr von der Teilbauverpachtung in NG - vor allem wegen der beschränkten Erträge und den darüber hinaus verbleibenden Unsicherheiten. Dahingegen tendierten NR zur Teilbauverpachtung wegen der erwachsenden Entscheidungsbefugnisse während der ackerbaulichen Nutzung des Landes: Nach der abhängigen Beschäftigung als GA besteht für ehemalige Landwirte der Wunsch nach erneuter dispositiver Tätigkeit, die dem Verpächter des im Teilbau genutzten Bodens - zumindest theoretisch - möglich ist.

(4.3.1.2.2) Erweiterte Brachnutzung[2]

Im Trockenfeldbausystem der Untersuchungsdörfer werden jährlich ca. 50 % des Ackerlandes als Brachfläche (nadas) genutzt, damit

---

1) Zur allgemeinen Situation von Teilbaubauern in der Türkei vgl. die Ausführungen von Suat AKSOY (1965).

2) Obwohl diese erweiterte Brache ähnlich der Bodennutzung ist, die mit dem Begriff 'Sozialbrache' beschrieben wird (vgl. z.B.: Europäische Gemeinschaft (Hg.), Umweltfolgen der Brachlegung von Kulturflächen, Mitteilungen über Landwirtschaft, Nr. 62, 1979, S. 43f) wird wegen der spezifischeren Umschreibung der Sozialbrache der allgemeinere Begriff 'erweiterte Brache' verwandt.

das Niveau des Grundwasserstandes erhalten bleibt[1]. Dieses Feld wird danach der erneuten Bebauung unterzogen. Die regelmäßige Folge der Bodennutzung durch Bestellung und Brache ist von der GAW dahingehend beeinflußt, daß einige Haushalte ihr Feld wiederholt in Brache belassen bzw. dies fortgesetzt tun, d.h. die Nutzungsform der 'Nichtnutzung' (bosluk) - den Nutzungsentzug - wählen (oder wählen müssen). 17 Haushalte, deren gesamte Mitglieder sich wegen der GAW-Beteiligung überwiegend in Europa aufhalten, lassen ihren Landbesitz in ständige Brache (Sozialbrache) fallen[2].

Das potentiell durch Verpachtung erzielbare, nicht absolut benötigte Einkommen in diesen Haushalten und die geringe Nachfrage nach LF bzw. die meist mehrjährige Abwesenheit des kompletten Haushaltes, während der sich niemand um die Verpachtung sorgt, sind die Gründe für die erweiterte Brachnutzung der Felder dieser Haushalte. Weiterhin liegt auch Landbesitz von Haushalten in der erweiterten Brache, die sich zwar an der GAW beteiligen, von denen sich jedoch nur die aktuellen GA bzw. nur wenige mitreisende und nicht arbeitstätige Haushaltsangehörige im Ausland aufhalten. Der verbleibende Stammhaushalt im Dorf mißt in solchen Fällen den 'eigenerzeugten' (d.h. zumindest auf dem eigenen Boden erzeugten) Grundnahrungsmitteln nicht die Bedeutung bei, welche üblicherweise die Haushalte veranlaßt - unter Beibehaltung bewährter Traditionen - im Teilbau- oder im neuaufkommenden Lohnauftragsverfahren den Ackerbau zu ermöglichen bzw. zu organisieren.

In nahezu allen Haushalten mit erweiterter Brachnutzung des Landes dürften, über die genannte AK-Besatz-, Einkommens- und Normensituation etc. hinaus, weitere Faktoren beeinflussend

---

1) Die Dorfmeinung schreibt der Brache die Erhaltung des Grundwasserzustandes zu. Nach wissenschaftlichen Untersuchungen (ARESVIK (1975), S. 35f) hingegen ist die Wasserersparnis durch Brache nahezu Null, dahingegen würden die - potentiell als Handelsdünger zuführbaren - Nährstoffe Phosphor und Kali akkumuliert.

2) Diese Feststellung beruht weitgehend auf Informationen dörflicher Führungskräfte, da nur einige dieser Haushalte während der Urlaubsbesuche direkt befragt werden konnten.

wirken, z.B. speziell agronomische Bedingungen wie innere Verkehrslage, Bodenqualität oder auch dörflich-soziokulturelle Verhaltensweisen. Beispielsweise werden zwischen bestimmten Haushalten keine Teilhaberschafts-(ortakci)-Beziehungen aufgenommen - z.T. wegen gegensätzlicher parteipolitischer Neigungen oder Dorfviertelzugehörigkeiten.

Mit der Landnutzung in erweiterter Brache verbindet sich eine indirekte Transferzahlung aus der GAW-Beteiligung des Dorfes an die Haushalte mit Tierhaltung. Durch die Einbeziehung der erweiterten Brachflächen in das kommunale Weideland wird dieses umfangmäßig erweitert; damit ergibt sich eine marginal günstigere Futterversorgung der dörflichen Viehherden. Diese Nebenwirkung ist, für die nicht oder nicht mehr an der GAW beteiligten Haushalte, welche mit verstärkter Tierhaltung ihre Nicht-Teilnahme kompensieren, einer der vielen indirekten Effekte und Einflußnahmen aus der GAW, die deren Bedeutung für alle Haushalte innerhalb des Dorfes unterstreichen[1].

(4.3.1.2.3) Landbesitznutzung durch Festpachtverträge

Verpachtungen von Landeigentum gegen Festpreis sind in den Untersuchungsdörfern nicht üblich. Die Verpächter, welche auf Erträge ihres Landeigentums besonderen Wert legen, neigen in allen Gruppierungen zu Teilbauverpachtungen, um, zumindest der Idee nach, die Nahrungsmittel selbst zu erzeugen. Besonders in nicht-ldw. Stammhaushalten war keine Festpachtmentalität festzustellen, zumeist wegen der so erzielbaren geringen Bareinkommen, welche im - von Transfergeldern determinierten - Haushalt nicht bedeutend sind. Seitens der anpachtfähigen Betriebe (vor allem bei LR) wurde auf die Festpreispacht, verbunden mit der vollen Risikoübernahme, verzichtet, hauptsächlich wegen des Bestrebens, zusätzliche Bareinnahmen möglichst

---

1) Im Sinne der (abgewandelten) bäuerlichen Sprichworte 'Iyi nadas, kitlik gelmez' (Bei guter Brache kommt kein Notjahr) und 'Ahir nadasi ciftciyi ac komaz derler' (Man sagt: Stallbrache läßt den Bauern nicht hungern). Beide nach F. CHRISTIANSEN-WENIGER und Osman TOSUN (1939), S. 43.

unmittelbar, d.h. durch die Ausführung von maschinellen Lohnarbeitsaufträgen, zu erreichen. LG bevorzugten ebenfalls die kurzfristig übernehmbaren Lohnarbeitsaufträge[1], um damit Arbeitsengpässe wegen der angepachteten Flächen auszuschalten. Die durch verwandtschaftliche und dörfliche Verpflichtungen anzupachtenden Felder wurden im (nominalen) Teilbaupachtverfahren übernommen, d.h. der Pächter (Betriebsleiter) konnte Entscheidungen über die Bewirtschaftungsintensität weitgehend eigenständig treffen.

4.3.2 Die Verbreitung der passiven Landbesitznutzung

Die Nutzung des Eigentumslandes der 95 nicht-ldw. Haushalte ist - nach Haushaltsgruppierungen (NO, NR, NB und NG) gegliedert - in Tabelle 10 aufgezeigt. Danach führen die meisten der Land besitzenden, es jedoch nicht selbstbewirtschaftenden Haushalte (64.2 %) ihren Landbesitz durch Teilbaupachtverträge der ackerbaulichen Nutzung zu. Der Festpreisverpachtung kommt eine geringe Bedeutung bei; nur drei Haushalte (3.2 %) bedienen sich dieser Pachtform, um ihren Landbesitz zu bewirtschaften. Die nach den Beobachtungen neu aufkommende bzw. wieder aufkommende[2] Landnutzungsform der erweiterten Brache wird bei 23 Haushalten (24.2 %) festgestellt, wodurch das Land dieser Haushalte der direkten ackerbaulichen Nutzung entzogen wird. Acht Haushalte (8.4 %) nennen sowohl Teilbaupacht als auch erweiterte Brache als die Nutzungsformen ihres Landbesitzes. Diese allgemeine Situation der Nutzung

---

1) Diese werden - vor allem in den LG - von jüngeren Familienmitgliedern übernommen und mittels haushaltlicher Geräte ausgeführt; diese Erträge verbleiben oft persönliches 'Taschengeld' der Auftragnehmer. Damit ergibt sich auch, daß der Umsatz an Dienstleistungen effektiv höher ist, als in Tabelle 21 angegeben. Vgl. auch Kapitel 5.5.2.

2) Die Problematik der Bevölkerungsentwicklung bedingte die Ausweitung der LF auch auf marginale Böden. Diese marginalen Böden scheinen nunmehr vornehmlich in die erweiterte Brache zu fallen (vgl. zur türkischen Bevölkerungsdynamik und LF-Ausweitung H. WILBRANDT (1974), S. 497).

Tabelle 10: Die Nutzung des Eigentumslandes in nicht-landwirtschaftlichen Haushalten: Anzahl der Nennungen (%) und ha (%)

Pachtform	Nicht-landwirtschaftliche Haushalte				insgesamt
	ohne Wanderarbeiter	mit Rückkehrer(n)	mit Binnenwanderung	mit Gastarbeiter(n)	
Verpachtung im Teilbau	21 (65.6) 164.9 (79.7)	6 (100) 28.3 (100)	1 (50.0) 2.0 (40.0)	33 (60.0) 246.8 (65.8)	61 (64.2) 442 (71.8)
Festpreisverpachtung	2 (6.2) 14.5 (7.0)	- - -	- - -	1 (1.8) 13.0 (3.5)	3 (3.2) 27.5 (4.5)
Verpachtung im Teilbau und erweiterte Brache	4 (12.5) ..	- - -	- - -	4 (7.3) ..	8 (8.4) .. [1]
erweiterte Brache	5 (15.6) 27.6 (13.3)	- - -	1 (50.0) 3.0 (60.0)	17 (30.9) 115.1 (30.7)	23 (24.2) 145.7 (23.7)
Landbesitzende Haushalte insgesamt (100%) n ha	32 207	6 28.3	2 5.0	55 374.9	95 615.2 [2]

1) .. Haushalte, die Mehrfachnennungen bezgl. der Landnutzung machen; die Flächen (ha) konnten nicht festgestellt werden.
2) Ohne Mehrfachnennungen

Kontingenztests:
- über alle Nutzungsarten und Aussagegruppierungen
  4x4 $X^2_9 = 8.34$; Sign. = 0.50;
- über alle Nutzungsarten und Haushalte ohne Wanderarbeiter bzw. mit Gastarbeiterwanderungsbeteiligung
  4x2 $X^2_3 = 3.58$; Sign. = 0.31;

Quelle: Eigene Erhebungen 1977

des haushaltlichen Landbesitzes unterliegt in der Betrachtung der einzelnen Gruppierungen einer signifikanten Abänderung.

Auffallend ist die vollständige Abgabe der Landbesitzungen der sechs Haushalte mit vormaliger GAW-Beteiligung in Teilbaupacht. Diese ausschließliche Nutzung der zu diesen NR gehörenden Flächen ergibt sich u.a. aus dem hohen ackerbaulichen Potential dieser Besitzungen, die zur Hälfte bewässerbares Land sind (vgl. Tabelle 7). Die NR besitzen damit einen Vorteil gegenüber den anderen, potentiell an passiver Landbesitznutzung interessierten Haushalten (speziell den NO), die nur über agronomisch geringerwertiges Landeigentum verfügen (NO besaßen durchschnittlich nur einen Anteil von 13.6 % bewässerungsfähigen eigenen Landes). Neben diesem agronomischen Vorteil der Ackerflächen von NR spielt der Wunsch der Rückkehrer nach der intensiven Teilnahme am dörflichen landwirtschaftlichen Leben für die Landbesitznutzung mittels Teilbaupachtverträgen eine Rolle; erlaubt diese Teilnahme doch das Gefühl, selbst Bauer zu sein, und gewährt eine Mitsprache (und Mitverantwortung), die während des Aufenthaltes in Europa nur marginal möglich bzw. erlaubt gewesen ist.

In NG (Durchschnittswerte) verstärkt der mit 17.6 % geringere Anteil an bewässerbarem Boden am haushaltlichen Landeigentum von 7.4 ha den Trend zur erweiterten Brachnutzung. Ebenso führt die qualitative und quantitative Verringerung des haushaltlichen AK-Potentials neben der reduzierten Bedeutung des ldw. Einkommens im Haushalts-Etat zur erweiterten Brachnutzung des Landeigentums.

Die Anzahl der Haushalte in den Gruppierungen NO und NG, welche ihren Landbesitz vollständig in erweiterter Brache lassen bzw. im Teilbaupachtverfahren nützen, unterscheiden sich in einem 4-Felder-Kontingenztest nicht signifikant zugunsten einer der genannten Landnutzungsverfahren. Doch ist die Tendenz zur erweiterten Brachnutzung in den NG angezeigt. Daraus ergibt sich, daß mit der aktiven Teilnahme eines Haushaltes an der GAW nicht unbedingt die erweiterte Brache einhergeht, vielmehr andere Situationsbedingungen (wie die Zielsetzung der GAW-Beteiligung und der Stand des Haushaltes im Familienzyklus) einen erheblichen Einfluß nehmen.

Die Ackerflächen, die den jeweiligen Nutzungsverfahren unterzogen werden, sind ebenfalls in Tabelle 10 aufgezeigt. In der Spalte der Summierungen zeichnet sich eine begrenzte Verlagerung der einzelnen Umfänge der oben aufgezeigten passiven Landnutzungsverfahren zugunsten der Teilbauverpachtung ab. Der Teilbaunutzung werden über zwei Drittel (72 %) des Landeigentumes von nicht-ldw. Haushalten zugeführt.

An den 17 NG (18 % aller 95 nicht-ldw. Haushalte) und den 115 ha von ihnen in erweiterte Brache gegebenen Landes (19 % der insgesamt 615 ha passiv bewirtschafteten Flächen, vgl. Tabelle 10) leitet sich nur ein begrenzter Landbesitz dieser Haushalte ab, welcher offensichtlich vor der GAW die haushaltlichen AK unterbeschäftigte bzw. nur ein nicht ausreichendes Einkommen ermöglichte. Dadurch wurde in diesen Haushalten die Aufnahme der GAW-Beteiligung gefördert oder zur Sicherstellung eines angemessenen Einkommens zwingend gemacht. Die GAW-Beteiligung der Haushalte wiederum wird von den 17 Haushalten, deren Landbesitz sich in erweiterter Brachnutzung befindet, als ein Mittel zur potentiellen Abwanderung aus der Landwirtschaft angesehen. Die Konzentration dieser Haushalte im agronomisch weniger entwicklungsfähigen Dorf Sagir unterstreicht diese Aussage; d.h. für Haushalte in einer günstigen familiären Situation (erwachsene Kinder) und ldw. Betrieben mit Faktorausstattungen im Grenzbereich (z.B. wenig Ackerfläche je AK) ergab sich aus der GAW die Chance, den ohnehin im Zuge der allgemeinen wirtschaftlichen Entwicklung notwendigen Schritt der Aufgabe des ldw. Betriebes und Überwechselung zu industriellen/tertiären Tätigkeiten beschleunigt vorzunehmen[1].

4.4 Veränderungen in der Agrarstruktur: Die Zahl der Betriebe

Das Arbeitskräftepotential und der Landbesitz eines Haushaltes

---

1) Etwa im Sinne der angesprochenen Zielsetzung 'Sektorwechsel' vgl. Kapitel 1.2.

stellen in einer Agrargesellschaft die beiden wichtigsten
Faktoren dar, die den Wohlstand - den Lebensstandard - der
zu diesem Haushalt zählenden Mitglieder determinieren. Die
bei den Untersuchungshaushalten vorgefundenen Ausstattungen
mit diesen Primärressourcen sind oben aufgezeigt. Aus der
Forschungsaufgabe ergibt sich die Darstellung der Ausgangssituation bezüglich dieser Faktoren im ldw. Produktionsprozeß. Um über die staatlichen Statistiken hinaus - zumeist
liegen die Daten nicht auf Dorfebene vor - einen Basisrahmen
zur Veranschaulichung der agrarstrukturellen Entwicklungen
zu erhalten, wurde der Versuch unternommen, die Agrarstruktur vor dem Beginn des GAW-Prozesses - also vor/um 1961 -
aufzuzeigen. Dabei mußten die Erhebungen - um zu brauchbaren
Daten zu kommen - vor allem wegen der beiden folgenden Umstände eingegrenzt werden:
- dem Zeitverzug zu den agrarstrukturellen Gegebenheiten,
  die erfaßt und aufgezeigt werden sollen und
- dem Ansatz der Totalerhebung, der notwendig ist, um strukturelle Veränderungen nachzuweisen.

Da in den Untersuchungshaushalten keine Dokumentation/Buchführung zur Ableitung der gewünschten Informationen vorlag,
war es notwendig, zur Überbrückung des Zeitverzuges - und
der damit verbundenen Verminderung der Gedächtnisleistungen -
Stimulationen für die Befragten zu geben. Dabei wurden dörfliche Begebenheiten, 'der/die erste/n Gastarbeiter', 'als
x-Bey[1] Bürgermeister wurde' oder haushaltliche/familiäre
Umstände 'als x-Bey geboren wurde oder heiratete' angeführt,
um die Zeit zu Beginn der 1960er Jahre anzusprechen[2]. Die
Absicht dieser Stimulation lag darin, Informationen über den

---

1) Bey ist die alt-türkisch dörfliche Bezeichnung für Bay und
   vergleichbar der deutschen Höflichkeitsform 'Herr'.
2) Makropolitische Stimulation 'als das Militär unter GÜRSEL
   an die Macht kam' (1961 fand ein Militärputsch unter GÜRSEL
   statt) hatte nicht die Wirkung, die aus dem allgemeinen
   politischen Interesse erwartet wurde. Evtl. spielt dabei
   der erneute Eingriff des Militärs in die Politik (Memorandum von 1971) eine Rolle. Vgl. hierzu z.B. HOTTINGER, Die
   moderne Türkei seit Atatürk, in: KÜNDIG-STEINER (1974),
   S. 402 - 424.

Landbesitz und die Landbesitznutzung zu erfragen. Auf die zur
Darstellung der Betriebsgrößenstruktur eigentlich notwendige
Einbeziehung der Zupachtflächen wurde dabei verzichtet. Eine
bei den Voruntersuchungen festgestellte hohe Fluktuation der
Zupachtflächen schloß die konkrete schlüssige Darstellung je
Betrieb nach 15 - 18 Jahren aus. Weiterhin war es aus zeit-
technischen Überlegungen relevant, den Fragenkomplex zu Land-
besitz und Landbesitznutzung in der Grunderhebung in engem
Rahmen zu halten, da alle Haushalte erfaßt werden sollten.
Die Wiedergabe der erfaßten agrarstrukturellen Änderungen ba-
siert auf den Daten der beiden vollständig erhobenen Dörfer
Gümüstepe und Sagir.

Im folgenden sollen die Verhältnisse bezüglich Landbesitz und
-nutzung in den Haushalten mit gegenwärtiger passiver Landbesitznutzung vor der GAW aufgeführt werden. Das Kriterium 'haus-
haltseigene, landwirtschaftlich genutzte Fläche (LF)' soll danach herangezogen werden, um wichtige Verlagerungen in der Betriebsstruktur aufzuweisen.

4.4.1 Die Landbesitznutzung vor der GAW

Die verfügbaren Informationen über die Landbesitznutzung[1] vor
der GAW (also zum Beginn der 1960er Jahre) sind in Tabelle 11
aufgezeigt[2]. Vor allem wird aus der Nennung von 'Selbstbewirtschaftung' als Nutzverfahren des Landbesitzes durch 62
Haushalte deutlich, daß die Nutzung des Landes durch aktive
Bewirtschaftung, d.h. ldw. Betriebsführung aufgegeben wurde.

---

1) Als Landbesitznutzung soll hier, abgegrenzt von der Bodennutzung, d.h. der Bestellung des Bodens mit Nutzpflanzen,
   die Art der Bewirtschaftung des Eigentumslandes verstanden
   werden. Als Landbesitznutzungen waren demgemäß die Selbstbewirtschaftung (entweder durch eigene Aktivitäten und Ressourcen oder durch die Vergabe von Lohnaufträgen), die Verpachtung in verschiedenen Pachtsystemen oder die Nicht-Nutzung (erweiterte Brache, Sozialbrache etc.) vorhanden.
2) Die zum Untersuchungszeitpunkt ldw. Haushalte sind ausgeklam-
   mert, da diese eine Kontinuität in der Bewirtschaftung des
   Betriebes anzeigten.

Tabelle 11: Die Landbesitznutzung vor dem Beginn der Gastarbeiterwanderung in Haushalten, die ihren Betrieb abgaben (in den Untersuchungsdörfern Gümüstepe und Sagir)

Landbesitz-nutzung		Haushalte, die ihren ldw. Betrieb abgaben[1]				insgesamt
		ohne Wanderarbeiter	mit Rückkehrer(n)	mit Binnenwanderung	mit Gastarbeiter(n)	
Festpreispacht	n	2	–	–	–	2
	ha	..	–	–	–	..
Teilbaupacht	n	10	–	1	8	19
	ha	69.5	–	0.6	46.0	116.1
Selbstbewirt-schaftung	n	19	5	–	38	62
	ha	132.4	32.3	–	296.6	461.3
Erweiterte Brache	n	3	–	–	1	4
	ha	..	–	–	..	..
Innerhalb der Gruppierungen:						
- Damals Landbesitzende Haushalte	n	28	5	1	46	80
- Insgesamt	ha	198.6	32.3	0.6	349.6	581.1
- Durchschnittl. je Haushalt	ha	7.1	6.5	0.6	7.6	7.3
- Landlose Haushalte	n	58	1	5	26	90

Summenabweichungen durch Mehrfachnennungen

.. nicht quantifizierbar

- keine Nennung, keine Fläche

1) Zum Untersuchungszeitpunkt nunmehr nicht-landwirtschaftliche Haushalte (vgl. Schaubild 1 und Übersicht 1)

Quelle: Eigene Erhebungen 1977

Dieser Prozeß des Ausscheidens von ldw. Haushalten/Betrieben aus der Konkurrenz um die lokalen Landressourcen ist der Inhalt der allgemeinen wirtschaftlichen Entwicklung. Inwieweit nunmehr der Prozeß der internationalen Kommunikation durch den Transfer von Arbeitskräften diese allgemeinen Auswirkungen der gesamtwirtschaftlichen Entwicklung beeinflußt, ist eine Frage der Untersuchung.

Die Aufgabe der Bewirtschaftung eines ldw. Betriebes in den 62 Haushalten während der GAW-Beteiligung des Dorfes ist als das Ergebnis der beiden Teilprozesse - der allgemeinen wirtschaftlichen Entwicklung und der GAW - zu betrachten. Ineinander verflochten, z.T. sich gegenseitig bedingend, sind die agrarstrukturellen Wirkungen der genannten Teilprozesse nicht direkt festzustellen; vielmehr sind sie nur aus der Kenntnis von Rahmenbedingungen heraus der einen oder anderen Einflußnahme zuzuweisen.

Mit der GAW in direktem Zusammenhang steht die Betriebsaufgabe von 43 Haushalten. Hierzu gehören 5 Haushalte mit ehemaliger GAW-Beteiligung und 38 Haushalte, die zum Zeitpunkt der Untersuchung an der GAW direkt beteiligt waren und vor ihrer GAW-Teilnahme einen ldw. Betrieb führten. Nur 31 % der Betriebsaufgaben (insgesamt 19) wurden in der Gruppierung festgestellt, die nun als NO bezeichnet wird.

Überraschend gestaltet sich die Nennung der vor der GAW im Teilbausystem abgegebenen Flächen, zumal diese Ackerflächen relativ umfangreich waren. Mit durchschnittlich 7 ha bei NO und mit über 5.5 ha bei NG verpachteten die Haushalte durchschnittlich nahezu soviel Land, wie Haushalte der jeweiligen Gruppierung (NO = 7.0 ha, NG = 7.8 ha) der Selbstbewirtschaftung unterzogen.

Die Mehrfachnennungen und das Ausnivellieren durch die Darstellung der Mittelwerte beachtend, kann aus diesen Daten folgendes abgeleitet werden: Haushalte mit Landbesitz über die vom haushaltlichen AK-Potential bewirtschaftbare Fläche hinaus tendierten dazu, das Eigentumsland zur passiven Bewirtschaftung freizugeben. Dabei wurden einerseits eine soziale Rolle innerhalb des Dorfes - für die weniger Begüterten zu sorgen - erfüllt, andererseits die sozialen Beziehungen aufgebaut, die im dörflichen Milieu notwendig sind; Land liefert hierzu die erforderlichen Bezugspunkte.

Die 5 Rückkehrerhaushalte, die für die Zeit vor der GAW-Beteiligung Selbstbewirtschaftung geltend machten, verfügten über die nominal kleinsten Eigentumsflächen, doch ergab sich aus dem größeren Anteil an bewässerbaren Flächen (vgl. Tabelle 7) ein relativ höheres agronomisches Potential, welches nunmehr - nach der GAW-Beteiligung dieser Haushalte - ohne eigene Betriebsführung durch die Verpachtung mittels Teilbauverträgen der Nutzung unterzogen wird[1].

4.4.2 Die Betriebsaufgaben unter GAW-Bedingungen

Die GAW entzieht, wie wiederholt angesprochen, den ldw. Haushalt-Betrieb-Einheiten, zumindest quantitativ, eine AK, sobald der Haushalt die Beteiligung aufnimmt. Über diese quantitativen Aspekte[2] hinaus ist mit dieser AK eine Person dem haushaltlich--familiären Geschehen 'abgeworben', die erheblichen Einfluß hatte und auch noch während ihrer Abwesenheit hat.

Die Position des GA[3] innerhalb seines entsendenden Haushaltes ist bzw. war zumeist die des Haushaltungsvorstandes (vgl. Tabelle 12). Dabei ist zu beachten, daß sich während der GAW--Beteiligung des Haushaltes die Stellung des GA innerhalb des Haushaltes ändert; so wird z.B. aus dem Sohn des Haushaltungsvorstandes im Stammhaushalt (die übliche Situation bei der GAW--Aufnahme) während der Arbeitstätigkeit im Ausland (und dem Nachholen von Familienangehörigen ins Ausland) der eigentliche Haushaltungsvorstand. Der GA ist der Vorstand eines selbstän-

---

1) Vgl. Tabelle 10 und die Situation des Rückkehrers M. in Kapitel (3.4.4.2).
2) Vgl. Kapitel 4.2.2.
3) Von den beiden im Ausland als arbeitstätig genannten Frauen soll abgesehen werden.

Tabelle 12: Die haushaltlich-familiäre Stellung der Gastarbeiter

Stellung des Gastarbeiters im Haushalt [1]	Haushalte				alle
	nicht landwirtschaftliche		landwirtschaftliche		
	mit Rückkehrer(n)	mit Gastarbeiter(n)	mit Rückkehrer(n)	mit Gastarbeiter(n)	
Haushaltungsvorstand (HHV)	4	72	23	39	138
Sohn des HHV	2	8	1	12	23
Tochter des HHV	-	1	-	1	2
Stellung nicht erfasst [2]	1	5	5	1	12
Summen	7	86	29	53	175

Kontingenztest über die familiäre Stellung der Gastarbeiter:
'HHV' oder 'Sohn des HHV' in den Gruppierungen 'nicht-landwirtschaftliche' bzw. 'landwirtschaftliche' Haushalte ergibt mit
3×3 $X^2_4 = 4.41$; Sign. = 0.02; Phi = 0.18,
daß die als Gastarbeiter tätigen Haushaltungsvorstände statistisch signifikant den nicht-landwirtschaftlichen Haushalten vorstehen.

1) In Haushalten mit mehreren Gastarbeitern die Stellung des zuerst ausgereisten.
2) Haushalte, die sich in der Phase der Beendigung des Familienzyklusses befinden, die Trennung aber noch nicht vollzogen haben, wenn z.B. zwei Brüder mit ihren Familien einen Haushalt bilden.

Quelle: Eigene Erhebungen 1977

digen Haushaltes geworden, welcher häufig mit allen Mitgliedern im Ausland residiert, oder in einem neuen, aus dem Verdienst des GA erstellten Haus im Dorf. Die mit diesem Aufspalten des alten Stammhaushaltes üblicherweise verbundene Realteilung des Landbesitzes unterbleibt, da für den neuen Haushalt des GA keine Notwendigkeit zur Führung eines ldw. Betriebes besteht bzw. ein Betrieb mit den verfügbaren AK-Ressourcen nicht geführt werden kann.

In Tabelle 12 ist signifikant, daß LG häufiger durch einen Abkömmling an der GAW beteiligt sind als durch einen Haushaltungsvorstand selbst. Das verstärkte Zusammenhalten von Familien in solchen LG resultiert einerseits aus der Führung eines ldw. Betriebes zu Beginn der GAW (Haushalte mit umfangreicherem Landbesitz nahmen die GAW zuerst auf[1]) und ermöglicht andererseits, einen solchen Betrieb zu führen[2]. Darüberhinaus spielen auch die mit und durch die GAW veränderten Erwartungen über haushaltliche Entwicklungen eine Rolle. So wurden einige der nunmehr aufgegebenen Betriebe auch noch für längere Zeit während der haushaltlichen GAW-Beteiligung geführt. Dabei oblag es nach der Abwanderung des Haushaltungsvorstandes bzw. des für die Arbeitserledigung zuständigen Sohnes zumeist der Ehefrau[3], die Betriebsführung zu übernehmen. Da die betrieblichen Planungsnotwendigkeiten durch die Rahmenbedingungen beider, sowohl des Haushaltes (dörfliche Rollenerwartung an die ihn konstituierenden Mitglieder) als auch des ldw. Betriebes (kommunale Fruchtfolgeplanung und Weidenutzung), beschränkt sind, ist die mit der Abwanderung des Ehemannes übertragene Entscheidungsmacht der Ehefrau gering (wenngleich - aus der Sicht der nunmehr agierenden Frau - die Übernahme dieser be-

---

1) Vgl. Kapitel 3.4.2.
2) Vgl. zum AK-Besatz Kapitel (4.2.2.3).
3) Die Vielehe ist - mit bis zu 4 Frauen - nach islamischer Sitte erlaubt, jedoch kam in den Untersuchungsdörfern nur die Einehe vor - dem türkischen Recht entsprechend.

trieblichen Entscheidungsaufgaben zu einer Emanzipation der Ehefrau führte[1]. Die Betriebsorganisation wurde in dieser Phase ungeändert beibehalten. Erst mit sicheren Erwartungen über der weiteren Verlauf der GAW ergaben sich für die im Dorf verbliebenen Haushaltsmitglieder Anstöße für betriebliche Entscheidungen, die nicht im herkömmlichen Bündel von Bewirtschaftungsnormen geregelt waren.

Die Konsolidierung der Situation des GA im Ausland und die damit verbundene Aufnahme der Transfergeldzahlungen an den Stammhaushalt führten zur Änderung der Bedeutung der aktiven Landbewirtschaftung bei der Erzielung der haushaltlichen Einnahmen. Neben diesem direkten Aspekt der Relativierung der ldw. Erwerbstätigkeit ergab sich auch aus der GAW eine Verlagerung der dörflichen Erwartungen an den GA-entsendenden Haushalt. Die dörflichen Wertenormen, die nahezu jede nicht primärwirtschaftliche Arbeit besser bewerten als ldw. Tätigkeiten, geben dem Haushalt, der sein Einkommen nicht aus der Führung eines ldw. Betriebes erzielt - damit vornehmlich den GAW-beteiligten - das höhere Ansehen. Die Abgabe des ldw. Betriebes wird dadurch erneut - ebenfalls teilweise indirekt von der GAW beeinflußt - gefördert.

Für insgesamt 62 Haushalte, die vor der GAW einen selbständigen ldw. Betrieb führten, ist in Tabelle 13 die gegenwärtige Landbesitznutzung aufgezeigt. Wie zuvor, in Tabelle 11, die NR durch die vollständige Nutzung ihres Landbesitzes mittels Selbstbewirtschaftung hervortraten, wird nun ihr konsistenter Wandel von der Selbstbewirtschaftung (Führung eines ldw. Betriebes) zur Teilbauverpachtung deutlich. Die GAW-Beteiligung hat die ldw. Betriebsführung zugunsten der passiven Landnutzung im Teilbauverfahren verdrängt, in der zwar die potentiellen Entscheidungsmöglichkeiten erhalten bleiben, aber die aktuelle Organisation und Durchführung der ackerbaulichen Arbeitserledigung die haushaltliche Stellung im

---

1) Vgl. hierzu AZMAZ (1979) und YENISEY, L.: The social effects of migrant labour on the district left behind ... in: ABADAN-UNAT u.a. (1976), S. 327 - 370.

dörflichen Prestigegefüge nicht mehr belasten.

Teilbauverpachtung ist die meistgenannte Landbesitznutzung mit 41 (67.2 %) der insgesamt 61 Nennungen. Dabei ist der Anteil der NG mit 25 (64.1 %) Nennungen für die Teilbauverpachtung gleich dem der NO mit 11 (64.7 %) Nennungen. Das ist jedoch nicht durch evtl. größeres Interesse von NG an der Landbewirtschaftung zu erklären, sondern ergibt sich aus den Anteilen der beiden anderen Landnutzungsverfahren an der passiven Landnutzung von nicht-ldw. Haushalten mit bzw. ohne Teilnahme an der GAW (NG bzw. NO). Während NO vermehrt zur Festpreisverpachtung tendieren (2 Nennungen, 11.8 %), kommt es in den NG, wie zu erwarten war, zu einem größeren Anteil von Nennungen bezüglich der passiven Landbewirtschaftung für die erweiterte Brache. 13 NG (33.3 %) belassen, nach der Aufgabe ihres früheren ldw. Betriebes, ihren Landbesitz, zumindest teilweise, in erweiterter Brache. Einerseits ist aus der Tendenz zur Festverpachtung in den NO und nicht, wie eigentlich aus den im Ausland gewonnenen Erfahrungen der GA gefolgert wird, in den NG[1] - die zur erweiterten Brachnutzung, d.h. zur Vergabe jeden direkten ldw. Einkommens tendieren - die geringe Bedeutung zu ersehen, die den ldw. Einnahmen beigemessen wird; andererseits wird aber auch die Notwendigkeit der GAW-Beteiligung für und in diesen Haushalten mit erweiterter Brache unterstrichen.

4.4.3 Die Landbesitznutzung nach der Betriebsabgabe

Die landwirtschaftlich genutzte Fläche (LF), die in den 61 angezeigten Betriebsabgaben in den Dörfern Gümüstepe und Sagir disponibel für anderweitige Nutzungen wurde, ist ebenfalls in Tabelle 13 aufgezeigt. Insgesamt verfügten die 61 Haushalte in den drei dargestellten Haushaltsgruppierungen über 438.6 ha eigenes Land, welches zum Zeitpunkt der Grund-

---

1) Die Arbeitshypothese (12) neu fassend, könnte das Zielsystem des Haushaltes eine Maximierung bei der Nutzung haushaltlicher Ressourcen beinhalten; diese Maximierung wird allerdings erst in einem weiteren Rahmen angestrebt.

Tabelle 13: Die gegenwärtige Landbesitznutzung in Haushalten der Dörfer Gümüstepe und Sagir, die ihren ldw. Betrieb während der Gastarbeiterwanderung abgaben

Nicht-landwirtschaftliche Haushalte	Gegenwärtige Landbesitznutzung: Anzahl der Nennungen Umfang der Flächen (ha)			
	Festpreispacht absolut(%)	Teilbaupacht absolut(%)	erweiterte Brache absolut(%)	Summe absolut(%)
- ohne Wanderarbeiter	2 (11.8) 14.5(13.8)	11 (64.7) 82.8(78.7)	4 (23.5) 7.9(7.5)	17 105.2
- mit Gastarbeiterrückkehrer(n)	-	5 (100) 28.3(100)	-	5 28.3
- mit Gastarbeiter(n)	1 (2.6) 13 (4.3)	25 (64.1) 201.5(66.0)	13 (33.3) 90.6(29.7)	39 305.1
- insgesamt	3 (4.9) 27.5(6.3)	41 (67.2) 312.6(71.3)	17 (29.7) 98.6(22.4)	61 438.6

Kontingenztest:

Haushalte ohne Wanderarbeiter und Haushalte mit Gastarbeiter(n) nach den Nennungen der Landbesitznutzungsverfahren:

$$2 \times 3 \; X_2^2 = 2.25 \; ; \; \text{Sign.} = 0.33 \; ;$$

H_o: 'Die Nennungen der Landnutzungsverfahren sind unabhängig von der Gruppenzugehörigkeit des Haushaltes'
kann nicht abgelehnt werden.

Quelle: Eigene Erhebungen 1977

erhebung passiv genutzt wurde. An Tabelle 13 wird die geringe Relevanz der erweiterten Brachnutzung in beiden Gruppierungen von nicht-ldw. Haushalten deutlich, die nicht oder nicht mehr an der GAW beteiligt sind. Jeweils als Anteil am Landbesitz der Gruppierung ausgedrückt, umfaßt die der erweiterten Brachnutzung unterliegende Ackerfläche zwischen 7.5 % in NO und

29 % in NG. In Bezug gesetzt mit der Anzahl der Nennungen der erweiterten Brache als Nutzungsart ergibt sich zwischen beiden Aussagegruppierungen eine relevante Unterscheidung: Während von den NO jeder die erweiterte Brache als eine Landnutzungsart nennende Haushalt durchschnittlich 2 ha dieser passiven Bewirtschaftung zuführte, unterlagen durchschnittlich 6.9 ha Landbesitz der erweiterten Brache in den nunmehr nicht-ldw. Haushalten mit fortdauernder GAW-Beteiligung (NG).

Dadurch wird die verursachende Rolle der GAW erneut deutlich, wenngleich die erweiterte Brache in NG nicht wegen des Arbeitsaufenthaltes eines Familienmitgliedes (d.h. zumindest einer AK) im Ausland allein, sondern auch durch die von der haushaltlichen GAW-Beteiligung verursachte, neue dörfliche Norm bezüglich der Einkünfte, Arbeitszeiten, Konsumansprüche etc. hervorgerufen wird. Erst diese bewirkt, nachdem sich der GA im Anwerbeland eine 'sichere' Arbeitsstelle verschafft hat und seiner Ehefrau (allgemein dem dörflichen Stammhaushalt) die Betriebsführung nicht mehr zumuten will, daß auch umfangreicher Landbesitz der aktuellen Bewirtschaftung entzogen und der erweiterten Brache zugeführt wird. In den NO hingegen ist die erweiterte Brachnutzung des Landeigentums limitiert, weil die eingeschränkten außer-ldw. Erwerbsmöglichkeiten nur begrenzte Ackerflächenanteile (die Grenzböden) als erweiterte Brache zulassen und nur Parzellen in erweiterte Brachnutzung fallen, deren Verpachtung nicht organisiert werden konnte.

Nicht verpachtetes oder erweitert brachgenutztes Land, welches nur passiv genutzt würde, wenn sich nicht mittels Lohnauftragsvergaben eine Bewirtschaftung erzielen ließe, konzentriert sich in den LO. Diese Haushalte, die mit Maschinen nur gering ausgerüstete Betriebe unterhalten - die Ursache und Folge der Lohnauftragswirtschaft -, sind diejenigen, die mit fortschreitender Entwicklung die vermehrte Bodenmobilität ermöglichen können.

Nicht beeinflußt von der GAW ist das Festpachtverfahren. NG halten, solange der Wunsch nach 'eigenerzeugten', d.h. in Teilbaupacht erwirtschafteten Grundnahrungsmitteln vorhanden ist, am Teilbauverfahren fest (vgl. Tabelle 13). Mit der Aufgabe dieses Wunsches, z.B. wegen des Auslandsaufenthaltes des gesamten Haushaltes, geht meist die erweiterte Brache einher, jedoch nicht die dann potentiell mögliche Festpreisverpachtung[1].

4.4.4 Der Umfang der selbstbewirtschafteten Eigentumsfläche

Durch die Beteiligung des Haushaltes an der GAW werden dem ldw. Betrieb AK entzogen. Zumindest eine AK - in Fällen von mitwandernden Familienangehörigen (da Kinder und Frauen ebenfalls als ldw. AK zu zählen sind) sogar erheblich mehr - wird der Ressourcenausstattung des Betriebes entnommen. Daraus resultiert die Notwendigkeit der Anpassung der Betriebsorganisation an die neue Ressourcenkombination, falls nicht die Ausstattung an Arbeitskräften in Relation zum bewirtschafteten Boden im Überhang war[2]. Obwohl diese Unterbeschäftigung der Arbeitskräfte generell auch für die ldw. Betriebe der Untersuchungshaushalte unterstellt werden darf, ergeben sich in Verbindung mit der bzw. durch die GAW Wechselwirkungen bezüglich der selbstbewirtschafteten Eigentumsflächen.

Aus den Daten der 128 Betriebe (vgl. Tabelle 14) ergibt sich die Erweiterung der durchschnittlich selbstbewirtschafteten Eigentumsfläche von 8.2 ha vor der GAW auf 8.5 ha während der Grunderhebung 1977. Diese Zunahme des selbstbewirtschafteten Eigentumslandes um 0.3 ha (3.7 %) resultiert aus der allgemeinen Erweiterung des Maschinen- und Geräteinventars (der daraus ermöglichten Rücknahme von verpachteten Feldern wegen dieser günstigeren Ressourcenausstattung) und den Betriebs-

---

1) Der Wunsch der Landwirte, ein schnelles, risikoarmes Einkommen als Lohnarbeitnehmer zu erzielen, hat hierbei den Haupteinfluß; er ist ebenfalls ein Ergebnis der sich durch die GAW im Wandel befindlichen Wirtschaftsmentalität.
2) Vgl. zur Unterbeschäftigung und versteckten Arbeitslosigkeit z.B. KUHNEN (1966), OSTERKAMP (1967) und WILBRANDT (1974) und den Sachverhalt der Arbeitshypothese Nr. (1).

Tabelle 14: Die Veränderungen in den durchschnittlich selbstbewirtschafteten Eigentumsflächen je landwirtschaftlichem Haushalt während der Gastarbeiterwanderung (in ha)

Landwirtschaftliche Haushalte	(n)[a]	Durchschnittlich selbstbewirtschaftete Fläche		Veränderung	
		Aussagezeiten			
		vor GAW[b]	während der GAW	ha	%
- ohne Wanderarbeiter	86	6.7	7.0	0.3	4.5
- mit Rückkehrer(n)	10	11.1	12.4	0.7	11.4
- mit Gastarbeiter(n)	29	11.2	10.4	-0.8	-7.1
- Insgesamt[c]	128	8.2	8.5	0.3	3.7

a) Die z.T. erheblich geringere Anzahl der erfaßten Betriebe je Haushaltsgruppierung resultieren aus der Problematik des Zeitverzuges.
b) Vgl. Kapitel 4.4
c) Drei Haushalte mit landwirtschaftlichem Betrieb un Binnenwanderung sind hier einbezogen.

Quelle: Eigene Erhebungen 1977

abgaben infolge der GAW-Beteiligung, die sowohl die Eigentumsvergrößerungen durch Zukauf von Feldern als auch die Neuverpachtung oder sogar die Selbstbewirtschaftung von Parzellen, die vormals von diesen inzwischen aufgegebenen Betrieben angepachtet waren, ermöglichten[1].

---

1) Vgl. zum Landzukauf den folgenden Abschnitt.

Zwischen den einzelnen Haushaltsgruppierungen und dem damit ausgedrückten Verhältnis zur (Gast-)Arbeiterwanderung gestalten sich diese Änderungen der selbstbewirtschafteten Eigentumsflächen unterschiedlich. Betriebe der Haushalte, die nicht oder nicht mehr aktuell und unmittelbar an der GAW teilnehmen - LO, LR und LB - verfügen über eine vermehrte selbstbewirtschaftete Eigentumsfläche, während die aktuell an der GAW beteiligten Haushalte eine durchschnittliche Reduzierung der selbstbewirtschafteten Eigentumsfläche um 0.8 ha (-7.1 %) aufweisen. Diese unterschiedliche Entwicklung erklärt sich aus der Notwendigkeit des innerdörflichen Einsatzes der haushaltlichen Ressourcen für LO, LR und LB, denen die Möglichkeit fehlt, steigenden Anspruchs- und Lebensstandardnormen mittels umfangreicher Bareinnahmen aus den Transfergeldzahlungen nachzukommen.

Remissen[1] wiederum eröffnen den aktuell beteiligten Haushalten Möglichkeiten, ihre (land-)wirtschaftlichen Aktivitäten an die durch die GAW verursachte neue Situation anzupassen. Bei der Kriteriumsvariablen 'selbstbewirtschaftetes Eigentumsland,' geschieht dies einerseits durch Verpachtung und erweiterte Brachnutzung[2] und andererseits, in den erweiterten Haushalt-Betrieb-Einheiten, mittels Zupachtung und Zukauf.

Innerhalb der Veränderung der selbstbewirtschafteten Eigentumsfläche der LG sind zwei gegenläufige Prozesse summiert, die zusammen eine Schrumpfung der Betriebe implizieren. Die-

---

1) Remissen, Remissionen, remittances sind gebräuchliche Begriffe, um die Geldüberweisungen der GA (Transfergeldzahlungen) an Empfänger in den Herkunftsorten/-ländern zu beschreiben.

2) Neben den (in Kapitel 4.5.2) aufgezeigten Haushalten - die über Eigentumsland als Grundlage des ldw. Betriebes verfügten, den sie mit der GAW abgaben - hatten auch landbesitzlose Haushalte Land im Teilbauverfahren angepachtet; sie verfügten somit über einen ldw. (Kleinst-)Betrieb, welcher ebenfalls mit oder kurz nach der Aufnahme der GAW-Beteiligung abgegeben wurde. Da diese Haushalte z.Z. komplett im Ausland waren, konnte die konkrete Anzahl solcher Betriebe bzw. Betriebsaufgaben nicht erfaßt werden.

se Verringerung der selbstbewirtschafteten Eigentumsfläche ergibt sich in den Haushalten, deren Betriebsführung von nicht mehr familiär vollzähligen Haushalten durchgeführt wird. Nach der Ausreise des (meistens) Haushaltungsvorstandes als GA begrenzen diese (Stamm-)Haushalte ihre Anbaufläche unter Beachtung der beiden wichtigen Werte 'Arbeitskräftepotential' und 'Eigenproduktion an Grundnahrungsmitteln'. Mit dem Anwachsen der Remissionen wird, nach dem Einleben des Haushaltsmitgliedes als GA im Ausland, die Betriebsgröße weiter reduziert und mit dem Aufgeben des Wunsches nach einer eigenen Nahrungsmittelerzeugung schließlich ganz auf die Führung des Betriebes verzichtet.

Dieser Vorgang der zunehmenden Begrenzung der selbstbewirtschafteten Eigentumsfläche hat sich in allen 39 Haushalten (vgl. Tabelle 13) abgespielt, welche nunmehr als NG eingruppiert sind. Die Eigentumsflächen dieser Haushalte sind jetzt der passiven Nutzung unterzogen bzw. liegen in erweiterter Brache. Auch einige LG unterliegen gegenwärtig bei ihrer Betriebsführung der Einengung der Betriebsfläche, wenn nicht Umstände gegenläufige Aktionen notwendig werden lassen. LG, die über eine größere Anzahl von Haushaltsmitgliedern verfügen bzw. LG, von denen sich die Kernfamilie des GA bereits im Ausland befindet, welche sich damit aus dem großfamiliären Verband zu lösen beginnt, sind im Rahmen ihrer verbleibenden Ressourcen innerhalb der Stammhaushalte an einer Betriebsführung und -erweiterung interessiert. Dabei werden die zufließenden Transferzahlungen zur maschinellen Ausrüstung der Betriebe und teilweise zum Ankauf von Boden eingesetzt. Die mit der GAW aufkommende Mentalität, Einkünfte möglichst direkt in Bargeld zu erzielen, führt vor allem in LG dazu, nicht unbedingt Ackerflächen anzupachten bzw. anzukaufen, sondern die betrieblichen Ausstattungen an Maschinen und Geräten unmittelbar zum Erwerb einzusetzen.

Durch die Übernahme von Lohnarbeitsaufträgen von anderen Betrieben wird das der Landbewirtschaftung anhaftende Risiko weitgehend vermieden, zudem werden die Arbeitskräfteressourcen nur in noch freien Zeiten genutzt. Den mit der Betriebsflächenerweiterung verbundenen Zunahmen der Arbeitsengpässe wird damit vorgebeugt.

Über eine mittlere Zeitspanne von 3 - 4 Jahren betrachtet, zeigt sich, daß Haushalte mit den geänderten Ressourcenrelationen, Wertentwicklungen und Anspruchsnormen - zumindest tendentiell - Schritt zu halten bzw. übereinzustimmen versuchen. Die Arbeitsthesen (1) und (2) werden damit bestätigt und die Anpassungsfähigkeit der dörflichen Betriebe dahingehend unterstrichen, daß die ldw. genutzten Flächen im Rahmen der jeweiligen haushaltlichen, von der GAW beeinflußten Bedingungen geändert werden.

4.5 Die Landbesitzbewegungen

Mit der Aufgabe der ldw. Betriebe während der GAW-Beteiligung wechselt die Bedeutung des Landbesitzes[1] für die in dieser Dynamik stehenden Haushalte. Als Folge der durch die GAW entscheidend veränderten Einkommenssituation dieser Haushalte ergibt sich - teilweise ebenso für gegenwärtig an der GAW beteiligte Haushalte, die zusätzlich einen ldw. Betrieb führen - eine Bedeutungsverlagerung des Landbesitzes. Dieser - ursprünglich nur Mittel zur Produktion der Grundnahrungsmittel wie zur Sicherung des vollständigen Einkommens - wird nunmehr Kapital und damit u.a. auch Handelsware.

In dieser Veränderung der existentiellen Bedeutung des Bodens liegt, evtl. unterstützt von einer zunehmenden Nachfrage nach Boden von Haushalten mit ldw. Betrieben ohne jegliche Wanderungsbeteiligung (L0), deren einzige Erwerbsmöglichkeit er darstellt, das Entstehen eines Marktes für Land begründet. Dabei wiederum ergibt sich, neben der oben aufgezeigten Einflußnahme, eine weitere mittelbare Wirkung der GAW: Durch die GAW erhöht sich die Liquidität der Haushalt-Betrieb-Einheiten,

---

1) Von Landbesitz anstelle von -eigentum soll hier gesprochen werden, da es sich bei diesen ausgewiesenen Flächen (wiederum nur Acker) nicht unbedingt um juristisches Recht am Land handelt.

die an ihr gegenwärtig beteiligt sind (LG). Verbindet sich nunmehr in diesen Haushalten die Entsendung von GA mit der Zielsetzung, die so erzielten finanziellen Liquiditäten zur Erweiterung bzw. Stabilisierung der ldw. Aktivitäten einzusetzen, so dürfte daraus u.a. ebenfalls eine Nachfrage nach Boden entstehen.

In den Intensiverhebungshaushalten wurden die Landbesitzveränderungen erfaßt und die Ergebnisse in Tabelle 15 dargestellt. Nach Haushaltsgruppierungen geordnet sind die Anzahl der Haushalte, die Landbesitzveränderungen durch Kauf während der GAW nannten, aufgeführt; Landbesitzveränderungen durch Erbschaften wurden dabei ausgeschlossen. Ebenso war die Erhebung der Grundstücksverkäufe nicht einbegriffen, da in den Pretests nur problematische Ergebnisse erzielt wurden.

In vielen Fällen ist die Zunahme der haushaltlichen Landverfügbarkeit nicht die Folge eines Kaufes, sondern vielmehr werden durch die Einflüsse der GAW z.T. die Machtstrukturen zwischen den Haushalten so geändert, daß einzelne Parzellen zurückgefordert werden können bzw. auf der Grundlage der veränderten Einkommenslage zurückgegeben werden[1].

Dennoch liegt durch die Zunahmen des haushaltlichen Landeigentumes in den NG mit 58.5 ha (25.5 % der Besitzzunahmen insgesamt) zugekauften Landes eine Investition von Erträgen aus der GAW vor, wie sie häufig festgestellt/erwartet wird. Mit diesen, durch Einkommen aus der GAW zugekauften bzw. - durch Prestigeanhebungen der Haushalte infolge der GAW - zurückerhaltenen Parzellen, kann nun einerseits - durch die Auftragsbewirtschaftung in einem Teilpachtverhältnis - die angestrebte Sicherstellung der Eigenproduktion von Grundnahrungsmitteln erreicht werden, oder aber andererseits die Felder - als 'stille Reserve' - der erweiterten Brache zugeord-

---

1) Nach Informationen des Grundbuchamtes in Sarkisla (Sarkisla Tapu Sicil Muhafizligi) wurden 1977 für Cemel 14 Landeigentumsbewegungen mit insgesamt 15.5 ha registriert. Im gleichen Jahr wurden für Gümüstepe 16 Verkäufe mit insgesamt 27.6 ha verzeichnet.

Tabelle 15: Die durchschnittlichen Veränderungen im Landbesitz der Haushalte während der Gastarbeiterwanderung nach Gruppierungen

Haushaltsgruppierungen	(n)	Veränderung im Landbesitz der Haushalte					
		Abnahme[1]	keine	Zunahme des Landbesitzes			
		n (%)	n (%)	n (%)	insg. ha	durchschn. ha	Index
Nicht-landwirtschaftliche Haushalte							
- ohne Wanderarbeiter	16	1 (6.3)	13 (81.3)	2 (12.5)	4.2	2.1	43
- mit Rückkehrer(n)	4	-	4 (100)	-	-	-	-
- mit Gastarbeiter(n)	62	2 (3.2)	45 (72.6)	15 (24.2)	58.5	3.9	80
Landwirtschaftliche Haushalte							
- ohne Wanderarbeiter	45	- (-)	35 (77.8)	10 (22.2)	59.0	5.9	121
- mit Rückkehrer(n)	26	- (-)	21 (80.8)	5 (19.2)	14.5	2.9	59
- mit Gastarbeiter(n)	65	2 (3.1)	48 (73.8)	15 (23.1)	93.4	6.2	127
insgesamt	218	5 (2.2)	166 (76.1)	47 (21.6)	229.5	4.9	100

1) Haushalte, die Land abgegeben haben (nur Nennungen wenn das Land wegen des Ausbaus des Bewässerungsprojektes in Gümüstepe verlorenging).

Quelle: Eigene Erhebungen 1978

net werden. Die nahezu gleichgroße Landbesitzzunahme in den LO (59 ha, 25.7 %) resultiert weitgehend aus den Betriebsauflösungen, die mit der GAW einhergehen. Die LO erzielen oft ihre Zugewinne an Land im Tausch gegen Naturalien. Darüberhinaus ergibt sich für die meisten dieser Haushalte die Notwendigkeit - zwecks Erreichen der durch die GAW erheblich angehobenen dörflichen Normen des Lebensstandards - ihre Wirtschaftsgrundlage zu erweitern, d.h. nach Möglichkeit ihre Betriebe - hier horizontal - auszuweiten.

Beim Vergleich der durchschnittlichen Zunahmen der Landflächen zwischen den Gruppierungen wird deutlich, daß eine kleine Anzahl von LO (22.2 % der erfaßten, vgl. Tabelle 15) relativ intensive Landbesitzvergrößerungen aufweist (indizierte durchschnittliche Erweiterung um 121). Die Zuflüsse an Transfergeldzahlungen in den LG versetzen jedoch eine größere Anzahl der Haushalte (23.1 %) in die Lage, die umfangreichsten Landbesitzvergrößerungen (durchschnittlich um 6.2 ha, indiziert mit 127) zu verzeichnen.

Mit 24.2 % ist der Anteil der Landbesitzzunahmen ausweisenden NG der größte aller Gruppierungen, doch mit nur durchschnittlich 3.9 ha Zuwachs ist die Landbesitzzunahme relativ begrenzt. LR sind sowohl durch nur einen kleinen Anteil an Landzunahme nennende Haushalte gekennzeichnet (19.2 %) als auch durch eine einzelhaushaltlich eingeengte Erweiterung von nur durchschnittlich 2.9 ha (Index = 59).

Nach den Ergebnissen der Erhebungen kommt jedoch dem Landzukauf bei Rückkehrerhaushalten (LR) nur eine im Hinblick auf den Maschinenkauf nachrangige Bedeutung zu. Aus diesem geringeren Landkauf der LG läßt sich im Zusammenhang mit dem - im Vergleich mit LO - höheren Maschinen- und Gerätebesatz[1] in LR

- die Begrenztheit der für Investitionen verfügbaren Einkommen durch die befristete haushaltliche Teilnahme an der GAW entnehmen, sowie die
- Absicht zur Durchführung von Lohnarbeitsaufträgen ableiten, welche zu relativ risikoarmen Einnahmen aus dem Einsatz

---

1) Vgl. Tabelle 19.

des betriebseigenen Maschinenkapitals in anderen Betrieben führt[1].

Der begrenzte Landzukauf von LR bekundet, daß die während der GAW erzielten Bareinkommen dieser Haushalte, im Gegensatz zur Reihenfolge der Investitionen die HALE[2] aufzeigt, neben dem Wohnhausneubau[3] vor allem in ldw. Maschinen und Geräten angelegt wurden. Daraus ergibt sich die Möglichkeit, den (relativ) risikoarmen und rentablen Einkommenszweig "Lohnauftragsnahme" zu betreiben[4]. Nur fünf der erfaßten 26 LR wiesen Landzukäufe aus. Die daraus resultierende begrenzte Landzunahme je Haushalt der Aussagegruppierung von 2.9 ha liegt sogar statistisch signifikant unter dem Landzukauf der LO. Aus der allgemein überdurchschnittlichen Maschinen- und Geräteausstattung dieser LR, in Verbindung mit dem geringen Landzukauf, leitet sich die Begrenztheit der für Investitionen verfügbaren Einkommen[5] ab, welche aus dem Ende der haushaltlichen Beteiligungen der GAW resultiert, welche oft nicht zu einem gewählten Zeitpunkt erfolgte.

4.6 Die Grundprozesse agrarstruktureller Wandlungen

Die ldw. Nutzung marginaler Böden und kritischer Flächen, die für die Türkei - speziell im anatolischen Hochland - als problematisch eingeschätzt wird[6] und der ein Großteil der angehenden Erosionen zuzuordnen ist, wird z.T. durch die Einflüsse der GAW eingeschränkt. Die mittels Geldtransferzahlungen relativierte Notwendigkeit ldw. Einkommens in den Haushalten mit GAW-Beteiligung bedingt - andere Rahmenbedin-

---

1) Vgl. Tabelle 21.
2) HALE (1978), S. 61, ordnet bei den Rückkehrern den Landzukauf vor dem Zukauf an ldw. Maschinen ein.
3) Vgl. Schaubild 9.
4) Vgl. Kapitel 5.5.2.
5) Vgl. Kapitel 6.1.
6) Vgl. z.B. WILBRANDT (1974), S. 504, und WITTMANN (1979), S. 205.

gungen seien gegeben[1] - die Abgabe des ldw. Betriebes und damit die Freistellung von Landeigentum zur passiven Bewirtschaftung bzw. zum Verkauf. Daraus folgt ein Angebot von Land an zupachtende Betriebe. Deren Nachfrage nach Land (Boden) - zumindest in LO und LR - wurde durch die GAW-Beteiligung des Dorfes erweitert[2]. Aus bereits vorhandener Mobilität von Pachtland ist es nunmehr das Bestreben der Betriebe - soweit dies die dörflichen Normen zulassen -, die unproduktiven, nicht bewässerbaren Landflächen abzustoßen und durch neu angebotene Flächen auszugleichen. So ist weitgehend die erweiterte Brache in den NO auf marginale Flächen begrenzt und auch ein Teil der erweiterten Brachflächen aus NG darf z.T. diesen marginalen - zumindest den nicht bewässerbaren - Flächen zugerechnet werden.

Die Erarbeitung der Daten zur Überprüfung der Arbeitshypothese (16)

'Durch die erhöhte Liquidität der Haushalte steigt die Nachfrage nach dem Produktionsfaktor Boden, was zu einer Steigerung der Bodenpreise führt'

war bezüglich der Liquiditäten der Haushalte möglich, verbot sich aber hinsichtlich der Entwicklung der Land-(Boden-)preise - es wurden 1978 je nach Lage und agronomischem (Bewässerungs-)Potential zwischen 137 und 685 DM/ha genannt - wegen des notwendigen mehrjährigen Vergleichs, welcher aufgrund der hohen Inflationsrate nicht durchführbar war[3]. Beobachtet wurde jedoch, daß nicht die Liquidität der Haushalte (geschätzt

---

1) Vgl. zur Haushaltsgröße Kapitel 4.2.2 sowie zur Stellung der GA innerhalb des entsendenden Haushaltes Tabelle 12.

2) Höhere Anspruchsnormen der bewirtschaftenden Familie und umfangreichere Maschinenausstattungen ermöglichen die verstärkte Nachfrage, die ein wichtiger Aspekt dieser Beteiligung ist.

3) Die Inflationsrate stieg von 1975 bis 1978 erheblich an und erreichte - offizielle - 80 %. Die Methodik der Bewertung des Bodens zu realen Preisen griff nicht, da die Angaben der Befragten z.T. nicht die Inflationssituation angemessen berücksichtigen ließen.

mittels der jährlichen Bareinnahmen)[1] allein ausschlaggebend für die Nachfrage nach Boden (abgebildet durch die Zunahmen an Landbesitz)[2] ist.

Entsprechend der haushaltlichen Liquidität als determinierendem Faktor weisen die LG die größten Landbesitzzunahmen auf. Aus den umfangreichen Landbesitzzunahmen der Haushalte aus der LO-Stichprobe ergibt sich aber, trotz der begrenzteren Liquidität, auch eine ausgeprägte Nachfrage von Betrieben der LO nach Land.

Allerdings ist bei LG, in denen die Entscheidung zur Fortsetzung der Betriebsführung gefallen ist, in den letzten Jahren ein gezielter Einsatz ihres Liquiditätspotentials zu beobachten. Während die meisten Landbesitzerweiterungen der LO aus der Zeit der beginnenden 1970er Jahre stammten, resultiert die Landzunahme in den LG erst aus neuerer Zeit. Häufig deshalb, weil diese Haushalte mit den zufließenden Transferzahlungen aus der GAW zuerst ein neues Wohnhaus erstellten, den Maschinenpark vervollständigten und nun danach die Landbesitzungen[3] zu erweitern bestrebt sind. Dies geschieht z.T. aus der Erkenntnis heraus, daß die Landbewirtschaftung in der gegenwärtigen Entwicklungsphase der Region eine der - auf mittelfristige Zeit - sichersten Beschäftigungsmöglichkeiten zum Erwerb des (Grund-)Einkommens darstellt.

Der unmittelbarste Einfluß der GAW auf die Haushalt-Betrieb--Einheiten ergibt sich - wie im Untersuchungsrahmen (vgl. Kapitel 1) skizziert - aus der Abwanderung von Arbeitskräften, die die im Betriebsablauf verfügbare Arbeit vermindern. Die sich an diese Prämisse knüpfende Arbeitshypothese (1) läßt sich aus der Kenntnis der vorstehend ausgeführten agrarstruk-

---

1) Vgl. Tabelle 14.
2) Vgl. Kapitel 4.6.
3) Die in harten Währungen gezahlten Transferbeträge versetzten die LG (wie auch einige NG und Rückkehrerhaushalte) in die Lage, die Abwertungen der Türkischen Lira vorteilhaft beim Landkauf (wie allgemein) einzusetzen.

turellen Entwicklungen (und deren Bedingungsfaktoren) zur Konkretisierung der GAW-Folgen anführen:

Die in Hypothese (1) genannte Betriebsorganisation impliziert den ldw. Betrieb und damit die - zumindest dem Risiko und der Unsicherheit bei der Betriebsführung nach - Selbstbewirtschaftung. Diese eigenständige, selbstverantwortliche Betriebsführung, d.h. Landbewirtschaftung, erfuhr jedoch durch die mögliche und aktuelle haushaltliche Beteiligung an der GAW erhebliche Veränderungen. 60 Haushalte nutzten die sich aus der GAW ergebenden Möglichkeiten und führten, wie in den staatlichen Planungen angestrebt[1], Schritte zur Abwanderung aus dem ldw. Sektor aus:

- die Entsendung des Betriebsleiters zur Arbeitsaufnahme im Ausland und Beschäftigung im sekundären oder tertiären Sektor;
- die Aufgabe der Selbstbewirtschaftung und den Übergang zur Verpachtung der Eigentumsflächen;
- die spätere Mitnahme von Haushaltsangehörigen ins Ausland bzw., falls dies nicht möglich war, ein Loslösen von den bäuerlichen Werten (= Selbstversorgung) und damit
- die Abgabe der Pachtwirtschaft und die Nutzung des Landes als "heimatlichen Wert", ohne es einer ackerbaulichen Nutzung zuzuführen (erweiterte Brache).

Infolge des Überwechselns von AK aus dem ldw. Sektor zu anderen Wirtschaftssektoren in der GAW kommt es, in längerfristiger Betrachtung, zu einer Veränderung in der Agrarstruktur derart, daß sich die Zahl der ldw. Betriebe erheblich reduziert. Daraus folgt die Veränderung der Bedeutung der haushaltlichen Ländereien, welche eine Bodenbesitz- und (im kleineren Umfange) Eigentumslandmobilität zur Folge hat. Wenn nun einerseits die ihre Betriebe aufgebenden Haushalte die Primär-

---

[1] Vgl. Kapitel 1 und R. KELES, Regional Development and Migratory Labour (mit spezifischer Behandlung der Zielsetzungen in den türkischen Fünf-Jahres-Plänen für die GAW), in: ABADAN-UNAT (1976), S. 139 - 162.

ressource Boden freisetzen, andererseits eine neue Nachfrage nach ldw. Erzeugnissen schaffen, so entsteht damit eine günstige Situation für die verbleibenden ldw. aktiven Haushalt-Betrieb-Einheiten, die wiederum z.T. ebenfalls unmittelbar (LG) an der GAW beteiligt sind bzw. beteiligt waren (LR).

Die gegenwärtige Organisation dieser ldw. Betriebe infolge der agrarstrukturellen Änderungen (damit mittelbar der GAW-Einwirkungen) und der ehemaligen GAW-Beteiligung der Haushalte (bzw. deren Nichtbeteiligung) soll im folgenden aufgezeigt werden.

4.7 Resümee

Während der GAW veränderten die ldw. Betriebe ihre jeweiligen Ackerflächen nur begrenzt und verfügten zur Zeit der Untersuchungen über durchschnittlich 10 ha ldw. genutzter Fläche je Betrieb. Allerdings verringerte sich die Anzahl der Betriebe unter dem Einfluß der GAW erheblich, was, um die freigegebenen Flächen zu nutzen, zu einer umfangreicheren horizontalen Ausweitung der Betriebe hätte führen müssen. Doch an den - als erweiterte Brache (Sozialbrache) von der landbaulichen Nutzung ausgeschiedenen - Flächen wird der Rückgang der Bedeutung der Landbewirtschaftung als Einkommenserwerb deutlich. Daraus wurde ersichtlich, daß die GAW vielen ehemals ldw. Haushalten die Abgabe des Betriebes erlaubte und somit agrarstrukturelle Wandlungen bewirkte.

Verursacht durch die Haushalte mit beiden Einkommensbereichen - ldw. Betriebsführung und Beteiligung an der GAW - kommt es zwischen den einzelnen Betrieben hinsichtlich der Ressourcenausstattungen zu einer Differenzierung, welche als Folgeprozeß sowohl die weitere erfolgreiche Entwicklung w e n i g e r als auch die Beendigung a n d e r e r Betriebe beinhalten wird; diese Entwicklung zeichnet sich bereits durch unterschiedliche Organisation, Anbaumethodik und Einkommen in den Betrieben ab.

5 Die Organisation der landwirtschaftlichen Betriebe[1]

Der ldw. Betrieb, in den Untersuchungsdörfern ein Teilsystem des ihn führenden ldw. Haushaltes, verfügt über ein Potential an Ressourcen und Rechten innerhalb des dörflichen Normenkatalogs, mittels derer die vom Haushalt gestellten Zielsetzungen erreicht werden sollen.

Im folgenden soll nunmehr die Situation aufgezeigt werden, in der sich die Betriebe unter dem Einfluß der GAW - und der dadurch veränderten Wertenormen und Ressourcenausstattungen - befinden. Aus der Produktionsrichtung der Betriebe, dem Produktionshilfsmitteleinsatz und der Betriebsorganisation soll - im Vergleich der Betriebe in den jeweiligen Haushaltsgruppierungen - die Einwirkung der GAW verdeutlicht werden.

Die nachstehenden Aussagen basieren auf den Ergebnissen der Intensiverhebung, die als Vollerhebung der ldw. Haushalte in den Gruppierungen LB, LR und LG angelegt war, während für die LO mit einer 25 %igen Stichprobe aus den 127 Haushalt-Betrieb-Einheiten dieser Gruppierung Vergleichsdaten gewonnen werden sollten[2]. Die Daten von insgesamt 144 Haushalt-Betrieb-Einheiten (ldw. Haushalten), d.h.

- 46 LO,
- 26 LR,
- 7 LB und
- 65 LG

sind die Grundlage folgender Berechnungen der durchschnittlichen betrieblichen Situationen in den und zwischen den einzelnen Gruppierungen und damit allgemein der Abhängigkeit von der GAW bzw. der Binnenwanderung.

---

1) Im folgenden mit 'Betrieb' bzw. 'ldw. Betrieb' bezeichnet.
2) Vgl. hierzu Kapitel 2.6.3 und zur Gewichtigkeit der erfaßten Haushalt-Betrieb-Einheiten in der dörflichen Ordnung Übersicht 1.

5.1 Dörfliche Bedingungen für die Betriebsorganisation

Die einzelbetriebliche Entwicklung ist begrenzt durch die Rahmenbedingungen, die im Dorf gesetzt sind. Da der einzelne Betrieb seine weit gestreuten Felder nur in der Fruchtfolgerotation des Dorfes nutzen kann, steht es dem einzelnen Betrieb nicht frei, eine Fruchtfolge oder Anbaufrüchte nach eigenem Interesse/Bedarf zu wählen. Die Weizen-Brache-Fruchtfolge bedingt ein Ausrichten der Betriebe innerhalb des Dorfes derart, daß prinzipielle Änderungen vom Dorf als Einheit vorgenommen werden müßten[1]. Nur die begrenzten Flurteile mit bewässerungsfähigen Feldern erlauben einen größeren Selbstentscheidungsbereich für den einzelnen Betrieb[2]. Aus diesem bewässerungsfähigen Land und seiner größeren Verfügbarkeit für die, die Fruchtfolge eigenständig verändernden Maßnahmen ergibt sich, wegen des höheren Anteils dieser bewässerbaren LN an der Betriebsfläche - zumindest am Eigentumsland, vgl. Tabelle 7 - in den Betrieben der LR eine größere Unabhängigkeit von der dörflichen Bedingung des Fruchtfolgesystems.

Als Folge der Abwanderung von Arbeitskräften innerhalb der GAW stiegen die Kosten für Arbeitserledigungen durch Tagelöhner erheblich an. Damit wird in den Untersuchungsdörfern die Einengung des Zuckerrübenanbaus begründet, die sich nunmehr auf ein Viertel der Fläche im Zuckerrübenanbau vor bzw. beim Beginn der GAW beschränken soll[3]. Jedoch kommen in der

---

[1] Da in türkischen Dörfern keine Einzelhöfe mit umliegenden ldw. Nutzflächen (operational holding) vorzufinden sind, sondern die LF auf viele Parzellen aufgeteilt und weitgestreut ist, ist es nach ARESVIK (1975), S. 136, irreführend, den ldw. Betrieb, Hof(farm, ciftlik) als Entscheidungseinheit zu behandeln, vielmehr sei das Dorf als eine solche anzusehen.

[2] Allerdings besteht die Gefahr, daß die Dorfherden in bestellte Felder (Zuckerrüben z.B.) einbrechen, weiden und die Anbaufrucht erheblich schädigen.

[3] Nach Informationen des damaligen dörflichen Beauftragten der Zuckerfabrik Kayseri in Gümüstepe.

Einschränkung der Zuckerrübenproduktion nicht nur die Wirkungen der GAW zum Ausdruck; sie wird auch von der ldw. Preispolitik[1] verursacht. Die GAW allerdings trug, in der Zeit der Hauptabwanderungsjahre, sehr stark durch

- die Verminderung der verfügbaren Arbeitskräfte,
- noch nicht durchgeführte Mechanisierung mit GAW-Transfergeldern,
- die Bereitstellung der Informationen über die mögliche maschinelle Arbeitserledigung[2] und
- das Anheben des Prestigeniveaus, nachdem nunmehr Handarbeiten nur noch von Frauen und Kindern ausgeführt werden können

zu dieser Entwicklung bei.

Diese allgemeine Verringerung der Anbauflächen für arbeitsintensive Hackfrüchte (aufgezeigt am Beispiel der Zuckerrüben) führte zu einer verstärkten Bedeutung des Getreideanbaus. Aus

- dem Nachwachsen der jungen Arbeitskräfte, die, nach dem Anwerbestop 1973, keine Gelegenheit zur Teilnahme an der GAW mehr erhielten, und
- dem Zufluß von Informationen über die Rentabilität des Sonnenblumenanbaues

kam es in den letzten drei Jahren zur verstärkten Aussaat der 'neuen' Hackfrucht zur Kerngewinnung. Der Verkauf dieser Sonnenblumenkerne - er war staatlich kaum beeinflußt - an freie Ankäufer erbrachte in den Jahren 1975 bis 1977 erhebliche Barerträge für die anbauenden Betriebe. Der größere Anteil der

---

1) Die Preise der wichtigsten ldw. Früchte werden jährlich von der türkischen Regierung festgelegt und damit oft Hinweise zur Wahl der Anbaufrüchte für das folgende Jahr gegeben; vgl. ARESVIK (1975), S. 99 - 107.

2) Eine Zielsetzung der nunmehr gegründeten Dorfentwicklungsgenossenschaft ist der Ankauf von Zuckerrüben- und Kartoffelerntemaschinen der Vollmechanisierungsstufe. Diese brauche man, da sonst die Hackfruchtproduktion eingeschränkt werden müsse; eine sozial-ökonomisch relevantere Zwischenmechanisierung mit halbautomatischen Geräten wird - aus Unkenntnis der Möglichkeiten - nicht diskutiert.

Sonnenblumen ergibt sich im Anbauverhältnis der LR (vgl. A11), die die Einführung dieser Pflanze in die dörfliche Anbaukultur sehr stark gefördert haben in ihrem Bemühen, mit dem Sonnenblumenanbau

- die rückgekehrten Arbeitskräfte zu beschäftigen,
- die - durch die GAW-Beteiligung ermöglichte - erweiterte Maschinenausstattung zu nutzen, sowie
- die - während der GAW-Beteiligung des Haushaltes stark angestiegenen - Erwartungen an das Einkommen zu erfüllen.

5.2 Der betriebliche Arbeitskräftebesatz

Die Grundlage für die betrieblichen Wirkungen der GAW ist ihre unmittelbare Einflußnahme durch die Verringerung der im Betriebsablauf verfügbaren Gesamtmenge an betriebseigener Arbeitskraft.

Auf der Basis des durchschnittlichen Arbeitskräftebesatzes je 100 ha LF (AK je 100 ha)[1] (vgl. Tabelle 16) wird die Wirkung der Arbeiterwanderung deutlich. Der AK-Besatz je 100 ha liegt in allen Betrieben mit direkten Kontakten zur Arbeiterwanderung (LR, LB, LG) niedriger als in der Vergleichsgruppierung (LO) und beträgt insgesamt (n = 203 ldw. Haushalte) 119.3 AK je 100 ha LF. Durch die GAW ist dieser durchschnittliche AK-Besatz je Betrieb auf 110 reduziert. Nur auf die LG bezogen wirkt sich die Senkung des AK-Besatzes weit drastischer aus. Durch die GAW wird ihr AK-Besatz von 115 auf 80 (im Durchschnitt) vermindert; das ist eine Einengung des AK-Besatzes um 30 %.

Die Streuung des AK-Besatzes je Betrieb ist ebenfalls geringer in Haushalten mit Wanderungsbeteiligung als in der Vergleichsgruppierung. Aus diesen Ergebnissen, in Verbindung mit den Daten aus Tabelle 8 zur personenbezogenen haushaltlichen Größenstruktur, in welcher die durchschnittlichen Haushaltsgrößen

---

1) Vgl. BRANDES/WOERMANN, Bd. 2 (1971), S. 90.

Tabelle 16: Der standardisierte durchschnittliche Arbeitskräftebesatz der landwirtschaftlichen Betriebe unter dem Einfluß der Gastarbeiterwanderung (AK je 100 ha LF, Variationskoeffizient)

Landwirtschaftliche Haushalte (Betriebe)	(n)	Durchschnittlicher Arbeitskräftebesatz (AK je 100 ha)		
		Insgesamt	durch GAW im Ausland	aktuell im Betrieb
- ohne Wanderarbeiter	124	130.3 331	- -	130.3 331
- mit Rückkehrer(n)	18	78.1 141	- -	78.1 141
- mit Binnenwanderung	10	70.1 108	- -	70.1 108
- mit Gastarbeiter(n)	51	115.3 214	35.1 211	80.1 219
Insgesamt	203	119.3 302	35.1 211	110.1 319

Reduzierung des durchschnittlichen AK-Besatzes durch die GAW in den ldw. Betrieben der Haushalte mit Gastarbeiter(n) von 115.3 AK je 100 ha auf 80.1 AK je 100 ha = Reduzierung um 30.5%.

Quelle: Eigene Erhebungen 1977

je Gruppierung mit Wanderungsbeteiligung einer geringeren Streuung unterliegen, leitet sich die weniger umfangreiche LF je Betrieb in der Vergleichsgruppierung ab, wie sie bereits in den Daten der Tabelle 7 zum Ausdruck kam. Viele der 127 LO, so konnte beobachtet werden, führen die aktive Bewirtschaftung ihres eigenen oder angepachteten Landes durch, um den Lebensunterhalt sicherzustellen. Diese ldw. Haushalte würden, im Falle neuer GAW-Möglichkeiten, diejenigen sein, die die Betriebe aufgeben würden, um die Beteiligung an der

GAW aufzunehmen. Sie würden auch sonstige nicht-ldw. Erwerbsmöglichkeiten wahrnehmen und damit Nebenerwerbsbetriebe schaffen[1].

Durch die Beteiligung an der GAW wird in den LG der betriebliche AK-Besatz je 100 ha von 115.3 auf 80.1 reduziert. Damit ergibt sich für diese Betriebe ein gleicher Umfang des AK-Besatzes wie für die Betriebe der LR und LB, die jeweils über 78.1 und 80.1 AK je 100 ha LF verfügen (vgl. Tabelle 16). Diese Verminderung des AK-Besatzes um 30.5 % durch die GAW--Beteiligung der Haushalte ergibt sich aus

- den relativ konstanten Betriebsgrößen[2] und
- den etwas umfangreicheren Haushalten, d.h. dem verstärkten Zusammenhalten der Familienmitglieder während der GAW-Beteiligung[3].

Aus der konstant gehaltenen Betriebsgröße und der Verminderung des betrieblichen AK-Besatzes durch die GAW folgt, daß die Betriebsorganisation in LG nicht verändert werden mußte, da vor der GAW ein Überbesatz an AK vorhanden war. Dieser Überbesatz erreichte jedoch damals nicht - wegen des umfangreicheren Eigentumslandes - die Dimension, die für die LO jetzt ausgewiesen ist; zudem unterlag der Arbeitskräfteüberschuß in den LG nicht den einzelhaushaltlichen Schwankungen wie die aufgezeigten Unterschiede in LO mit einem Variationskoeffizienten von 331[4].

Neben der Verminderung der AK durch die haushaltliche Beteiligung an der GAW kommt in betrieblicher Hinsicht auch der

---

1) Vgl. die Aussagen über die zukünftiger Bodenmobilität unterliegenden Flächen in Kapitel 4.7 und Tabelle 6, die große Anteile der ldw. Betriebe unter 2 ha in den Gruppierungen LO und LB ausweisen.
2) Vgl. Kapitel 4.1.
3) Vgl. zum Zusammenhalt der Haushalte während der GAW-Beteiligung Kapitel (4.2.2.1).
4) Vor der GAW betrug das durchschnittliche Landeigentum in LG (n = 32) 11.0 ha und LO (n = 37) 7.5 ha. Die Streuung um den Mittelwert war bei LO weiter als bei LG; die entsprechenden Variationskoeffizienten betrugen 77 und 113. Vgl. auch zur Bedeutung des Eigentumslandes für den Beginn der GAW--Beteiligung Kapitel 3.4.3.

Person des GA, bzw. den Personen, in der GAW große Bedeutung zu. In den LG sind zwar ebenfalls auch Haushaltungsvorstände GA, doch werden die Betriebe dieser Haushalte - zumeist Kleinstbetriebe - mit der Arbeitskraft und unter der Leitung heranwachsender Söhne geführt. Diese Haushalte bewirtschaften das in Zukunft potentiell als erweiterte Brache genutzte Land[1]. Mangelnde andere Beschäftigungsmöglichkeiten, der bäuerliche Wunsch nach Selbstversorgung mit Grundnahrungsmitteln und die Möglichkeiten der Bewirtschaftung mittels geringer Handarbeiten, vornehmlich durch dispositive Tätigkeiten (Lohnarbeitsaufträge), machen die Führung eines ldw. Betriebes in diesen Haushalten erstrebenswert. Die Betriebsführung dieser LG ist allerdings nur auf der Basis der Transfergelder aus der GAW finanzierbar[2]. Die Eröffnung erneuter GAW-Möglichkeiten und/oder vergleichbarer Erwerbsquellen in der Türkei würde zur Auflösung dieser Betriebe führen und so erneut bereits expandierenden Betrieben weitere Chancen gewähren.

5.3 Die Organisation des Ackerbaues

Beschränkt sich der Ackerbau in der Primärstufe der Entwicklung auf die Aussaat und Ernte einer Kultur, so wird er mit der Modernisierung zunehmend intensiver gestaltet, d.h. die Einflußnahmen in den pflanzlichen Wachstumsprozeß verändern sich derart, daß durch gezielte Nährstoffgaben, Pflanzenschutzmaßnahmen etc. das pflanzliche Wachstum optimal gefördert wird. Daraus folgt die Auswahl der Kulturpflanzen zur Maximierung des ackerbaulichen Ertrages und der Einsatz von produktionssteigernden Mitteln. Nachstehend werden die Ackerflächenverhältnisse nach den Durchschnitten je Haushaltsgruppierung und damit in Abhängigkeit von der GAW aufgezeigt; daran schließt sich die Darstellung des Umfanges der eingesetzten,

---

1) Vgl. Kapitel (4.4.1.2.2).
2) Hauptsächlich zur Bezahlung von Lohnarbeitsaufträgen bei der Durchführung der Bewirtschaftung, weniger für zusätzliche Aufwendungen für pflanzenbauliche Produktionshilfsmittel.

produktionsfördernden Hilfsmittel - ebenfalls durchschnittlich je relevanter Haushaltsgruppierung aufgezeigt - an. Der Einfluß und die Wirkungen der GAW im pflanzenbaulichen Bereich werden daraus deutlich.

"Mit der Festlegung der Organisation des Betriebes wird u.a. der Anbauumfang der Kulturen auf dem Acker bestimmt"[1]. Dieses agrarökonomische Axiom ist, in der Praxis des Betriebsvergleiches, die Grundlage der Aussagen über die Organisation - aus der Kenntnis der Ackerflächenverhältnisse - und der sie bedingenden Voraussetzungen (Prämissen). Im folgenden soll, auf den Ackerflächenverhältnissen basierend, die Organisation der Betriebe in den Aussagegruppierungen dargestellt werden.

5.3.1 Die Ackerflächenverhältnisse

Tabelle 17 zeigt die Ackerflächenverhältnisse auf, wie sie sich aus den erhobenen Betrieben innerhalb jeder Betriebsgruppierung ergeben. Deutlich wird an den aufgeführten Anbaukulturen, daß in den Untersuchungsdörfern, charakteristisch für das zentralanatolische Hochland, die Ackerwirtschaft einseitig auf Weizenanbau ausgerichtet ist. Dennoch ist Weizen nicht die stereotype Monokultur, sondern bildet erst zusammen mit den anderen beiden Hauptgetreidearten Gerste und Roggen[2] die dominante Stellung des Getreidebaues in der Ackerflächennutzung.

Mit Getreide bestellt sind durchschnittlich zwischen 54.7 % (LB) und 64.6 % (LO) der jeweiligen Felder, wobei die LG und LR mit jeweils 59 % Getreideanteil an der Ackerfläche dazwischen liegen.

Ähnlich konsistent stellt sich die Situation im Anbau von Hack-

---

1) STEINHAUSER u.a. (1972), S. 40.
2) Hafer (yulaf) wurde nur von wenigen Betrieben in geringen Mengen angebaut.

Tabelle 17: Die durchschnittlichen Ackerflächenverhältnisse
(in %)

Bodennutzung		Landwirtschaftliche Betriebe				
		ohne Wanderarbeiter	mit Rückkehrer(n)	mit Binnenwanderung	mit Gastarbeiter(n)	insgesamt
Getreide	%	64.6	59.2	54.7	59.1	60.7
Hack- und Futterkulturen	%	5.1	9.2	7.5	4.5	5.7
Brache	%	30.3	31.5	37.7	36.4	33.6
Durchschnittl. Ackerfläche (= 100%)	ha	9.9	13.0	10.6	11.0	11.0

Quelle: Eigene Erhebungen 1978

früchten und Futterpflanzen dar; 4.5 % bis 5.1 % der Ackerflächen in allen Gruppierungen sind mit diesen Kulturen bestellt. Bei diesen intensiveren Kulturen - die vor allem arbeitsaufwendiger sind - stehen die Betriebe der LG mit ihrem durchschnittlichen Anteil dieser Früchte an der Ackerfläche am unteren Ende der Skala. Dieser geringe Anteil von (arbeitsaufwendigen) Kulturen resultiert einerseits aus der Begrenzung der verfügbaren Arbeit durch den niedrigen AK-Besatz von, im Durchschnitt, 80.1 je 100 ha LF und andererseits aus der Tatsache, daß diese Früchtegruppe sich nur relativ schwer (vor allem durch den - selbst für LG-Betriebe - hohen Kapitalbedarf) mechanisieren läßt[1]. Weiterhin ergibt sich aus der vergleichsweise begrenzten Tierhaltung[2] in dieser Gruppierung

---
1) Vgl. die Ausführungen zum Mechanisierungsgrad in Kapitel 5.4.2.
2) Zur Tierhaltung vgl. Kapitel 7.1.

kein Anreiz, die Tierhaltung und den Ackerbau miteinander zu koordinieren. Im größeren Umfange bauen nur die LR die aufwandsintensiven Hack- und Futterkulturen an. Mit durchschnittlich 78.1 AK je 100 ha LF sind diese Betriebe bezüglich der Arbeitskräfte zwar weniger umfangreich ausgestattet als die vorbeschriebenen LG - doch ist die Tierhaltung vergleichsweise umfangreicher. Allerdings entfällt in diesen LR weitgehend das Einkommen, welches während der GAW-Beteiligung aus den Transferzahlungen erwuchs. Die Relevanz ldw. Aktivitäten ist deshalb gegeben, was sich durch die umfangreicheren Anteile aller vier aufgezeigten Hack- und Futterkulturen besonders verdeutlicht. Insbesondere pflanzen die LR die neu aufkommende Kulturpflanze Sonnenblume an und halten - trotz der damit verbundenen Schwierigkeiten - den Zuckerrübenanbau auf einem hohen Niveau[1].

5.3.2 Der Einsatz von Produktionshilfsmitteln

Innerhalb des Betriebszweiges Ackerbau spielt für die einzelbetriebliche Entwicklung der jeweilige Faktoreinsatz eine wichtige Rolle. Die bei der ldw. Erzeugung eingesetzten Faktoren unterliegen im Prozeß der Modernisierung einer mengenmäßigen Erweiterung und einem Neueinsatz bestimmter, der Ertragssteigerung - dem Ziel der Modernisierung - dienender Betriebsmittel.

Diese produktionssteigernden Mittel werden einerseits eingesetzt, um die Produktionsstruktur des Betriebes horizontal - d.h. proportionales Erweitern aller Einzelfaktoren - sowie vertikal - d.h. relatives Erweitern des Einsatzes eines Einzelfaktors im Vergleich mit und in Relation zu anderen - zu erweitern. In der Untersuchungsregion ist, ebenso wie in der Gesamt-Türkei, die Möglichkeit der horizontalen Produktions--(Betriebs-)Erweiterung erschöpft, so daß nur die vertikale

---

1) Vgl. Tabelle A11 im Anhang.

Erweiterung, d.h. Intensivierung der Betriebe, verbleibt[1].
Die vertikale Produktionserweiterung bedeutet zunächst, daß
auf begrenzter LF ein vermehrter Aufwand an Arbeit eingesetzt
wird. Da nun die GAW mit der betrieblichen Intensivierung mittels höheren Arbeitseinsatzes konkurriert, ist das Ersetzen
und Ergänzen von Arbeitskraft durch Betriebshilfsmittel u.a.
eine Wirkung der GAW.

An den Produktionsfaktoren Düngemittel- und Pflanzenschutzmitteleinsatz, der Zugkraftsituation und dem Einsatz von Fremdarbeitskräften sollen im folgenden das Potential, die Möglichkeiten und der Umfang der Einflußnahme der GAW auf die Betriebsorganisation aufgezeigt werden. Dazu werden an den jeweiligen
Stichproben in den Haushaltsgruppierungen die nominalen Häufigkeiten der wichtigsten Produktionshilfsmittelaufwendungen gezeigt; anschließend werden der durchschnittliche Aufwand je
Flächeneinheit sowie die relativen Anteile an den haushaltlichen, baren Einkünften dargestellt.

(5.3.2.1) Düngemitteleinsatz

Neben den durch die Fruchtfolge bedingten Nährstoffzufuhren
bringt die Modernisierung der Landwirtschaft den Einsatz von
Handelsdüngemitteln mit sich. Auch in den untersuchten Betrieben
werden z.T. zugekaufte Düngemittel eingesetzt. Dabei ergibt
sich in der Situation der Untersuchungsdörfer, daß der Handelsdüngeraufwand über die primäre Phase des Ein- bzw. Nichteinsatzes hinausreicht und sich bereits in der intensiveren Phase
des 'wieviel' an Kunstdünger[2] befindet[3].

Der hohe Anteil (28.6 %) von LO, die weder wirtschaftseigene

---

1) Vgl. WILBRANDT (1974), S. 496ff, und WITTMANN (1979), S. 203f.
2) Kunstdünger entspricht am ehesten dem von den anatolischen
   Bauern gebrauchten Wort 'fenni gübre(si)', welches wörtlich
   mit 'technischem Dünger' zu übersetzen ist.
3) Dabei ist z.Z. der Untersuchung die Situation auf dem Düngermarkt sehr stabil, d.h. die Verfügbarkeit von Mineraldüngern
   ist nicht immer gegeben.

noch Handelsdüngemittel einsetzen, unterscheidet sich in einem
Kontingenztest nicht statistisch signifikant vom Anteil (12.5 %)
der LG, die ebenfalls auf den gezielten Düngemitteleinsatz
verzichten (vgl. Tabelle A12). Aufwendungen von nur wirtschaftseigenem
Dünger - und die dabei genannten geringen Häufigkeiten
seines Einsatzes - resultieren aus der Konkurrenzsituation
um den Stallmist, der in vielen Haushalten das
Hauptbrennmaterial zum Heizen und Kochen im Winter ist; so begrenzen
die relativ teuren Ersatzbrennstoffe (Kohle, Gas und
Heizöl) den direkten Einsatz von Stallmist zur Düngung der
Anbauflächen. Selbst in den Nennungen des Einsatzes von wirtschaftseigenen
Düngemitteln beschränken sich diese z.T. auf
die Ausbringung von Asche, die aus der Nutzung des getrockneten
Stallmistes als Energiequelle für Heiz-, Koch- und Backaktivitäten[1]
im Haushalt anfällt. Aus der GAW resultieren
bezüglich der Anwendung von wirtschaftseigenen Düngemitteln
(ciftlik gübresi) keine fördernden Aspekte, denn mit der GAW
ist eine eingegrenzte Tierhaltung in den beteiligten Haushalten
verbunden. Allerdings bewirken die Geldtransferzahlungen
der GA an ihre Stammhaushalte - vor allem in Haushalten, die
zu zukünftig größeren Betrieben tendieren - einen umfangreicheren
Zukauf von mineralen Handelsdüngern. Am gebräuchlichsten
war der Einsatz von Stickstoffdüngern (azotlu), während
Phosphat- und Kalidünger nur in geringerem Umfange genannt
wurden[2].

Die Auswirkungen der GAW sind begrenzt durch Umstände, die
mit der GAW nicht verknüpft sind. So spielt die Beratung ebenso
wie die nur beschränkte Verfügbarkeit der Düngemittel -
die ausschließlich von der staatlichen Versorgungsorganisation
TZDK[3] geliefert werden - eine limitierende Rolle. Die be-

---

1) Selbst neugebaute Häuser werden oft mit einem Hausbackofen
ausgerüstet, und die Heizung dieser Neubauten basiert ebenfalls
auf dem getrockneten Stallmist (tezek).
2) Die Nennungen zum Einsatz von Düngemitteln sind in Tabelle
A12 ausgewiesen.
3) TZDK: Türkiye Zirai Donatım Kurumu.

grenzten Erfahrungen der GA zum Düngemitteleinsatz im Ackerbau in ihren Anwerbeländern machten sich dadurch deutlich, daß sie nur die sehr einfach wahrnehmbaren Beobachtungen, z.B. den Einsatz von Maschinen zum Düngerausbringen (Schleuderstreuer), umfaßten; der eigentliche Düngevorgang - welche Nährstoffe in welchen Mengen und zu welchem Zeitpunkt - blieb uneinsichtlich. Dies verdeutlicht der Ausspruch eines Rückkehrers: "Zur Düngung braucht man einen Schleuderstreuer - und solche gibt es nicht in der Türkei"[1].

(5.3.2.2) Chemische Pflanzenschutzmittel

Während der Einsatz chemischer Hilfsmittel in der Tierproduktion sich allgemein nach dem Auftreten von Krankheiten richtet[2] und in allen Aussagegruppierungen - der jeweiligen Bedeutung der Tierhaltung entsprechend - durchgeführt wird, stellt sich der Einsatz von chemischen Produktionshilfsmitteln im Ackerbau (Pflanzenschutzmittel) als noch relativ ungebräuchlich dar.

Von den in der Intensiverhebung erfaßten 92 Betrieben in Sagir und Gümüstepe gaben nur 9 (9.8 %) der Betriebe an, jemals Pflanzenschutzmittel eingesetzt zu haben. Die häufigere Nennung des Einsatzes von Pflanzenschutzmitteln in LR - mit n = 3 (23.1 %) - ist im Vergleich mit allen anderen ldw. Betrieben statistisch nicht gesichert. Doch beim Vergleich dieser LR mit den Betrieben der Stichprobe der LO ergibt sich ein Zusammenhang zwischen dem Einsatz von Pflanzenschutzmitteln und der ehemaligen Teilnahme an der GAW (vgl. Tabelle A12).

---

1) Unter den von TZDK für die Untersuchungsdörfer angebotenen Geräten und Maschinen befand sich tatsächlich kein Düngerstreuer.

2) Zeigt ein Tier offensichtlich ernstzunehmende Krankheitssymptome, so wird nach einem Dorfbewohner gerufen, von dem - aufgrund seines Vorrates an Impfstoffen und Medikamenten (Aspirin) - ein gewisses Können erwartet wird. Dieser 'Dorfarzt' verabreicht dann diese, seiner Meinung nach, notwendigen Arzneien. Er hat häufig auch die gleiche Funktion bei menschlichen Krankheiten.

(5.3.2.3) Umfang der Produktionshilfsmitteleinsätze

Die nach ihrer Verbreitung vorstehend skizzierten Einsätze an zugekauften Produktionsfaktoren 'Dünge- und Pflanzenschutzmittel' wurden bei der Intensiverhebung quantitativ in den ldw. Betrieben erfaßt. Dabei stand nicht ihr aktueller Einsatz im ldw. Produktionsprozeß im Hauptinteresse, sondern die mittels und durch sie bewegten finanziellen Ressourcen.

Wegen der Problematik der Erfassung der Betriebsdaten zu einem Zeitpunkt und speziell der Zuordnung der Betriebsmittel zu einer Anbauperiode wurden Nennungen an Betriebszukäufen in den Jahren 1977 und 1978 aufgezeigt. Die dargestellten sind die, welche für zugekaufte

- Handelsdünger,
- Saatgüter,
- Pflanzensetzlinge,
- Pflanzenschutz- und Schädlingsbekämpfungsmittel,
- Schlepperbetriebsstoffe und
- Tiermedikamente

aufgewandt wurden.

In Schaubild 5 sind nach Haushaltsgruppierungen die jeweiligen Anteile der Betriebe mit Betriebsmittelzukäufen dargestellt. Bereits hier wird deutlich, daß sich Betriebe von Rückkehrern nahezu vollständig (96 %) des Einsatzes betriebsfremder, zugekaufter Produktionsmittel bedienen. Daraus muß die Notwendigkeit der intensiveren ldw. Betriebsführung erschlossen werden, welche den Haushalten mit ehemaligen GA wichtig erscheint, um die - durch die GAW-Beteiligung - erweiterten Anspruchsnormen zu erfüllen. Dies insbesondere dann, wenn das während der GAW erworbene Geld nicht in anderen Aktivitäten[1] ertragssicher angelegt wurde. Dadurch sind die LR zur Erzielung von höheren ldw. Erträgen, damit zu einer intensiveren Landbewirtschaftung, angehalten. Diese Betriebe heben sich nach dem nominalen Einsatz von zugekauften Produktionsmitteln statistisch

---

1) Oft in dem dem Teilbaupachtsystem bei der Landbewirtschaftung ähnlichen Verfahren handelsgeschäftlicher Aktivitäten.

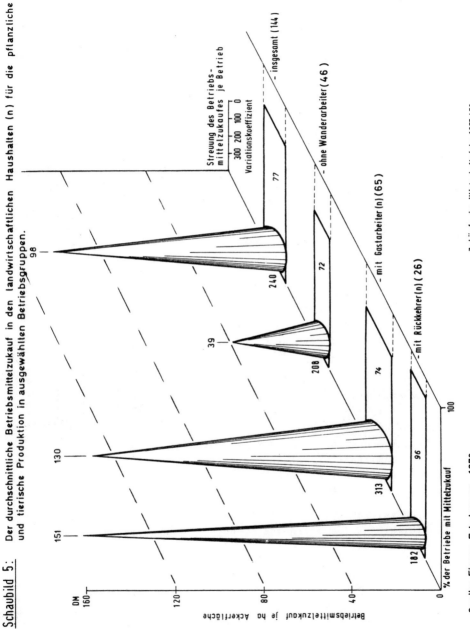

Schaubild 5: Der durchschnittliche Betriebsmittelzukauf in den landwirtschaftlichen Haushalten (n) für die pflanzliche und tierische Produktion in ausgewählten Betriebsgruppen.

Quelle: Eigene Erhebungen 1978

Zukäufe im Wirtschaftsjahr 1977/78

signifikant von den Betrieben der LO ab. Vom allgemeinen Durchschnitt aller Betriebe sind diejenigen der LR ebenfalls statistisch signifikant unterschieden, wenngleich diese Abweichungen vom allgemeinen Einsatz an zugekauften Produktionsfaktoren in den Betrieben nicht sehr groß sind (vgl. Schaubild 5, welches einen insgesamt durchschnittlichen Anteil von 77 % der Betriebsmittel ankaufenden an allen Betrieben ausweist). Gegenüber den beiden anderen aufgezeigten Betriebsgruppierungen (LG und LO) mit Anteilen der Betriebsmittel zukaufenden Betriebe von 74 % und 72 % ist die besondere Lage der LR herausgehoben.

Der Umfang des Einsatzes von zugekauften Produktionsmitteln gibt hinsichtlich zweier Belange nähere Aufschlüsse: Einerseits wird aus den für zugekaufte Betriebshilfsmittel aufgebrachten Beträgen eine mehr oder weniger ausgeprägte Marktverbundenheit erschlossen, die mit dem Verkauf von ldw. Produkten einhergehen muß - wenn nicht andere Einkünftequellen (speziell bare Einkünfte)[1] herangezogen werden können. Andererseits ist der Betriebsmittelzukauf, bezogen auf die betriebliche LF (Ackerfläche), ein Indikator für Aussagen über die Intensität der Produktionsaktivitäten; ein - wenn auch anzweifelbarer - Indikator für die Modernitätsstufe der Landwirtschaft.

Eine Möglichkeit des Erwerbes barer Einkünfte ist die GAW, aus der, mittels Transferzahlungen, viele der Betriebsmittelzukäufe finanziert werden. In Betrieben der LG steht für Betriebsmittelaufwendungen - zumindest für die Zwischenfinanzierung aus den GAW-Transferzahlungen - ein Liquiditätspotential zur Verfügung, welches Rückkehrer-Betrieben nur sehr vereinzelt, z.B. aus Rentenzahlungen, zugänglich ist.

LB sind zwar nominell ebenfalls im Besitz der potentiellen Liquidität aus Transfergeldern, doch sind die hierbei beweg-

---

1) Zur Einnahmen- und Liquiditätssituation der Haushalte und Betriebe vgl. Kapitel 6.1.

ten - bzw. möglicherweise bewegbaren - Mittel stark eingeschränkt, verglichen mit den Transferzahlungen[1] aus der GAW.

Die in Schaubild 5 ebenfalls aufgezeigten durchschnittlichen Produktionsmittelzukäufe je Betrieb innerhalb der ausgewiesenen Haushaltsgruppierungen bzw. im allgemeinen Durchschnitt sind deshalb nicht gleichwertig, sondern nur unter den o.g. Einschränkungen als Marktverbundenheit der Betriebe zu verstehen. Vollständig in den Markt integriert - zur Finanzierung der Betriebsmittel durch Erlöse aus eigenen Produkten und lokale Kredite - sind weitgehend die Betriebe ohne bzw. nunmehr ohne aktive GAW-Beteiligung (LO und LR). Diese müssen ihre Betriebsmittelzukäufe von 39 DM/ha (LO) und 151 DM/ha (LR) (vornehmlich) aus dem Verkauf der ldw. Erzeugnisse ihrer Höfe finanzieren. Verglichen mit Betrieben, die über Bargeldzuflüsse aus der Arbeiterwanderung verfügen (LB und LG), stehen die Gesamteinnahmen dieser Haushalte verstärkt im Spannungsfeld zwischen Ausgaben im konsumtiven, privaten und den Notwendigkeiten für investive Ausgaben im betrieblichen Bereich des einzelnen Haushaltes.

Den haushaltlichen Zielen bezüglich des ldw. Betriebes kommt in diesen Entscheidungen große Bedeutung zu. So dokumentiert die erhebliche Streuung (vgl. die Variationskoeffizienten, dargestellt in Schaubild 5) bezüglich des Zukaufumfanges innerhalb der einzelnen Gruppierungen die zu erwartenden ungleichen Betriebsmittelzukäufe je Betrieb, welche Rückschlüsse auf die jeweilige haushaltliche Liquidität zulassen und die weite Streuung

---

1) Neben dem Lohngefälle zwischen dem Entsendeland (Türkei) und den Anwerbeländern kommt eine wesentliche Bedeutung den Problemen bzw. der Einfachheit der Kreditgewährung durch Banken in der Türkei und in West-Europa zu. So haben ldw. Betriebe mit und durch die GA eine einfache Kreditmöglichkeit (sie soll häufig zur Anschaffung größerer Maschinen herangezogen werden), indem die GA ihren eingeräumten Dispositions-Kreditspielraum bei Banken im Aufnahmeland ausschöpfen. In grauen Tauschgeschäften können diese Kredite dann - dem Kaufwert nach - erweitert werden, bevor sie zur Bezahlung von Betriebsmitteln, Maschinen etc. eingesetzt werden.

derselben andeuten[1]. Andererseits zeigen die Streuungen bezüglich der Zukaufsintensitäten an, daß die Haushalte ihrem ldw. Betrieb verschiedene Wertigkeit und Bedeutung zumessen bzw. die Betriebe sich in ungleichen Phasen befinden. Auch hierbei wird einerseits die relativ homogene Verfassung (gegenüber den anderen Gruppierungen), andererseits die dennoch sehr unterschiedliche Situation der einzelnen Betriebe von LR angezeigt, die sich vor allem aus der Auffangfunktion der Betriebe für nicht freiwillig zurückgekehrte GA herleitet. Betriebe sind für diese Rückkehrer die (oft) einzige Möglichkeit ihres Einkommenserwerbes. In diesen, von nicht freiwillig zurückgekehrten GA geführten Betrieben, wird die Notwendigkeit des Einsatzes ertragssteigernder Hilfsmittel bei der ldw. Produktion zwar gesehen, doch sind diese Betriebe meist nicht in der Lage, gleichzeitig beides - Mechanisierung und zusätzliche Produktionsmittel - zu finanzieren. Wegen der Möglichkeiten, mit Maschinen durch die Ausführung von Lohnarbeitsaufträgen schnell bare Einkünfte zu erzielen, erhält hier die Mechanisierung deshalb den Vorrang vor der Intensivierung der ldw. Erzeugung.

Bezüglich der Zukaufintensität je ha als Indikator für den Fortschritt in den einzelnen Betrieben - d.h. auch des Wunsches der Bewirtschafterfamilie, den Betrieb zu erhalten und damit weiter zu entwickeln - unterstützt die Streuung der jeweiligen Betriebsmittelaufwendungen alle Beobachtungserfahrungen und die Ergebnisse nicht standardisierter Interviews dahingehend, daß die Einkommen des Haushaltes erst nach der Befriedigung der familiären Notwendigkeiten - unter Berücksichtigung der zumutbaren Einschränkungen - für betriebliche Aktivitäten verfügbar sind. Die Abnahme der Streuung bei den Aufwendungen für Betriebsmittelzukäufe in den Betrieben der LO - nach der Relativierung des Betriebsmittelzukaufumfanges durch die Betriebsgröße (Zukaufintensität je ha LF)[2] von 267 auf 208 zeigt einen gleichmäßigeren Einsatz von wenigen Produktionshilfsmit-

---

[1] Vgl. Kapitel 6.1.
[2] Vgl. Tabelle A13.

teln in diesen Betrieben mit keinerlei Wanderungsbeteiligung an. Die haushaltliche Notwendigkeit und die Abhängigkeit vom ldw. Betrieb als alleiniger Möglichkeit des Einkommenserwerbs vermindert die Bereitschaft zur Übernahme von Neuerungen. Die ldw. Entwicklung und der Wandel der Agrarstruktur verlaufen unter diesen Voraussetzungen sehr langsam, was durch das Vorhandensein von nur zwei Traktoren in der Gruppierung der LO, obwohl der Beginn der Mechanisierung (Traktorisierung) in die 1950er Jahre zurückreicht, deutlich wird.

Dagegen ermöglicht die Analyse der differenzierten Variationskoeffizienten nach der Relativierung des Betriebsmittelzukaufs durch die betriebliche LF (Zukaufumfang wird zu Zukaufintensität)[1] die Feststellung von spezifischen, durch die GAW direkt verursachten agrarstrukturellen Wirkungen sowie Aussagen zur potentiellen Agrarentwicklung, die nach den Darstellungen der weiteren Rahmenbedingungen der Betriebsorganisation (Maschinenausstattung, Dienstleistungen und Liquidität) abgeleitet werden können.

5.4 Die Maschinenausstattung der Betriebe

Die Zielsetzung der Bauern, 'modern' zu sein, viel Ertrag bzw. Einkommen zu erzielen, ist die Grundlage der Mechanisierungswelle in den Untersuchungsdörfern. Diese Absicht bei der Mechanisierung bewirkt hauptsächlich eine Ausstattung der Betriebe mit Traktoren, welche insofern problematisch ist, als eine Ausstattung mit Geräten, die durch den Traktoreinsatz in Gebrauch genommen werden könnten, nicht gegeben ist. Weshalb also, zusammen mit dem Traktor, auch die benötigten Geräte hinzuzukaufen wären. Da dieser Schritt erheblich mehr Mittel beanspruchen würde als in den meisten Fällen vorgesehen sind, steht ein Traktor in vielen Betrieben oft kaum genutzt umher. Im folgenden sollen deshalb die Ausstattungen der ldw. Betriebe mit Traktoren aufgezeigt werden, in Abhängigkeit

---

1) Vgl. Tabelle A13.

von der LF des Betriebes (nach Klassen) und der Zugehörigkeit
zu den Haushaltsgruppierungen. Die Bewertung (Nennung) der
einzelnen Maschinen mit dem Neuwert ist danach zum Maschinenvermögen der Haushalt-Betrieb-Einheit aufaddiert. Dadurch werden die vergangenen Aufwendungen (Ausgaben) deutlich, die, in
der Gegenüberstellung der Gruppierungen, Indikatoren für die
Einflüsse der der Klassifikation zugrunde liegenden Kriterien-
variablen sind.

5.4.1 Die Ausstattung der Betriebe mit Traktoren

Die GAW ermöglicht es den teilnehmenden Haushalten in großem
Umfange, Einkünfte zu erzielen (vgl. Kapitel 6.1). Dadurch
wird das zur Disposition stehende und damit für Investitionen
verfügbare Einkommen erheblich erweitert, und Schritte zur antizipierten Technologiestufe werden möglich/finanzierbar. Einen Schlepper zu kaufen stellt für viele Haushalte u.a. den
Grund für die Aufnahme der GAW dar. Allgemein mögen viele
Söhne von Bauern die, oft illegale, GAW aufgenommen haben in
der Absicht, mit dem 'Verdienen' des Schleppers den ldw. Betrieb ihres Vaters - und damit ihren zukünftig eigenen - zu
erhalten. Dabei haben diese GA die Ausreise mit dem konkreten
Ziel der - möglichst schnellen - Rückkehr angetreten, um dann
nach der GAW als erfolgreiche, moderne Bauern tätig zu werden.
Doch umfaßt diese Gruppe der Traktorbesitzer nur den kleineren
Anteil innerhalb der Betriebe mit Schlepperbesitz. Die meisten
Traktoren zählen zu Betrieben (Haushalten), die aktuell an der
GAW beteiligt sind. Diese Haushalte verbinden mit dem Traktorbesitz die Erreichung von drei Teilzielen, die nicht immer mit
der betrieblichen Notwendigkeit von motorischer Zugkraftausstattung einhergehen.

Das Prestige des Haushaltes wird durch den Schlepperbesitz
erheblich größer; ein solcher Haushalt ist in der Meinung

des Dorfes fortschrittlicher, moderner und erfolgreicher[1].

Die betriebliche Arbeitserledigung mittels motorischer Zugkraft als solcher - ungeachtet der tatsächlichen Kosten[2] - wird oft als die Bedingung zur Selbstbewirtschaftung der Eigentumsflächen angesehen. Diese Meinung vieler Bauern - vor allem der jüngeren - stellt den zweiten Grund des Strebens nach Traktorbesitz dar.

Ein weiteres Motiv für die Anschaffung eines Traktors ergibt sich aus dem Wunsche von - für die GAW zu jungen - Haushaltsmitgliedern, sich am Erwerb des haushaltlichen Einkommens in einem Umfange zu beteiligen, der die psychologische Minderwertigkeit gegenüber dem, durch Auslandsarbeit zum Haushaltseinkommen substantiell beitragenden, Vater oder Bruder vermindern soll. Wegen mangelnder Erwerbsmöglichkeiten - alle Handarbeiten sind wegen des damit verbundenen erheblichen Prestigeverlustes weitgehend ausgeschlossen - verbleibt den jungen Männern oft nur die Möglichkeit der Durchführung von Lohnaufträgen an Schlepperarbeiten für andere Haushalte, die, ohne über eigene motorische oder tierische - bzw. nur wenig tierische - Zugkraft zu verfügen, dennoch ihren Landbesitz eigenverantwortlich bewirtschaften, als Einkommenserwerb.

Tabelle 18 zeigt die Konzentration des Schlepperbesitzes in Haushalten mit aktueller GAW-Beteiligung und größeren ldw. Betrieben, die 10 (50 %) der 20 Schlepper besitzen. Drei (15 %) der Schlepper gehören zu den LG in der Größe zwischen 5 und 12.5 ha, sechs (30 %) der Schlepper zu den LG über 12.5 ha.

---

1) Dies beruht z.T. auf der nunmehr erreichten Mobilität und Unabhängigkeit (Stadtfahrten mit dem Schlepper, ohne an Freunde oder öffentliche Verkehrsmittel (dolmus) gebunden zu sein; mit der zusätzlichen Möglichkeit, - nahezu unlimitiert - Güter zur oder von der Stadt - dem Marktplatz - zu transportieren).

2) Die Auslastung der Schlepper in den Kleinbetrieben ist sehr niedrig. Die begrenzte Betriebsfläche sowie die einseitige Fruchtfolge sind hierfür die Gründe, die mit zur Aufnahme der nachfolgend angesprochenen Lohnarbeitsaufträge führen.

Tabelle 18: Die Verteilung der Schlepper in den landwirtschaftlichen Haushalten nach Betriebsgrößen

Betriebsgröße (LF)		Landwirtschaftliche Haushalte				insgesamt
		ohne Wanderarbeiter	mit Rückkehrer(n)	mit Binnenwanderung	mit Gastarbeiter(n)	
bis 5.0 ha	n	1	-	-	1	2
5-12.5 ha	n	1	-	-	3	4
über 12.5 ha	n	5	3	-	6	14
Summe	n	7	3	-	10	20[1]
Anteil der Betriebe mit Schleppern	%	5.5	10.3	0	15.4	8.6

Kontingenztest:
Zur Verteilung der Schlepper auf die Betriebe in Abhängigkeit von Gruppen- und LF-Größenklassenzugehörigkeit[2].

$3 \times 3 \; X^2_4 = 2.17$; Sign. = 0.7

H_o: Der Schlepperbesitz ist von der Zugehörigkeit des Haushaltes zu einer bestimmten Gruppierung unabhängig.

H_o: kann nicht abgelehnt werden.

1) Ein weiterer Schlepper ist im Besitz eines nicht-landwirtschaftlichen Haushaltes mit Gastarbeiter (NG). Insgesamt zählten die Untersuchungshaushalte damit 21 Schlepper. Für die nicht erfaßten 162 weiteren Haushalte in Cemel nannten die Dorfmeinungsmacher weitere 18 Schlepperbesitzer, davon ist ein Schlepper der gemeinsame Besitz eines Bruderpaares, welches nicht an der Gastarbeiterwanderung beteiligt ist.

2) Ausschließlich der landwirtschaftlichen Haushalte mit Binnenwanderung.

Quelle: Eigene Erhebungen 1977

Insgesamt ein Drittel der Betriebe über 12.5 ha verfügt über eigene motorische Zugkraft. Die große Zahl von Schleppern in den LO zeigt insbesondere die Verzerrung der Stichprobe an, wie sie für diese Gruppierung besteht. Zwar zählen 35 % der Schlepper zu den LO, 15 % und 50 % zu den LR und LG, aber der Einfluß der GAW wird erst im Vergleich der Betriebe deutlich. Durchschnittlich sind 8.6 % aller untersuchten Betriebe mit einem Schlepper ausgestattet. Unter diesem Durchschnitt liegen die 127 LO, von denen nur jeder 18. Betrieb über einen Schlepper verfügt, und die LB, welche keinen einzigen besitzen. Die Transferzahlungen aus der GAW sind mit der Hauptgrund für die Ausstattung der LR und LG mit Schleppern: jeweils jeder 10. bzw. jeder 6. dieser Betriebe ist im Besitz eines Traktors.

5.4.2 Die Maschinen und das Gerätevermögen der Betriebe

Die Ausstattung der ldw. Betriebe (allgemein der Haushalte) mit Maschinen und Geräten[1] als technischen Hilfsmitteln (Arbeitshilfsmittel) bringt u.a. nachfolgende Vorteile:

- Zeitersparnis,
- Verbesserung der Arbeitsqualität und
- Arbeitserleichterung[2].

Da diesen Vorteilen aus dem Einsatz von Maschinen und Geräten in Haushalt-Betrieb-Einheiten mit GAW-Beteiligung (LG) besondere Bedeutung zukommt, wird hier ein verstärkter Einsatz dieser Hilfsmittel erwartet (vgl. Arbeitshypothese (3)). Dabei werden der allgemeine Trend zur Mechanisierung im Zuge der sozioökonomischen Entwicklung, die durch die GAW verfügbaren Mittel und die Verminderung der aktuell im Betrieb einsetzbaren

---

1) Neben der staatlichen TZDK, dem größten Produzenten von ldw. Maschinen und Geräten, sollen ca. 600 Betriebe in der Türkei ldw. Maschinen und Ausrüstung herstellen. Darüberhinaus ist die Türkei auch ein wichtiger Markt für ausländische Produzenten ldw. Geräte (vgl. BUNDESSTELLE FÜR AUSSENHANDELSINFORMATIONEN (Hg.), Mitteilungen, 26, (113), Mai 1976.
2) STEINHAUSER u.a. (1972), S. 53.

AK - sich jeweils gegenseitig bedingend - derart wirksam, daß sich das Maschinen- und Geräteinventar erhöhen sollte.

Die ldw. Betriebe verfügen - soweit nicht die Landbewirtschaftung vollständig im Lohnauftragsverfahren[1] durchgeführt wird - über eine kleine Geräteausstattung, die sich auf Wagen, Holzpflug, Egge, Walze und Kleinstgeräte (Hacken, Schaufeln, Sicheln etc.) beschränkt.

In der Intensivbefragung wurde in den 229 erhobenen Haushalten das jeweils verfügbare Maschinen- und Geräteinventar mit seinem (vom Interviewten genannten) Neuwert erfaßt. Nach Haushaltsgruppierungen angeordnet, ergibt sich ein wie folgt dargestelltes durchschnittliches Maschinen- und Gerätekapital je Betrieb und Gruppierung. Der Neuwert, d.h. der Wert zum Zeitpunkt der Anschaffung der Maschine bzw. des Gerätes, wurde ausgewählt, um - neben den oben genannten Vorteilen aus dem Besitz von Maschinen, die auch aus Leihmaschinen erzielbar sind - die monetäre Verflechtung der einzelnen Gruppierungen mit den Märkten zu betonen; denn mit und aus diesen Verbindungen erwachsen die in der wirtschaftlichen Entwicklung notwendigen agrarstrukturellen Änderungen. Dabei wird die GAW in ihrer verbindlichen Wirkung deutlich.

Tabelle 19 zeigt die durchschnittlichen Werte der Maschinen- und Gerätebesätze (einschließlich der Traktoren) in DM je Betrieb und Gruppierung auf. Deutlich wird, daß jeder Haushalt über

---

1) Die Lohnauftragsbewirtschaftung bedeutet, daß die Landbesitzungen des Haushaltes von anderen Landwirten nach Anweisungen des Besitzers bewirtschaftet werden, wobei jeweils die Arbeitstätigkeit unmittelbar nach ihrer Ausführung entlohnt wird. Die Arbeiten können dabei - in Anlehnung an das Teilbausystem - während des ganzen Jahres von einem Landwirt ausgeführt oder jeder Arbeitsgang an andere Auftragnehmer vergeben werden. Das Risiko aus der Landbewirtschaftung im Lohnauftragsverfahren verbleibt in jedem Falle vollständig auf der Seite des Auftraggebers. Insbesondere die Schlepperbesitzer neigen zu diesem Verfahren, sichert es ihnen doch die Möglichkeit zu, risikoarm freie Kapazitäten ihres Schleppers einzusetzen.

Tabelle 19: Der durchschnittliche Maschinen- und Gerätebesatz der Haushalte nach Gruppierungen (in DM)

Haushaltsgruppierungen	n	Maschinen- und Gerätekapital	
		durchschnittlich je Haushalt (DM)	Variationskoeffizient
Nicht-landwirtschaftliche Haushalte			
- ohne Wanderarbeiter	17	126	113
- mit Rückkehrer(n)	4	232	29
- mit Gastarbeiter(n)	64	716[1]	359
Zwischensumme	85	575 / 295[2]	294
Landwirtschaftliche Haushalte		Index	
- ohne Wanderarbeiter	46	954 35	295
- mit Rückkehrer(n)	26	3237 118	183
- mit Binnenwanderung	7	270 10	65
- mit Gartenarbeiter(n)	65	4071 149	193
Zwischensumme	144	2740 100	222
alle Haushalte der Intensiverhebung	229	1936 71	268

1) Durch den Schlepperbesitz eines Haushaltes resultiert dieser hohe durchschnittliche Wert. Den Schlepper negierend, würde dieser Wert ca. 1/2 des angezeigten betragen.

2) Schätzung ohne den Schlepperwert einzubeziehen.

Quelle: Eigene Erhebungen 1978

eine Basisaustattung von Geräten verfügt (nicht-ldw. Haushalte ca. 295 DM), die zumeist für die Tierhaltung benötigt werden (Milchzentrifuge, Gefäße etc.). Die Geräte- und Maschinenausstattungen der vier Gruppierungen von ldw. Haushalten unterscheiden sich signifikant[1] voneinander, wodurch die Bedeutung der Transferzahlungen aus der GAW-Beteiligung der Haushalte für den Umfang ihrer Ausstattungen mit Maschinen und Geräten verdeutlicht wird.

Sowohl LR als auch LG verfügen über beträchtliche Maschinenausstattungen[2]. Dennoch halten viele Haushalte dieser Gruppierungen nur den traditionellen Maschinenpark (vgl. die Streuungen in Tabelle 19) und verlassen sich auf die Vergabe von Lohnarbeitsaufträgen zur Durchführung der Landbewirtschaftung.

5.4.3 Gastarbeiterwanderung und Mechanisierung

Die Mechanisierungswelle in den untersuchten Haushalten ist nur eine mittelbare Folge der GAW, wenngleich die betriebliche Mechanisierung in den untersuchten Dörfern ohne die GAW nicht so schnell den nunmehr erreichten Umfang angenommen hätte. Der Besitz der 7 Schlepper von LO ist nicht auf die unmittelbare Wirkung der GAW zurückzuführen, jedoch darf für die weiteren 14 Schlepperkäufe die GAW als auslösendes, ermöglichendes Faktum unterstellt werden.

Die Schlepper- und Maschinenkäufe von nicht an der GAW betei-

---

1) Die einfache Varianzanalyse über die vier Gruppierungen ldw. Haushalte ergab mit 3 und 140 Freiheitsgraden einen F-Wert von 2.8, der signifikant ist mit 0.04. Damit ist die Einflußnahme der Arbeiterwanderung, vor allem die der GAW, von nachgewiesener Bedeutung für die Maschinen- und Geräteausstattung der ldw. Haushalte.

2) Diese hohen durchschnittlichen Maschinenbesätze resultieren hauptsächlich aus den Werten der Schlepper. Zusatzgeräte wie Sämaschinen, Bodenbearbeitungsgeräte und hochwertige Transportausrüstungen (einachsige und/oder zweiachsige Ackerwagen) sind ebenfalls an den Schlepperbesitz gebunden. Diese Tatsache wird durch die große Streuung (Variationskoeffizienten zwischen 65 und 295) dokumentiert.

ligten Betrieben (LO) resultieren vor allem aus zusätzlichen
Einkünften aus der ldw. Primärproduktion nachgelagerten Bereichen. Diese betriebliche Erweiterung in den vertikalen Verbund (Vermarktung von Tieren, Getreideprodukten und z.T. auch
Kreditgewährung) ist in den wenigen fortgeschrittenen Betrieben
(den 7 Schlepperbetrieben) das Ergebnis einer langfristig ausgebauten und erfolgreich eingesetzten, besonderen haushaltlichen Stellung im dörflichen Wohlstands- und Prestigerahmen.
Auch wenn die Gruppierungen von ldw. Haushalten sich in ihrem
Maschinen- und Gerätekapital statistisch signifikant unterscheiden, wird durch die sehr hohe Streuung innerhalb jeder
der Gruppierungen diese Differenzierung der Maschinen- und
Geräteausstattung relativiert.

Mit den durchschnittlich geringeren, in Maschinen und Geräten
angelegten Werten in den LO ist die größere einzelbetriebliche Ungleichheit verbunden, die aus den unterschiedlichen
haushaltlichen Ressourcenausstattungen resultiert. Die Schlepperbetriebe, die zu den LO zählen, verfügen häufig über einen
umfangreicheren Maschinenbesatz als die kleineren Betriebe
der LG. Doch ergibt sich aus der großen Ungleichheit der Maschinenvermögen innerhalb der LO (der Variationskoeffizient
von 295 in Tabelle 19 zeigt dies an), daß viele Kleinstbetriebe
(vgl. den Anteil von 19 % in Tabelle 6) kaum die für nicht-
-ldw. Haushalte genannte Grundausstattung an Maschinen und
Geräten besitzen.

Den LG kontinuierlich zufließende Transfergelder[1] aus der
GAW, die nunmehr, nach der Modernisierung des Wohnhauses[2],
zur Ausstattung der ldw. Betriebe mit Maschinen eingesetzt
werden, bewirken ihr hohes Maschinen- und Gerätekapital. Aus
der großen Streuung (V = 193) der Maschinenausrüstungen
zwischen den LG dokumentiert sich, daß viele Haushalte mit
aktueller GAW-Beteiligung zwar einen ldw. (Kleinst-)Betrieb

---

1) Vgl. Kapitel 6.1.4.
2) Vgl. Kapitel 7.2.

unterhalten, diesen jedoch noch nicht allgemein mechanisieren[1].
Zwischen den LR und den potentiell Transferzahlungen erhaltenden LG ist die Ausstattung mit Maschinen und Geräten nicht statistisch signifikant unterschiedlich[2]. Daraus läßt sich folgern, daß die um ca. 25 % geringere Maschinenausrüstung in LR gegenüber LG bei fast gleichen Streuungen (V = 183, 193) durch Rückkehrer ausgelöst ist, die nicht zum eigenbestimmten Zeitpunkt die GAW beendeten. Zur Rückkehr gezwungen, konnten sie durch die GAW weder die zur Mechanisierung benötigten Gelder erwerben, noch die - mittels GAW - antizipierte Abwanderung aus dem ldw. Sektor durchführen. Damit sind diese Rückkehrer oft zur Nutzung von Eigentums- oder Zupachtland angehalten, um so Einkommen zu erwirtschaften.

5.5 Der Dienstleistungsmarkt

Die Ausstattung eines ldw. Betriebes mit Boden, betriebseigenen AK und Maschinen begrenzt die Kapazität des Betriebes in der Produktion. Wenn alle vorgenannten Faktoren im optimalen Verhältnis zueinander stehen, ist unter den geltenden Wertnormen und Anspruchsniveaus eine stationäre Situation erreicht. Aus einer Veränderung derselben bzw. einer nicht optimalen Kombination von Produktionsfaktoren ergibt sich einerseits eine Angebotssituation für überschüssige Faktoren und andererseits eine Nachfrage nach limitierten Produktionsfaktoren.

Im Bezugssystem der Untersuchungsdörfer standen die Einsatz-

---

1) Insbesondere Haushalte, deren Zielsetzung für die GAW-Beteiligung nicht sicher definiert ist, die die potentielle Rückkehr zur ausschließlichen Landbewirtschaftung - wenngleich unter vermehrtem Einsatz betriebsfremder Maschinen - offen halten wollen.
2) Im T-Test zwischen den beiden in Tabelle 19 aufgezeigten Gruppierungen LR und LG.

faktoren ebensowenig optimal zueinander wie in der Türkei[1] allgemein; deshalb wurde die GAW primär möglich. Darüberhinaus beeinflußt die GAW das Normengefüge und die Anspruchserwartungen der Herkunftshaushalte und -dörfer der GA. Diese veränderten Erwartungen, etwa die durch die GAW z.T. verstärkte Mechanisierung, verbunden mit dem durch die GAW verringerten AK-Bestand sowohl in den Dörfern allgemein als auch in den 65 einzelnen LG, förderten die Zunahme der innerhalb des Dorfes nachgefragten bzw. angebotenen Dienstleistungen. Der GAW kommt in dieser Entwicklung eine führende Rolle zu: a) durch die Verknappung der Arbeitskräfte und b) durch die gleichzeitige Bereitstellung von - zur Bezahlung der Dienstleistungen unbedingt notwendigen - Geldern aus den Remissionen. Mit diesen Geldern wird einerseits der Anreiz zur Übernahme der Dienstleistungen geschaffen[2], andererseits den auftraggebenden Haushalten die Bezahlung der Dienstleistungen ermöglicht. Die Erfahrungen der GA machen sich im Dienstleistungsmarkt der Dörfer allerdings derart bemerkbar, daß unangenehme, zeitlich unpassende Arbeiten (Handarbeiten und Erntearbeiten, z.B. während des Fastenmonats) nur mit beträchtlichen Entlohnungen organisiert werden können.

5.5.1 Lohnaufträge zum Ausgleich unterproportionaler Ressourcen

Die Betriebe sind nur in sehr wenigen Fällen so vollständig mit Arbeitshilfsmitteln zur Bewältigung aller anfallenden Arbeiten - auf der Grundlage ihrer Technologiestufe - ausgestattet, um diese selbständig ausführen zu können. Die meisten ldw. Betriebe sind auf Fremdarbeiter bzw. -maschinen und -geräte angewiesen, was der dörflichen Austausch- und Leihmentalität gerecht wird. Dabei werden zwischen den Betrieben innerhalb

---

[1] Die Unterbeschäftigung, versteckte Arbeitslosigkeit etc. ist vielfach belegt. Vgl. z.B. KUHNEN (1966), OSTERKAMP (1967), HERSHLAG (1968) und ARESVIK (1975).

[2] Wie z.B. das Bemühen der nachgeborenen Söhne von schlepperbesitzenden Haushalten, die nach (Bar-)Einkünften streben.

der beiden Gruppierungen LO und LG - die Ausgangsvoraussetzung ist die von der GAW mitgeschaffene Situation - vor allem Maschinen (maschinelle Arbeitserledigung) gegen Handarbeit ausgetauscht. LO bieten Arbeitskräfte an, die hauptsächlich von den LG nachgefragt werden[1]. Zunehmend steht diesem Handarbeitsangebot aus LO auch ein solches aus LG zur Konkurrenz, welches aus dem Potential an AK aus nachwachsenden Mitgliedern von GAW-beteiligten Haushalten (LG und NG) erwächst.

Durchschnittlich gab jeder der erfaßten 46 aus den 127 LO im Jahr 1977/78 442 DM für die Erledigung von Arbeiten durch betriebsfremde Arbeitskräfte und Lohnmaschinen aus. Vor allem beziehen sich diese Ausgaben auf die Durchführung von schlepperabhängigen Transport- und Bestellungsarbeiten, die zumeist von den LR und LG ausgeführt werden, da diese Haushalte 65 % aller Schlepper besitzen. Insgesamt 108 (76 %) der in der Intensiverhebung erfaßten ldw. Betriebe lassen, mehr oder weniger umfangreich, Arbeiten durch betriebsfremde Arbeitskräfte ausführen bzw. mittels Lohnaufträgen erledigen.

Die auftraggebenden 108 Betriebe wenden durchschnittlich jeweils 468 DM (vgl. Tabelle 20) für Lohnarbeitsaufträge auf. Die Anteile der Fremdarbeitsaufträge vergebenden Betriebe innerhalb jeder Gruppierung korrelieren negativ mit dem durchschnittlichen Maschinen- und Geräteinventar[2]. Je mehr frühere Investitionen (Maschinenkäufe) ein Betrieb getätigt hat, desto weniger benötigt er betriebsfremde Aktivitäten bei der Bewirtschaftung; dennoch verbleibt ein umfangreicher Handarbeiterbedarf, der durch maschinelle Dienstleistungen für andere Betriebe leicht beglichen wird[3]. Da die Maschinen und Geräte sich in

---

1) Häufig zur Begleichung der von schlepperbesitzenden Haushalten geleisteten maschinellen Arbeitsgänge. Vor allem sind es Frauen, die bei diesen Arbeiten eingesetzt werden.
2) Vgl. zum Maschineninventar Tabelle 18 und 19.
3) Allerdings sind Kosten der Arbeitserledigung durch die dörfliche Beteiligung an der GAW in erheblichem Ausmaße ansteigend.

Tabelle 20: Die durchschnittlichen Ausgaben für Arbeitserledigungen durch Dienstleistungsaufträge (in DM)

Landwirtschaftliche Haushalte	n	Anzahl der Haushalte mit Dienstleistungsaufträgen		
		absolut	%	durchschnittlicher Auftragsumfang (DM)
- ohne Wanderarbeiter	46	40	87.0	442
- mit Rückkehrer(n)	26	20	76.9	484
- mit Binnenwanderung	7	7	100	365
- mit Gastarbeiter(n)	63	41	65.1	503
insgesamt	142	108	76.1	468

Kontingenztest:

Die Vergabe von Dienstleistungsaufträgen in den landwirtschaftlichen Haushalten mit bzw. ohne Beteiligung an der Gastarbeiterwanderung

$2 \times 2 \; X_1^2 = 5.49$; Sign. $= 0.02$; Phi $= 0.2$;

H_o: Die Teilnahme des Haushaltes an der Gastarbeiterwanderung bewirkt keine statistisch signifikante Abweichung in der Nachfrage nach Dienstleistungen.

H_o kann nicht abgelehnt werden

Quelle: Eigene Erhebungen 1978

den Betrieben mit GAW-Beteiligung konzentrieren, zeigt sich auch der höchste Anteil der ohne Fremdhilfe arbeitenden Betriebe in dieser Gruppierung.

Nach den Erhebungsergebnissen setzen 22 (34 %) der LG keine betriebsfremden AK und Maschinen gegen Bezahlung ein. Auf den

Einsatz von betriebsfremden AK können diese Betriebe trotz ihres hohen Besatzes an betriebszugehörigen AK - vor allem beim Spitzenbedarf an noch nicht mechanisierten Arbeiten, z.B. Hackfruchtpflege und -ernte - dennoch oft nicht verzichten; kurzfristige Hilfestellungen bei der Arbeitserledigung erfolgen dann zumeist durch Nachbarschaftshilfen, die häufig mit Transfergütern (Radio, Bekleidung etc.) aus der GAW entlohnt werden.

5.5.2 Der außerbetriebliche Einsatz von Faktorausstattungen

Im Hinblick auf Arbeiten, die außerhalb des eigenen Betriebes durchgeführt werden, liegen die LR deutlich vor den Betrieben der LO und LG[1]. Diese Arbeiten ergeben sich aus den verfügbaren Kapazitäten. Schlepperbetriebe übernehmen die Ausführung der motorische Zugkraft erfordernden Arbeiten sowie z.B. die Bodenbestellung (Pflügen, Eggen, Durchführung der Einsaat und die Pflegearbeiten an der regulären Brache), Transportarbeiten und die Bereitstellung der Antriebsleistung (z.B. beim Einsatz der Dreschmaschine). Betriebe mit tierischen Zugkräften setzen diese bei Tätigkeiten ein, bei denen ihnen ein Vorteil direkter Art (z.B. bei Hackfruchtpflegearbeiten) erwächst bzw. sie in der Konkurrenz mit den Traktoren indirekte Vorteile (Abbau von Engpässen in Arbeitsspitzen, z.B. bei Transportarbeiten) wahrnehmen können. Arbeitskräfte (Arbeit als solche) werden zwar von den GAW-beteiligten ldw.Betrieben nur in geringem Umfang verfügbar gemacht, doch wurde keine Ablehnung derartiger Arbeiten im Falle ausreichender AK-Verfügbarkeit festgestellt[2].

Die Tendenz zur Übernahme von Lohnarbeiten zeigt sich in Tabelle 21 an den Anteilen der Lohnarbeitsaufträge übernehmenden

---

1) Die Gruppierung LB ist in diesen Darstellungen ausgeschlossen, da die Einkommen aus innerdörflichen und innertürkischen Wanderungsaktivitäten nicht ausschließlich einzuordnen waren; vgl. Tabelle 21.
2) Besonders traditionelle Handarbeiten (Schafe waschen z.B.) wurden von Rückkehrern aus der GAW ebenfalls ohne Einschränkung ausgeführt.

Tabelle 21: Die durchschnittlich aus der Durchführung von
innerdörflichen Arbeitsaufträgen erzielten Einkünfte je Haushalt und Haushaltsgruppierung

Haushaltsgruppierungen	n	Lohnarbeitsaufträge annehmende Haushalte		
		absolut	%-Anteil	durchschnittl. Einkünfte(DM)
Nicht-landwirtschaftliche Haushalte				
- ohne Wanderarbeiter	16	7	43.8	1209
- mit Rückkehrer(n)	4	-	-	-
- mit Gastarbeiter(n)	63	6	9.5	1441
Zwischensumme	83	13	15.7	1318
Landwirtschaftliche Haushalte				
- ohne Wanderarbeiter	45	15	33.3	1237
- mit Rückkehrer(n)	25	9	36.0	1524
- mit Gastarbeiter(n)	64	19	29.7	1774
Zwischensumme	134	43	32.1	1535
alle Untersuchungshaushalte	217	56	25.8	1484

Quelle: Eigene Erhebungen 1978

Haushalte. Nehmen durchschnittlich 32 % der ldw. Haushalte
Lohnaufträge an, so sind nur 29 % der LG mit Dienstleistungen
für andere Haushalte befaßt. Diese wiederum sind überwiegend
diejenigen, die über relativ große AK-Potentiale und/oder eine
umfangreichere Maschinen- und Geräteausstattung (alle Traktorbesitzer in diesen LG) verfügen. Damit ist einerseits die Notwendigkeit der dörflichen Einkommen für nicht zu LG gehörende Be-

triebe angezeigt, andererseits wird aber auch die Zielsetzung einiger LG kenntlich, die betrieblichen Kapazitäten auszulasten.

5.6 Betriebsorganisation und Gastarbeiterwanderung

Die vorhergehend skizzierten Einflußnahmen der GAW auf die dörflichen (klein-)ldw. Betriebe durch die Verminderung des betrieblichen Arbeitskraftpotentials führte in der Organisation dieser Betriebe (mit Ausnahme der in Kapitel 4.5 genannten drastischen Änderungen durch Betriebsaufgaben) weder zu einer durchgreifenden Umorganisation der ackerbaulichen und tierischen Produktion noch zu einer Integration beider Bereiche.

Eingebunden in die dörfliche Flurordnung und die traditionelle Fruchtfolge, die mit die Grundlage für die kommunal organisierte Tierproduktion darstellt, ist den einzelnen ldw. Betrieben, die mittels ihrer Bewirtschafterhaushalte an der GAW teilhaben, das - oft gewünschte - Ausbrechen aus der gewachsenen Betriebsorganisation nicht oder nur graduell möglich. Dabei kommt der GAW unterschiedliche Bedeutung zu:

- in Haushalten, in denen die Beteiligung an der GAW mit der Zielsetzung der Modernisierung des ldw. Betriebes aufgenommen wurde - in denen die GAW-Beteiligung zum Zeitpunkt der Erhebungen deshalb bereits abgeschlossen war -, wurden die in den Hypothesen (3) und (4) angesprochenen Möglichkeiten ausgeschöpft. Durch verstärkte Mechanisierung, vermehrte Einsätze von Produktionsmitteln (Saatgut, Dünger, Pflanzenschutzmittel etc.) und/oder Vergabe von Lohnarbeitsaufträgen wurde die Erweiterung der ldw. Erzeugung angestrebt, ohne den eigenhaushaltlichen Arbeitsaufwand zu erhöhen. Durch gezielte Kapitaleinsätze (vgl. Tabelle A13) versuchen die LR (und auch einige der größeren LG) sowohl der stärkeren Gewinnmaximierung (Hypothese (12)) als auch einer günstigeren Arbeitsproduktivität (Hypothese (14)) nachzukommen, allerdings im Rahmen der dörflichen - vom Einzelbetrieb begrenzt beeinflußbaren - Bewirtschaftungsnormen.
- Haushalten, in denen mit der GAW-Beteiligung keine spezifische Zielsetzung verbunden war, oder die diese konkrete Zielsetzung

wegen erzwungener (kurzer) GAW-Beendigung (-Beteiligung) nicht erreichen konnten, fehlen die Voraussetzungen (knappe Maschinenausrüstungen, begrenzte Bareinnahmen etc.), um selbst die vorgenannten, graduellen Änderungen der Betriebsorganisation einzuleiten. Die Haushalte bzw. ihre ldw. Betriebe sind durch die GAW-Beteiligung in komparative Nachteile/Schwierigkeiten gekommen, die die Abgabe der Betriebe im Falle anderer Möglichkeiten der Einkommensgewinnung (z.B. in ländlichen Industrien) zur Folge hätten.

Mit zunehmender Verringerung der Anzahl von ldw. Betrieben - eingeleitet durch die GAW und erneut gefördert durch evtl. neuentstehende ländliche, nicht-ldw. oder der Landwirtschaft nachgelagerte Betriebe (Aktivitäten der Arbeitnehmergenossenschaften und -gesellschaften) - ergab sich bzw. würde sich die Modernisierung der Betriebsorganisation ergeben, vor allem hinsichtlich der Anbauverfahren, eingesetzter Produktionseinrichtungen, -faktoren und -mengen. Insbesondere begann mit der GAW (und den damit eröffneten sektoralen Wanderungsmöglichkeiten) die Neubewertung der traditionellen ländlich-ldw. Wertvorstellungen und die Realisierung der bereits seit der Republikgründung 1923 angestrebten 'Westernisierungsideale'. Vor allem die Einstufung der Betriebe als geschäftsmäßige Einrichtungen wurde von der GAW gefördert und

- das Verbleiben der Höfe in existenzfähigen, notwendigerweise zunehmend größeren Einheiten ermöglicht (besonders durch den Verzicht auf die Hofteilung (Realteilung) am Ende/Neubeginn des haushaltlichen Zyklusses, d.h. durch die Übertragung der Nutzungsrechte auf eine der teilungsberechtigten Personen);
- die höheren Einsätze von Produktionshilfsmitteln (vgl. Schaubild 5 und Tabelle A13) in den GAW-beteiligten Betrieben resultieren aus den absolut umfangreichsten Bareinnahmen dieser Haushalte. Wodurch die, von den 'erzwungenen Rückkehrern' abgesehen, bewußte Wahl der Landbewirtschaftung als Erwerbszweig nach der Beendigung der GAW dieser Haushalte unterstrichen wird.
- Der vermehrte Kapitaleinsatz (Hypothese (6)) unmittelbar auf den eigenen Betriebsflächen bzw. - in den Lohnarbeitsauf-

trägen - auf den Flächen anderer Betriebe (vgl. Tabelle 21) führt zu einer besseren Auslastung der AK-Besätze und Maschinen- und Gerätevermögen (vgl. Tabelle 19) der LR. Die Betriebsorganisation, sowohl in den LR als auch in den LG, wird vor allem durch die während der GAW erzielte höhere Mechanisierungsstufe beeinflußt. Die bewußten Versuche, diese erweiterten maschinellen Ressourcen zu nutzen, ziehen u.a. auch die Bereitschaft zum Einsatz der Produktionsmittel (Dünger, Saatgut und Pflanzenschutzmittel) nach sich, wobei vor allem in LR fehlende Bargelder zum begrenzenden Faktor werden; LG dahingegen haben den absoluten Vorteil, von Liquiditätsproblemen - d.h. von den ebenfalls begrenzten lokalen Kreditmöglichkeiten - weitgehend frei zu sein.

5.7 Resümee

Durch die, auch für die ldw. Betriebsführung, in der Verbundenheit der Dorfhaushalte festgelegten Entscheidungsfreiräume vermochten die Einflußnahmen der GAW betriebliche Neuerungen nur im begrenzten Ausmaß zu bewirken. Doch die GAW-geförderten Veränderungen (gesteigerte Betriebsmittelaufwendungen, vergrößerte Maschinenausrüstungen, optimaler Risikoausgleich durch den dorfweiten Einsatz betrieblicher Ausrüstungen wie zusätzlich die Vergabe von Lohnarbeitsaufträgen - jeder dieser Aspekte wird in einem sehr situationsbedingten Rahmen genutzt) unterstützen nur eine Anzahl von ldw. Haushalten. Damit geht eine fortschreitende Auseinanderentwicklung der Bewirtschaftungsweisen des Landes - und längerfristig somit der dörflichen Einkommens- und Wohlfahrtsverhältnisse - einher, welche zu der erwarteten weiteren Verringerung der ldw. Betriebe bzw. der Vergrößerung einzelner Betriebe beitragen wird.

6 Einkommen und Lebensstandard

6.1 Die Einkünfte der Haushalte

Die Lebensverhältnisse, der Lebensstandard der Familien, sind infolge der Beteiligung der ersten dörflichen Haushalte an der GAW im Wandel. Die bereits vor der GAW-Beteiligung von Dorfmitgliedern im Modernisierungstrend antizipierten Wünsche nach Radio-, Fernsehgeräten etc. werden durch die GAW verstärkt. Die mit den neu zufließenden Informationen angehobenen Anspruchserwartungen bringen es mit sich, daß der ldw. Betrieb, der ehemals einzige Erwerbsbereich des Haushaltes, mit anderen Augen betrachtet wird. Hatte der ldw. Betrieb vormals die Aufgabe, durch die Produktion von Grundnahrungsmitteln den Fortbestand des Haushaltes sicherzustellen, so trägt er nunmehr - im Zuge der allgemeinen Modernisierung/Entwicklung - auch zur Erzielung von Einnahmen[1] bei. Die Bereitstellung von Grundnahrungsmitteln, welche zunehmend von dörflichen Geschäften bezogen bzw. zumindest bezogen werden können, verliert mit steigendem Lebensstandard an Bedeutung, wohingegen monetäre Einkünfte im Rahmen der ldw. Betriebsführung das wachsende Interesse der Besitzer/Bewirtschafterhaushalte hervorrufen.

Mit der GAW, welche mit monetären Einwirkungen - mittels der o.g. Transfergelder - ein weiteres Mittel zur Beeinflussung der entsendenden Gesellschaften beinhaltet, wird die Wichtigkeit der autarken Selbstversorgung relativiert. Die Einkünfte aus der GAW erlauben es, die mit der Modernisierung aufgekommenen Wünsche nach neuen Verbrauchsgütern unmittelbar zu erfüllen. Ldw. Erzeugnisse ermöglichen dieses Eingehen auf die erweiterten Konsumansprüche nur mittelbar - nach der Vermarktung derselben; vorausgesetzt, nach der Deckung des Eigen-

---

[1] Einnahmen = Geldmäßiger Gegenwert für an andere Unternehmen bzw. Fremdhaushalte abgegebene Produkte und Produktionsfaktoren (BEGRIFFSSYSTEMATIK, S. 65).

bedarfs stehen ldw. Erzeugnisse zur Vermarktung bereit. Die haushaltliche Beteiligung an der GAW bewirkt deshalb, entsprechend den haushaltlichen Rahmenbedingungen (Familienzyklus, Landbesitz etc.)[1] einerseits die o.g. Betriebsaufgaben (und die weitgehende Deckung des Grundnahrungsmittelbedarfs aus Pachtzahlungen in Form von Naturalien bzw. über den Markt), andererseits die Fortsetzung der Betriebsbewirtschaftung mit den aus den Transferzahlungen erzielten zusätzlichen finanziellen Ressourcen, die sowohl dem Betrieb (Betriebshilfsmittel) als auch dem Haushalt (Konsumgüter) zufließen können.

Aus den Erträgen der GAW (speziell den Transferzahlungen) resultiert eine Verlagerung der relativen Bedeutung einzelner Einnahmequellen (wie Tierhaltung, Ackerbau, dörfliche Dienstleistungen etc.), wodurch die Zielsetzung des Bewirtschafterhaushaltes betreffs dieser Aktivität und damit insgesamt die allgemeine ldw. Entwicklung beeinflußt wird. Deshalb erscheint es relevant, bei der Darstellung der Einflußnahmen - die durch und aus der GAW auf die entsendende Gesellschaft wirksam werden - die monetären haushaltlichen Einkünfte zu betrachten, wie sie sich in den Untersuchungshaushalten ergeben. Den Einnahmen und ihrer Verwendung[2] kommt für die agrarstrukturelle Entwicklung in den Untersuchungsdörfern Bedeutung zu[3].

Um die Relevanz der Einnahmen im Hinblick auf die zukünftigen Einkommensentwicklungen zu analysieren, werden die Einkünfte aus den verschiedenen Entstehungsbereichen, ihrem Umfang nach, miteinander in Beziehung gesetzt. Daraus lassen sich die Ansätze zur Erklärung des agrarstrukturellen Wandels (vgl. Kapitel 4 und 8) und Tendenzen zur zukünftigen potentiellen Ent-

---

1) Vgl. hierzu Kapitel 4 und 5.
2) Die Einkommen der Haushalte konnten nicht aktuell ermittelt werden. Deshalb werden hier jeweils Einnahmen den Ausgaben gegenübergestellt.
3) Vgl. hierzu z.B. SCHULZ-BORK und TIEDE (1976) sowie de HAEN (1977) und KUHLMANN (1977).

wicklung der ldw. Betriebe in jeder Haushaltsgruppierung ableiten[1].

6.1.1 Landwirtschaftliche Erträge[2]

Durch die einmalige Befragung der Betriebsinhaber (bzw. - stellvertretend - ihrer Ehefrauen und erwachsenen Söhne) in der Intensiverhebung wurden die Daten für den Umsatz (Vermarktung und Selbstversorgung) der Betriebe an ldw. Erzeugnissen erhoben. Deshalb sind die nachfolgend aufgezeigten ldw. Erträge nur als Schätzwerte bzw. Richtwerte zu betrachten und nicht als Ergebnisse aus einer konkreten alljährlichen Buchführung. Die in ortsüblichen Maßeinheiten erfaßten Mengen an ldw. Erzeugnissen aus jedem Betrieb, welche im Wirtschaftsjahr 1977/78 dem Haushalt (Naturalentnahme) bzw. den Märkten (Einnahmen) zugeführt wurden, unterlagen der Bewertung mit den 1978 in den Untersuchungsdörfern geltenden loko-Hof-Preisen.

Die betrieblichen Angaben über die auf den Markt gebrachten Mengen ldw. Produkte sind mit den (in Tabelle A9) angegebenen dorfüblichen Preisen bewertet und in die Errechnung der ldw. Einnahmen aufgenommen worden. Neben den vermarkteten pflanzlichen und tierischen Erzeugnissen gingen in diese ldw. Ertragsrechnung auch die Erlöse aus der Vermarktung von Lebendvieh sowie die Einkünfte aus den für andere ldw. Betriebe ausgeführten Arbeiten ein. Einbezogen sind hierbei ebenfalls Entlohnungen für Tätigkeiten, die kurzfristig im sich im Aufbau befindlichen Bewässerungsprojekt verrichtet wurden.

---

1) Vgl. hierzu PENNINX, R. und VAN VELZEN, L. in ABADAN-UNAT u.a. (1976), S. 312 - 321, Changes in Income Distribution and Related Changes in Power Relations. Für den o.g. Landkreis Bogazliyan wird darin festgestellt, daß die wenig Einkommen erzielenden, an der GAW nicht beteiligten Bauern und Lohnarbeiter ausgeprägte Nachteile aus der Einkommensentwicklung unter GAW-Einwirkungen hatten.

2) Nach der Betriebsertragsrechnung (BEGRIFFSSYSTEMATIK, S. 87) allerdings werden die Mehr-/Minderbestände an selbsterzeugten Gütern und Vieh nicht und die Werte der Naturalentnahmen eigens ausgewiesen.

(6.1.1.1) Die landwirtschaftlichen Einnahmen

Die in den Spalten von Tabelle 22 dargestellten durchschnittlichen Einnahmen in DM je Haushalt und Gruppierung beziehen sich jeweils auf alle Haushalte der Gruppierung. Die Haushalte, die nur Selbstversorgungsproduktion betreiben, d.h. diejenigen ohne ldw. Einnahmen, sind zusätzlich ausgewiesen. Sie verfügen weder über Einnahmen aus der Tierhaltung (Verkauf von lebenden Tieren wie tierischen Produkten: Milch, Fleisch, Wolle) noch aus Arbeitstätigkeiten für andere Haushalte. Die Haushalte ohne ldw. Einnahmen sind in den an der Arbeiterwanderung beteiligten oder ehemals beteiligten Gruppierungen von ldw. Haushalten konzentriert. Signifikant ist der Einfluß der GAW auf den Verzicht der Haushalte auf ldw. Einnahmen deutlich an den 13 von 135 erfaßten ldw. Haushalten (10 %) gegenüber den 9 Haushalten (15 %) ohne ldw. Einnahmen in den 61 LG. Diese Haushalte mit ausschließlicher Selbstversorgung verfügen über zusätzliche Einkünfte aus der Arbeiterwanderung (in 9 Fällen aus der GAW), welche die Bedarfsdeckung der Haushalte mit Zukaufgütern ermöglichen. Die Vermarktung der ldw. Erzeugnisse - und die erst dabei erwirtschafteten Einnahmen - entfällt wegen dieser baren Einkünfte und der geringen ldw. Produktion, die, auch wegen der durch die GAW reduzierten Arbeitspotentiale, keine Güter zur Vermarktung umfaßt.

Die Des- oder Nichtintegration der 9 LG in den Prozeß der Vermarktung ldw. Erzeugnisse ist das Ergebnis

- der relativ geringen Tierhaltung, mit der oft nur der Eigenbedarf an Milch gedeckt werden soll,
- der vermehrten erweiterten Brachnutzungen des Landbesitzes, welche in einigen Haushalten der Eingrenzung der Betriebsfläche auf die zur Eigenbedarfsdeckung benötigten folgen, und/oder
- der wegen der Abwesenheit von arbeitsfähigen Haushaltsmitgliedern in der GAW stark eingegrenzten Möglichkeiten, vor allem in den kleineren, weniger Mitglieder umfassenden Haushalten, Arbeitskräfte für Lohnarbeiten freizusetzen bzw. zumindest Management für die Bewirtschaftung von Flächen, die über die Eigenbedarfsdeckung hinaus zur Vermarktung produzieren sollen, bereitzustellen.

Tabelle 22: Die durchschnittlichen landwirtschaftlichen Einnahmen der Haushalte nach Gruppierungen im Wirtschaftsjahr 1977/78 (in DM)

Landwirtschaftliche Haushalte	n	ihre landwirtschaftlichen Einnahmen über die Vermarktung			davon Haushalte ohne solche Einnahmen		
		Durchschn. je Haushalt	Index	Variations-koeffizient	n	Spalten-%	Zeilen-%
- ohne Wanderarbeiter	43	4728	108	182	0	(-)	(-)
- mit Rückkehrer(n)	24	4944	113	101	1	(8)	(4)
- mit Binnenwanderung	7	2761	63	137	3	(23)	(43)
- mit Gastarbeiter(n)	61	4098	94	121	9	(69)	(15)
Insgesamt	135	4380	100	138	13	(100)	(10)

Kontingenztest:

- Ldw. Einnahmen (mit/ohne): Ldw. Haushalte nach Gruppenzugehörigkeit

  $2 \times 4 \quad X_3^2 = 16.127$; Sign. = 0.001 ; C = 0.33 ;

- Ldw. Einnahmen (mit/ohne): Ldw. Haushalte (ohne Wanderarbeiter/mit Gastarbeiter(n))

  $2 \times 2 \quad X_1^2 = 6.945$; Sign. = 0.005 ; Phi = 0.26 ;

Die Alternativ-Hypothese 'Die Teilnahme an der Arbeiterwanderung ermöglicht den Haushalten auf die Vermarktung ldw. Erzeugnisse zu verzichten' ist in beiden Tests anzunehmen.

Quelle: Eigene Erhebungen 1978

Die 9 LG, die keine Einkünfte aus der Vermarktung ldw. Produkte erzielen, sind diejenigen, die die Betriebsaufgabe noch nicht vollständig vollzogen haben und z.T. Restflächen ihres Landeigentums mittels Lohnauftragsvergaben bewirtschaften bzw. nur über geringe Landbesitzungen verfügen. Sie halten zumeist an der Nutzung ihrer Eigentumsflächen mittels Auftragsbewirtschaftung fest, da z.T. nachgewachsene Familienmitglieder die organisatorischen und einige der manuellen Tätigkeiten übernehmen können. Diese Haushalte, so ist zu erwarten, werden diejenigen sein, die als nächste die ldw. Betriebe abgeben werden. Damit wird sich der Strukturwandel infolge der GAW weiter fortsetzen. Durchschnittlich erwirtschaftet jeder der erhobenen 135 Betriebe ldw. Einnahmen in Höhe von 4380 DM (Index = 100). Die Marktverbundenheit, die durch den Umfang der ldw. Einnahmen angezeigt wird, ist in den LR am ausgeprägtesten. Indiziert mit 113 weisen diese Haushalte durchschnittlich 4944 DM an ldw. Einnahmen aus. LR sind damit, wie in den Arbeitshypothesen postuliert, diejenigen, welche die erfolgreichsten und aktivsten Betriebe unterhalten. Mit der begrenzten Streuung der ldw. Einnahmen in dieser Gruppierung (der Variationskoeffizient beträgt nur 101 und nur 1 Haushalt betreibt ausschließliche Selbstversorgung, vgl. Tabelle 22) wird unterstrichen, daß diese Haushalte mit ihren durch die GAW erweiterten Ansprüchen und Möglichkeiten (umfangreichere maschinelle Ausstattungen etc.) danach streben, die ldw. Betriebe optimal zu nutzen. Allerdings wird auch durch die jeweils breiteren Streuungen der ldw. Einnahmen in den anderen Gruppierungen deutlich, daß auch in ihnen einige vergleichbar erfolgreiche Betriebe bewirtschaftet werden. Damit ist die oben aufgezeigte Abgabe der ldw. Betriebsführung in den 62 Haushalten während der GAW (vgl. Tabelle 11) nur der Beginn der agrarstrukturellen Wandlung in den Untersuchungsdörfern - denn die Erzeugung von ldw. Produkten für den Markt gewinnt zunehmend an Bedeutung in der Betriebsführung. Ausgelöst von der angestiegenen Nachfrage nach ldw. Produkten und lokal erzeugten Grundnahrungsmitteln in Haushalten, die ihre eigene ackerbauliche Aktivität (vgl. Kapitel 4) und ihre Tierhaltung aufgaben oder letztere zumindest weitgehend einschränkten (vgl. Kapitel 7.1) - beide

Veränderungen sind oft die direkte Folge der durch die GAW verminderten haushaltlichen AK -, eröffnet sich die Chance der Vermarktung. Diese vorwiegend mit der GAW aufgekommene Möglichkeit, die den haushaltlichen Bedarf übersteigenden Erzeugnisse zu vermarkten, fördert die Produktionsausweitung in den ldw. Betrieben einerseits, wie die Marktentwicklung andererseits den mit ldw. Ressourcen ungünstig ausgestatteten Haushalten erlaubt, die Selbstversorgungsproduktion einzuschränken oder vollständig aufzugeben.

(6.1.1.2) Naturalentnahmen zur Selbstversorgung

Die Naturalentnahme aus dem eigenen ldw. Betrieb (d.h. der Bodenproduktion) bzw. aus der haushaltlichen Tierhaltung wurde - durch die Erhebung der zur Haushaltsführung eingesetzten Mengen an Lebensmitteln nach Art, Umfang und Herkunft[1] - erfaßt und mit den ortsüblichen Verkaufspreisen bewertet[2]. Die so errechneten Daten der naturalen Selbstversorgung sind in Tabelle 23 mit durchschnittlichen Werten je Haushalt nach seiner Verbindung mit der Arbeiterwanderung zusammengefaßt. Deutlich ist, daß nahezu alle Haushalte einen mehr oder weniger großen Anteil ihrer Grundnahrungsmittel in der eigenen Haushalt-Betrieb-Einheit erzeugen. Nur ein NO und acht NG sind ohne jede Selbstversorgung.

Die Haushalte, die, infolge der GAW-Beteiligung, ihre ackerbaulichen Aktivitäten aufgaben, verfügen über eine - zumindest Kleinvieh umfassende - Tierhaltung, aus der eine begrenzte Selbstversorgung möglich wird. Die durchweg größeren Streuungen der eigenen Versorgung in nicht-ldw. Haushalten gegenüber den Naturalentnahmen in ldw. Haushalten bei einem geringeren Wert der Selbstversorgung dokumentiert sowohl die verminderten finanziellen Notwendigkeiten zur unbedingten Selbstversorgung als auch das zunehmende Aufgeben des Selbst-

---

1) Vgl. den Aufriß des Intensiverhebungsbogens in Anhang A2 (Fragenbereich 18).
2) Vgl. hierzu Tabelle A9.

Tabelle 23: Der durchschnittliche Wert der naturalen Selbstversorgung je Haushalt und Gruppierung im Wirtschaftsjahr 1977/78 (in DM)

Haushalts- gruppierungen	n	Wert der Selbstversorgung			Haushalte ohne jede Selbstversorgung (n)
		Durchschn. je Haushalt	Variationskoeffizient	Index	
Nicht-landwirtschaftliche Haushalte					
- ohne Wanderarbeiter	16	1101	99	81	1
- mit Rückkehrer(n)	4	1673	71	123	-
- mit Gastarbeiter(n)	56	995	70	73	8
Zwischensumme	76	1053	75	77	9
Landwirtschaftliche Haushalte davon:					
- ohne Wanderarbeiter	46	1495	55	110	-
- mit Rückkehrer(n)	26	1918	37	141	-
- mit Gastarbeiter(n)	63	1400	57	103	-
Zwischensumme	135	1532	52	113	-
Insgesamt	211	1360	62	100	9

Quelle: Eigene Erhebungen 1978

versorgungsideals[1] in den nicht-ldw. Haushalten, speziell in denen mit aktueller GAW-Beteiligung.

Der auffallend große Umfang der Naturalentnahmen in den beiden Gruppierungen von Haushalten mit Rückkehrer(n) (vgl. die Werte der Selbstversorgung von 1673 DM bei NR und 1918 DM bei LR in Tabelle 23) resultiert aus den umfangreicheren Tierbeständen in diesen Haushalten (vgl. Schaubild 8). Die Rückkehrer aus der GAW legen, so darf aus den Daten geschlossen werden, ihre in der GAW verdienten Bargelder in Tieren an, die im herkömmlichen sozialen Normensystem das Prestige des Rückkehrers und seines Haushaltes festigen und darüberhinaus, durch die kommunale Haltung, relativ wenig Arbeitsaufwand seitens des Besitzerhaushaltes erfordern. Mit diesen größeren Tierbeständen geht eine qualitativ und quantitativ bessere Nahrungsmittelversorgung des Haushaltes einher, die sich - insbesondere wegen des gesteigerten Fleischverbrauches - auch im monetären Wert der Naturalentnahmen niederschlägt.

6.1.2 Die innerdörflichen Erträge

Die Erträge aus dörflichen Aktivitäten[2] der Haushalte sind in Tabelle 24 dargestellt. Alle erfaßten Naturalien und Dienstleistungen wurden nach o.g. Maßzahlen bewertet, um eine Vergleichsbasis für den später (in Tabelle 25 und Schaubild 7) aufzuzeigenden Einfluß der Geldtransferzahlungen aus der GAW abzuleiten.

Die auswertbaren 197 Untersuchungshaushalte erzielten durchschnittlich mit ihren innerdörflichen Aktivitäten einen Wert von 4823 DM, welcher einer großen Streuung unterliegt. Dieser

---

1) Vgl. hierzu auch Kapitel 4.4. Dennoch zeigen viele Haushalte mit aktueller GAW-Beteiligung die bäuerliche Ernterentabilität, indem sie ihren jährlichen Bedarf an Weizen auf dem lokalen Markt zur Erntezeit in einem Posten ankaufen und daraus die über das Jahr benötigte Weizengrütze selbst erzeugen.
2) Aktivitäten der Tierhaltung, der Bewirtschaftung eines ldw. Betriebes (Ackerbau) zur Selbstversorgung und/oder Vermarktung bzw./und der Ausführung von Lohnarbeitsaufträgen.

Tabelle 24: Die durchschnittlichen Erträge der Haushalte aus dörflichen Aktivitäten im Wirtschaftsjahr 1977/78 (in DM)

Haushalts-gruppierungen	n	Erträge aus dörflichen Aktivitäten		
		Durch-schnitt	Variations-koeffizient	Index
Nicht-landwirtschaftliche Haushalte				
- ohne Wanderarbeiter	11	3152	86	65
- mit Rückkehrer(n)	4	6282	106	130
- mit Gastarbeiter(n)	51	2246	93	47
Zwischensumme	66	3190	93	66
Landwirtschaftliche Haushalte				
- ohne Wanderarbeiter	43	6247	140	130
- mit Rückkehrer(n)	25	6666	76	138
- mit Binnenwanderung	7	3857	112	80
- mit Gastarbeiter(n)	56	5948	97	123
Zwischensumme	131	6071	108	126
Insgesamt	197	4823	120	100

Quelle: Eigene Erhebungen 1978

Wert ist in Tabelle 24 als Basis gesetzt, um die Erträge je
Haushalt und Gruppierung als Index relativiert abzuzeichnen.
Deutlich zeigt sich der niedrige Umfang der dörflichen Aktivitäten in NG, welche nur 2246 DM erwirtschaften. Indiziert
mit 47 weichen diese Haushalte deutlich vom allgemeinen Durchschnitt ab. Für diese Haushalte ist das Dorf vor allem Lebensraum geworden; darüberhinaus ergibt sich jedoch durch die Streuung, daß sie dennoch - im Rahmen ihrer verbliebenen Möglichkeiten - am dörflichen Wirtschaftsprozeß beteiligt sind.

Sehr aufschlußreich sind die Indices für die beiden Rückkehrergruppierungen: Mit 138 errechneten sich für die LR die umfangreichsten Erträge je Haushalt, welche zusätzlich noch über
die günstigste Gleichförmigkeit verfügen. Einen ähnlich hohen
Index weisen die NR aus, jedoch sind nicht alle vier der bei
der Intensiverhebung erfaßten Rückkehrer in der dörflichen
Wirtschaft überdurchschnittlich erfolgreich[1], was durch beides, die geringe Zahl der auswertbaren Haushalte (nur 57 %
der NR) und die ausgeprägte Streuung, verdeutlicht wird.

6.1.3 Die Einkünfte aus der Arbeiterwanderung[2]

Die Einkommen der Haushalte aus der Arbeiterwanderung sind in
Tabelle 25 aufgezeigt, wie sie sich aus den Auskünften der Intensivbefragung ergeben. Gegliedert sind die Geldtransferzahlungen, welche die Haushalte nach ihren Angaben erhalten, in
Einkommen aus Arbeitstätigkeiten im Prozeß der GAW und solche
aus innertürkischen Wanderungsaktivitäten. Dabei sind unter
dem zweiten Punkt auch Einkommen summiert, die nicht aus der

---

1) Einige dieser Rückkehrer sind nicht freiwillig zurückgekehrt,
z.B. hatten sie nicht die Chance, ihr Migrationsziel - falls
es ein konkretes Ziel gab - zu erreichen bzw. wurden sie gezwungen, ihren Versuch, über und mittels der GAW aus dem Dorf
(der Agrarwirtschaft) abzuwandern, aufzugeben.
2) Daß die Transferzahlungen nicht unbedingt aus Arbeitseinkommen resultieren müssen, demonstriert ein Leserbrief in
HÜRRIYET vom 30.8.78, der vor allem auf die in den Anwerbeländern einfachen und günstigen Kreditkonditionen verweist.

Tabelle 25: Die durchschnittlichen Einkünfte der Haushalte aus der Arbeiterwanderung im Wirtschaftsjahr 1977/78

Haushaltsgruppierung	Transferzahlungen aus der								
	Binnenwanderung				Gastarbeiterwanderung a)				
	n	DM durch-schnittlich	Variations-koeffizient	Index		n	DM durch-schnittlich	Variations-koeffizient	Index
Nicht-landwirtschaft-liche Haushalte									
- ohne Wanderarbeiter	14	-	-	-		16	-	-	-
- mit Rückkehrer(n)	4	86	200	86		4	1113	131	45
- mit Gastarbeiter(n)	62	54	472	55		53	3435	92	139
Landwirtschaftliche Haushalte									
- ohne Wanderarbeiter	39	118	477	119		45	565	262	23
- mit Rückkehrer(n)	26	79	509	80		24	1863	69	75
- mit Binnenwanderung	5	1332	95	1343		7	-	-	-
- mit Gastarbeiter(n)	58	63	692	63		59	4280	197	173
Insgesamt	208	99	471	100		208	2473	198	100
Haushalte mit aktueller GAW-Beteiligung:						112	3880	147	157

a) In Haushalten ohne aktive Wanderungsbeteiligung sind diese Einkünfte familiäre Hilfeleistungen, Beteiligungen, Kredite etc.

Quelle: Eigene Erhebungen 1978

Binnenwanderung von Arbeitskräften resultieren, also auch nicht--ldw. lokale Einnahmen wie Pendelarbeits- und Reisegeschäftstätigkeiten.

Unter dem Begriff 'Gastarbeitertransferzahlungen' sind alle Bargeldzuflüsse gefaßt, die sich addieren aus:
- den direkten Geldüberweisungen von GA an den dörflichen Stammhaushalt,
- Transferzahlungen an Haushalte ohne eigenständige GAW-Beteiligung - im Rahmen verwandtschaftlicher oder gutnachbarlicher Beziehungen - und
- Zuwendungen, Rückzahlungen (Versicherungsbeträge, Renten etc.[1]), welche bei/nach der Beendigung der GAW-Beteiligung des Haushaltes an diesen gezahlt werden.

Unmittelbare Geldüberweisungen kommen hauptsächlich den NG und LG zu. Diese Remissionen aus der Wanderung und Arbeitstätigkeit von Haushaltsangehörigen im europäischen Ausland sind der Ausgleich, die Entschädigung des Stammhaushaltes für die Abwanderung von AK und damit für die Verminderung der dörflichen Wirtschaftsmöglichkeiten.

Aus dem Umfange dieser Transferzahlungen leitet sich ein Hinweis und Rückschluß auf die Gründe der haushaltlichen GAW--Beteiligung ab. Die an der GAW beteiligten nicht-ldw. Haushalte beziehen im Durchschnitt geringere Transfergeldbeträge als die Haushalte mit beidem - GA und ldw. Betrieb. Dies ergibt sich aus der potentiellen Verwendung der Bargeldzuflüsse: für NG entfällt die Notwendigkeit, Vorleistungen für den zukünftigen Einkommenserwerb zu tätigen. Ihre Entscheidung zur Aufgabe der generell verfügbaren weiteren Einkommensquelle - Selbstbewirtschaftung des Eigentums- und/oder des Zupachtlandes bzw. einsatzintensive passive Nutzung von Eigentumsflächen mittels Teilbauverpachtung - ist getroffen durch:
- die Aufgabe der Selbstbewirtschaftung von Eigentumsflächen

---

1) Ein 'Rückkehrer' nannte Arbeitslosengeld.

(39 Haushalte gaben während ihrer Beteiligung an der GAW ihren Betrieb ab, vgl. Kapitel 4.4.2),
- die verstärkte Ausreise von nicht im Aufnahmeland arbeitstätigen, nur mitreisenden Familienangehörigen (ein Hinweis auf die Absicht des - zumindest - sektorellen Wechsels, vgl. Kapitel 4.2.2) und
- die aus der neuen ldw. Technologie herleitenden, hohen Einstiegskosten, falls die Selbstbewirtschaftung wieder aufgenommen werden sollte (vgl. hierzu die maschinellen Ausstattungen der verbliebenen Betriebe in Kapitel 5.4).

Daraus ergibt sich jedoch auch die Möglichkeit/Notwendigkeit für Investitionen von GAW-Erträgen in außer-ldw. Unternehmungen. Die relativ kleine Streuung in diesen Transfereinkünften aus der GAW bei NG bekundet einen ausgewogenen Zufluß, der der Ausgeglichenheit kontinuierlicher Lebenskosten des dörflichen Stammhaushaltes Rechnung trägt. Für Investitionen in neue Geschäfte etc. benötigte Gelder bleiben beim GA.

Der LG gegenüber NG zukommende durchschnittlich höhere Betrag an Gastarbeitertransferzahlungen (4280 DM zu 3435 DM) und die damit verbundene größere Streuung erklären sich aus den unregelmäßig auftretenden, speziell betrieblichen Aufwendungen wie Ankäufe von Maschinen oder Betriebshilfsmitteln, die oft aus eigens dafür erbetenen Geldsendungen der GA bezahlt werden[1].

Darüberhinaus fließen selbst einigen LG Transfergelder zur Bestreitung der täglichen Lebensführung zu, Beträge, die, je nach der Betriebsgröße und/oder den betrieblichen Zielsetzungen, oft im Spannungsfeld zwischen dem Zukauf von Konsumgütern (Fleisch z.B.) und produktionssteigernden betrieblichen Hilfsmitteln (z.B. ein Düngerangebot) stehen.

---

1) Bei vergleichsweise äußerst umfangreichen Anschaffungen/Aufwendungen wie Schlepperkauf, Erwerb ldw. Maschinen und dem Neu-/Ausbau des Wohnhauses, der Stallungen bzw. Lagerschuppen, werden der/die haushaltliche GA sowie zur Verwandtschaft bzw. Bekanntschaft zählende GA mit Briefen über die Ausgaben informiert und um die außerordentliche Überweisung von Geldern gebeten - nicht selten wird sie explizit gefordert.

6.2 Die gesamten Bareinkünfte der Haushalte

Entscheidend für die Handlungsmöglichkeiten innerhalb der haushaltlichen Zielsetzungen ist der Umfang des Bargeldes, welches für dispositorische Regelungen verfügbar ist. Stand noch vor einigen Jahren in den Untersuchungsdörfern die alleinige Erwirtschaftung der naturalen Selbstversorgung im Mittelpunkt, so streben die Untersuchungshaushalte nunmehr danach, möglichst umfangreiche Bareinkünfte zu erzielen, aus dem die veränderten - modernisierten - Konsumwünsche und Verbrauchsnotwendigkeiten befriedigt werden können. Weiterhin eröffnen diese Bareinkünfte die Chancen, breiter investiv tätig zu werden, was auf der alleinigen Basis der haushaltlichen Ressource 'Arbeit' nicht ohne Einschränkungen durchführbar war.

Schaubild 6 weist die durchschnittlichen jährlichen Bareinkünfte im Wirtschaftsjahr 1977/78[1] auf, die sich je Haushalt und Gruppierung errechnen. Die jährlichen Barerlöse aus der Vermarktung ldw. Erzeugnisse und aus dörflichen Dienstleistungsaktivitäten wurden zusammen mit Erträgen aus der Arbeiterwanderung je Haushalt festgestellt; damit zu durchschnittlichen Beträgen je Gruppierung zusammengefaßt. Zu beachten ist bei der Verallgemeinerung der Daten, daß nur wenige Haushalte zur Errechnung der durchschnittlichen Bareinkünfte verfügbar waren. Dennoch darf der aufgezeigte Index als brauchbare Kennzeichnung für die Situation der einzelnen Haushaltsgruppierungen festgehalten werden. Die Verteilung dieser Bareinkünfte in ausgewählten Gruppierungen (LO, LG, LR und NO) sind mittels Lorenz--(Konzentrations)-Kurven in Schaubild 7 dargestellt.

Mit durchschnittlich 6469 DM an Bareinkünften über alle einbeziehbare Untersuchungshaushalte (insgesamt 162, vgl. Tabelle A14), als Index = 100, zeigt sich, daß nur die LG (Index = 145) und LR (105) überdurchschnittlich umfangreiche Bareinkünfte je

---

[1] Bei der Befragung spezifiziert als Zeitraum zwischen Sekerbayrami (Zuckerfest) 1977 bis Sekerbayrami 1978 bzw. den Daten der Grunderhebung 1977 und der Intensiverhebung 1978.

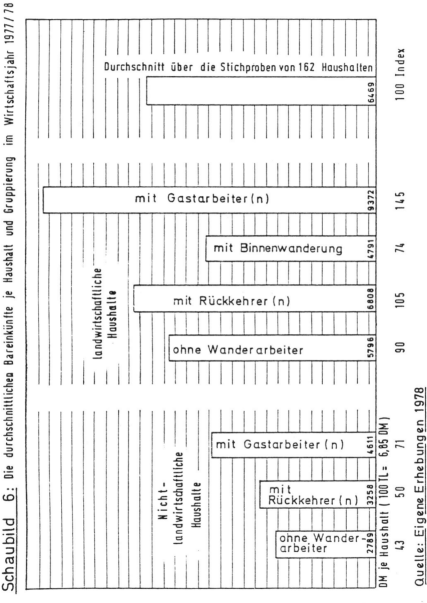

Haushalt-Betrieb-Einheit erzielen, d.h. LG sind nahezu mit
den 1.5fachen Bareinkünften des dörflichen Durchschnittshaushaltes ausgestattet. Die Unterschiede zwischen LG und jeder
anderen Gruppierung der Haushalte sind aber noch gravierender;
sie verdeutlichen damit die relative und absolute Überlegenheit der Haushalte mit ldw. Betrieben und aktueller Beteiligung an der GAW. Durch beides, ihren hohen Zufluß von Bargeld
aus der Vermarktung betrieblicher Erzeugnisse und den Transferzahlungen der als GA tätigen Haushaltsmitglieder, sowie
durch die umfangreiche Selbstversorgung dieser Haushalte sind
die LG generell die am günstigsten gestellten Haushalte innerhalb der Dörfer.

Doch leiten sich aus dieser Überlegenheit der LG nicht für
jeden einzelnen Haushalt die gleichen absoluten und relativen
Vorteile gegenüber den allgemeinen Dorfhaushalten ab. Die hohen
Streuungswerte zeigen an, daß nicht alle Haushalte, die zur
Gruppierung der LG zählen, überdurchschnittlich günstige wirtschaftliche Konstellationen besitzen[1]. Doch lagen die LG vergleichsweise eng um den durchschnittlichen Wert von 6469 DM
an baren Einkünften im Jahr 1977/78. Schaubild 7 zeigt diese
begrenzte Ungleichheit der LG mittels der Lorenz-(Konzentrations)-Kurve und dem Gini-Koeffizienten (= 0.49) an.

Die relativ geringen Bareinkünfte der NG - die allerdings innerhalb der Gruppierungen von nicht-ldw. Haushalten über dem
Durchschnitt liegen - sind mit 71 indiziert und weisen eine
vergleichsweise große Gleichförmigkeit auf. Mit nahezu 4611 DM
an baren Einkünften in allen einzelnen NG und der eingeschränkten Selbstversorgungsproduktion (vgl. Tabelle 23) wird die Bedeutung der Geldtransferzahlungen an diese Haushalte angezeigt
und auf die konsumtive, haushaltliche Verwendung hingewiesen.
Die größere Ungleichheit innerhalb der LG und ihr herausragender
Wert an Bareinkünften ist z.T. der Nutzung von Transfergeldern

---

1) Vgl. die Variationskoeffizienten der LG von 125 bei den gesamten Bareinkünften in A14 und von 121 bei den ldw. Einnahmen in Tabelle 22.

Schaubild 7: Die Verteilungen der Bareinkünfte von Haushalten im Wirtschaftsjahr 1977/78 in ausgewählten Haushaltsgruppierungen

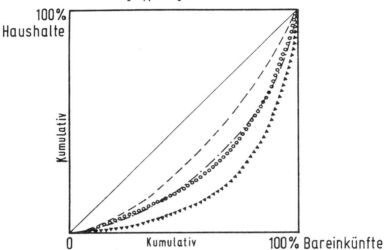

Landwirtschaftliche Haushalte

— · — · — ·	mit Gastarbeiter (n)	, Gini - Koeffizient = 0,49.
ooooooooooooooo	mit Rückkehrer (n)	, Gini - Koeffizient = 0,43.
▼▼▼▼▼▼▼▼▼▼▼▼▼	ohne Wanderarbeiter	, Gini - Koeffizient = 0,58.

Nicht - landwirtschaftliche Haushalte

— — — — — —	mit Gastarbeiter (n)	, Gini - Koeffizient = 0,28.

Quelle: Eigene Erhebungen 1978

aus der GAW zuzuschreiben. Entgegen den NG verfügen die LG
über ausreichend dörfliche Arbeitskräfte und Möglichkeiten,
um ihren Eigenbedarf zumindest weitgehend zu produzieren. Die
Remissionen werden deshalb für investive Vorhaben eingesetzt
bzw. Transferzahlungen werden oft erst für solche Ausgaben
angewiesen. Verstärkt wird die Ungleichheit innerhalb der Gruppierung von LG hinsichtlich ihrer Bareinkünfte auch durch die
unterschiedliche Marktverbundenheit dieser Betriebe, die sowohl aus der jeweiligen Betriebsgröße als auch der mit der
GAW-Beteiligung verknüpften Zielsetzung bestimmt wird; denn
in kleinbetrieblichen Einheiten wird von den Haushalten, die
aus dem Agrarsektor abwandern wollen, oft nur ein Teil der
Grundnahrungsmittel für den eigenen Bedarf gedeckt und werden
die Transfergelder aus der GAW ebenfalls konsumtiv eingesetzt.
Insbesondere die 15 LG mit ldw. Betrieben unter 5 ha[1] wenden
z.T. einen erheblichen Anteil der Remissionen für den Ankauf
von - nicht zur ausreichenden Eigenversorgung vom eigenen Betrieb erzeugten - Agrarprodukten auf. Darüberhinaus sind vor
allem mit dörflich verfügbaren AK begrenzt ausgestattete LG
bzw. LG ohne Schlepperbesitz[2] auf die liquideren Gelder aus
der GAW angewiesen, um den angehobenen Lebensstandard (z.B.
bezüglich des Verbrauches von Fleisch, Bäckereibrot und nicht-
-lokal produzierter Lebensmittel, wie verschiedene Käsesorten,
Reis usw.) halten zu können.

---

1) Vgl. Tabelle 6.
2) Vgl. die Variation der Haushaltsgrößen von L0 in Tabelle 8
und Tabelle 18.

6.3 Die gesamten Haushaltseinkommen[1]

Die dörflichen Einkünfte (Dienstleistungen für andere Haushalte, Erlöse aus den Tier- und Pflanzenproduktionsbereichen sowie die, mit loko-Hof-Preisen bewerteten, Naturalentnahmen) sind zusammen mit den Einkünften aus der Wanderungsbeteiligung zum Haushaltseinkommen addiert (vgl. Tabelle 26)[2]. Dabei sind sowohl die absoluten Zahlen je Haushalt und Gruppierung genannt als auch die relativ erzielten Haushaltseinkommen je im Dorf ständig anwesender, zum Haushalt zählender Vollarbeitskraft (vgl. Tabelle A6 und Schaubild 6) aufgelistet.

Die Darstellung der absoluten durchschnittlichen Einkommen der Haushalte in jeder Gruppierung liefert einen Einblick in die unterschiedliche Situation der Haushalte nach ihrer jeweiligen Wanderungsabhängigkeit und ldw. Betriebsführung. Das Einbeziehen der Größe des einzelnen Haushaltes - hier anhand der standardisierten Vollarbeitskräfte je Haushalt, die ganzjährig an den dörflichen Aktivitäten des Haushaltes beteiligt sein könnten - relativiert die absoluten Einkommensunterschiede zwischen den Haushaltsgruppierungen dadurch, daß die Unterschiede im haushaltlichen Einkommen, gerechnet je AK, zwar nicht ausgeglichen sind, sich jedoch nur weniger gravierend unterscheiden. Die neuen Einkommensunterschiede sind damit nicht nur die direkte Folge der Wanderungsbeteiligung bzw. Nicht--Beteiligung, sondern auch der Tätigkeiten der arbeitsfähigen Personen eines Haushaltes.

---

1) In Anlehnung an BEGRIFFSSYSTEMATIK (1973), S. 139; Einkommen = Zugang an ... Gütern, Diensten und Rechten, die verwendet werden können, ohne daß sich dadurch das Vermögen vermindert.
2) Die Zusammenfassung der Tabelle 22, Tabelle 23 mit Tabelle 25. Die Additionen wurden anhand der Rohdaten durchgeführt; damit erklären sich die Abweichungen von der Summe der Durchschnittswerte. Zusätzlich ist die Anzahl der auswertbaren Haushalte verringert, was den arithmetischen Durchschnitt z.T. erheblich beeinflußt.

Ldw. Haushalte verfügen sowohl absolut als auch relativ über die umfangreichsten Einkommen je AK; sie erzielen durchschnittlich insgesamt über 9080 DM Haushaltseinkommen. Das sind 115 % des durchschnittlichen Einkommens je Haushalt auf Dorfebene. Nicht-ldw. Haushalte hingegen erreichen allgemein nur 68 % dieses Einkommens. Der Führung eines ldw. Betriebes kommt somit immer noch eine wichtige Rolle zu: durchschnittlich erzielt ein Haushalt mit ldw. Betrieb jeweils mehr Einnahmen als ein Haushalt einer vergleichbaren Gruppierung ohne ldw. Betrieb. Selbst ldw. Haushalte, die nicht an einer Wanderung beteiligt sind (LO), verfügen - im Vergleich auf Dorfebene - über nahezu durchschnittliche Einkommen, doch die große Streuung dieser Werte unterstreicht die weiten Abweichungen vom Durchschnitt in den einzelnen Haushalten.

Aus den als Einkommen der ldw. Haushalte aufgezeigten Beträgen sind aber auch die Mittelaufwendungen in den Betrieben dieser Haushalte zu bestreiten. Die umfangreicheren Einkommen ldw. Haushalte stehen deshalb nicht ausschließlich für familiäre Notwendigkeiten bereit. Vielmehr müssen in allen ldw. Haushalten aus diesen Einkommen - im Gegensatz zu den NG, wo diese Einkünfte ausschließlich für Verbrauchszwecke genutzt werden können - die für die zukünftigen Einkommen zu tätigenden Aufwendungen (vgl. Schaubild 5) finanziert werden. Die Einkommen der ldw. Haushalte stehen damit im Spannungsfeld zwischen betrieblichen Notwendigkeiten und haushaltlichen Wünschen.

Aus dem relativ umfangreichen Einkommen der NG im Vergleich zu den anderen nicht-ldw. Haushalten (vgl. den Index von 74 gegenüber dem allgemeinen Index der nicht-ldw. Haushalte von 68 in Tabelle 26) wird die Bedeutung der Transferzahlungen aus der GAW deutlich, die einerseits die verringerte Selbstversorgungsproduktion ermöglicht (vgl. Tabelle 23) und andererseits - daraus folgend - die Marktintegration der verbliebenen ldw. Betriebe durch die Nachfrage nach Grundnahrungsmitteln fördert.

Bei der Betrachtung der Einkommen auf der Basis ihrer ständig im Dorf anwesenden Arbeitskräfte zeigt sich, daß ebenfalls die an der GAW beteiligten Haushalte (NG und LG) - vor allem durch

Tabelle 26: Der durchschnittliche Umfang der Haushaltseinkommen nach Haushalts-gruppierungen im Wirtschaftsjahr 1977/78 (in DM)

Haushaltsgruppierung	n	Haushaltseinkommen absolut			Haushaltseinkommen je Vollarbeitskraft		
		Durch-schnitt	Variations-koeffizient	Index	Durch-schnitt	Variations-koeffizient	Index
Nicht-landwirtschaft-liche Haushalte							
- ohne Wanderarbeiter	8	3739	82	47	3151	109	58
- mit Rückkehrer(n)	2	5073	107	64	1760	97	32
- mit Gastarbeiter(n)	43	5827	49	74	4646	59	85
Zwischensumme	53	5373	54	68	4321	65	79
Landwirtschaftliche Haushalte							
- ohne Wanderarbeiter	32	7268	133	92	6292	199	115
- mit Rückkehrer(n)	21	8748	70	111	5227	62	95
- mit Binnenwanderung	5	5901	69	75	4136	21	76
- mit Gastarbeiter(n)	49	10730	112	136	6442	106	118
Zwischensumme	107	9080	108	115	5709	121	104
Insgesamt	160	7880	109	100	5475	130	100

Varianzanalysen:

- Haushaltseinkommen (absolut):

über alle Haushalte $F_{(6; 153)} = 1.8$; Sign. = 0.10 ;
über nicht-ldw. Haushalte $F_{(2; 50)} = 1.7$; Sign. = 0.19 ;
über ldw. Haushalte $F_{(3; 103)} = 0.9$; Sign. = 0.42 ;

- Haushaltseinkommen je dörflicher Vollarbeitskraft (AK):

über alle Haushalte $F_{(6; 153)} = 0.6$; Sign. = 0.75 ;
über nicht-ldw. Haushalte $F_{(2; 50)} = 1.8$; Sign. = 0.18 ;
über ldw. Haushalte $F_{(3; 103)} = 0.2$; Sign. = 0.90 ;

In allen Tests konnte die Abhängigkeit des Haushaltseinkommens je dörflicher Vollarbeitskraft bzw. des Haushaltseinkommens von den die Gruppenzugehörigkeit bestimmenden Faktoren 'Arbeiterwanderungsbeteiligung' und 'ldw. Betriebsführung' nicht statistisch signifikant nach-gewiesen werden.

Quelle: Eigene Erhebungen 1978

die zufließenden Remissionen - vergleichsweise umfangreichere Einkommen erzielen.

Im Vergleich der Gesamteinnahmen mit den relativierten Einnahmen je AK wird an den Zahlen von Tabelle 26 deutlich, daß die gleichzeitige ldw. Betriebsführung und GAW-Beteiligung die Folge einer - zumindest tendentiell - großfamiliären Haushaltssituation sind, wie insbesondere bei den LG durch den neuen kleineren Index für das Einkommen, auf der Basis der Anzahl von AK, zum Ausdruck kommt (vgl. die beiden Indices: 136 zu 118 für LG in Tabelle 26). Rückkehrerhaushalte befinden sich nicht in einer unbedingt erstrebenswerten Situation, wie insbesondere bei den NR durch das niedrigste Einkommen je AK im Vergleich aller Gruppierungen nachgewiesen ist.

Erweiterte Haushalte mit mehreren Arbeitskräften sind demnach einerseits aufgefordert, Mitglieder als GA zu entsenden, und andererseits die in der GAW erzielten Einkommen (die durch Transferzahlungen im Dorf verfügbar gemacht werden) in dörflichen Erwerbszweigen - zum Untersuchungszeitpunkt noch weitgehend in der Landwirtschaft - nutzbringend einzusetzen.

6.4 Haushaltseinkommen und Gastarbeiterwanderung

Den Erhebungen gemäß ergab sich mit der Entsendung eines Haushaltsmitgliedes zur Arbeitsaufnahme im Ausland primär keine damit verbundene, drastische Einkommensverminderung, da die im Dorf verbleibenden Haushaltsangehörigen (Restfamilie oder Stammhaushalt) den (zumeist vorhandenen) Betrieb weiter bewirtschafteten. Mit der Konsolidierung des GA im Anwerbeland und dem damit verbundenen ersten Heimatdorfbesuch beginnt allgemein der in Kapitel 3.4.4 angezeigte Güterstrom vom Anwerbeland zum dörflichen Stammhaushalt. Neben den Gebrauchsgütern, mit denen die Stammhaushalte versorgt werden, kommt den Transfergeldzahlungen (Remissionen) der GA vor allem durch
- die Erweiterung des haushaltlichen dispositiven Entscheidungsbereiches,
- das Ermöglichen des Zukaufs von Grundnahrungsmitteln und

- die Förderung von ldw. Betriebsabgaben
besondere Bedeutung zu.

Mit der Beendigung der Betriebsführung vergibt der Haushalt eine wichtige Unternehmung im Rahmen der Einkommenserzielung - die allerdings, da sie ursprünglich nur auf die Naturalentnahme ausgerichtet war (autarke Selbsterhaltung der Haushalte), ihre(n) Begrenzung und Bedeutungsverlust in der fortschreitenden Entwicklung erfährt - und wird damit weitgehend[1] von den aus der GAW zufließenden Remissionen abhängig. Die Verwendung der Transfergelder zur Bestreitung der kontinuierlich anfallenden Haushaltsausgaben hat vor allem in den Haushalten mit ausschließlicher oder überwiegender Abhängigkeit von ausländischer Arbeitstätigkeit (NG) zur Folge, daß die Transfergelder jedem Haushalt einen, sich im dörflichen Normenrahmen bewegenden, Konsumstandard erlauben, der durch die relativ homogene Verteilung der Bareinkünfte in dieser Aussagegruppierung angezeigt wird. Die begrenzte Streuung der Einkünfte (Gini--Koeffizient = 0.28) in diesen Haushalten ist dahingehend zu interpretieren, daß die Transfergelder vornehmlich zur Unterhaltung des Stammhaushaltes bestimmt sind und zukunftsträchtige Neuinvestitionen (für den Fall der Rückkehr des GA)[2] nur sporadisch getätigt werden[3], weshalb die Remissionen meist kleine aber kontinuierlich angehende Zahlungen sind.

Die durchschnittlich geringeren Bareinkünfte der Haushalte mit ldw. Betrieb aber ohne GAW-Beteiligung (LO) unterliegen Ungleichheiten, die der Gini-Koeffizient von 0.43 anzeigt. Damit ist die Bedeutung der akkumulierten haushaltlichen Ressourcen

---

1) Besonders im Falle der erweiterten Brachnutzung des haushaltlichen Landbesitzes.

2) Bei GA, die einen Stammhaushalt im Dorf unterhalten, der identisch ist mit einer Restfamilie im Rahmen der Familientypen 'erweiterte Familie' und 'Kernfamilie', darf die Rückkehr (zumindest in die Türkei) im Pensionsalter unterstellt werden. Vgl. z.B. zur Einordnung von Gastarbeiterfamilien und -haushalten AZMAZ (1979), S. 63f.

3) Die in Kapitel 7.2 aufgezeigten Wohnhausneubauten sind innerhalb der durch die dörfliche GAW-Beteiligung erweiterten Konsumwertnormen einzuordnen.

(speziell des Bodens) angesprochen, auf deren Basis die unterschiedlichen Einkommen (speziell aus der Vermarktung von zur Selbstversorgung nicht benötigten ldw. Produkten) erzielt werden. Diese Verteilung der Bareinkünfte bei den LO darf für die allgemeine dörfliche Situation vor dem Beginn der GAW (bis ca. 1960) angenommen werden. Damit ergibt sich eine ungünstige Entwicklung der Einkommensverteilung - Erweiterung der Einkommensdifferenzen - im Dorf durch die GAW. Allerdings ist auf der Basis der dörflichen Beziehungsgeflechte zwischen den Haushalten die Grundversorgung auch für landbesitzlose Haushalte (z.B. mittels der Nutzung des AK-Potentials dieser Haushalte bei haushaltlichen und betrieblichen Arbeitsprozessen) sichergestellt. Das für dispositive Aktivitäten verfügbare Einkommen - z.B. im Sinne einer Erweiterung des Konsumspektrums oder zukünftiger, Einkommen schaffender Investitionen - unterliegt einer großen Streuung. In den Untersuchungsdörfern sind einige Haushalte sehr wohlhabend, während andere das Existenzminimum kaum erreichen.

Durch die GAW wird die Ungleichheit der haushaltlichen Einkommen erweitert, jedoch - und das ist ein bedeutsames Moment - wurde die Abhängigkeit eines Haushaltes von dem traditionell akkumulierten haushaltlichen Landbesitz als bestimmendem Faktor des Wohlstandes eines Haushaltes vorübergehend vermindert. Im Hinblick auf traditionelle Sachwerte sind zwar einige wohlhabende, größere Haushalte den aktuell an der GAW beteiligten Haushalten überlegen, doch wird diese Überlegenheit auf der Basis liquider Mittel (wegen eines begrenzten Marktes für Land und Gebäude) zugunsten der - auch landlosen - aktuell an der GAW beteiligten Haushalte (einige NG) relativiert.

Das Loslösen vom haushaltlichen Landeigentum als bestimmendem Faktor des Wohlstandes war jedoch nur denjenigen Haushalten möglich, die wegen ihrer Stellung im Familienzyklus die Möglichkeit und die Bereitschaft zur Teilnahme an der GAW hatten. Diese Haushalte verzeichneten einen erheblichen Aufstieg in ihrer Stellung innerhalb der dörflichen Wohlfahrtsordnung. Doch insgesamt hat sich die Einkommensverteilung innerhalb der Dorfhaushalte durch die GAW nicht ausgleichend entwickelt,

besonders nicht für diejenigen Haushalte, die die Voraussetzungen zur Entsendung von GA erfüllten, diese jedoch infolge der Anwerbestops nicht mehr entsenden konnten und deshalb weiterhin landabhängig hinsichtlich ihres Einkommens sind[1].
Doch auch mit der haushaltlichen Beteiligung an der GAW geht nicht unmittelbar eine vorteilhafte Stellung bezüglich des Einkommens einher. LR verfügen nur dann über gefestigte umfangreichere Bareinkommen, wenn die Zielsetzung ihrer GAW-Beteiligung vor bzw. zum Beginn der Beteiligungsaufnahme auf den Erwerb von Ressourcen zur betrieblichen Modernisierung (Mechanisierung) ausgerichtet war. Haushalte, deren Motiv für die GAW--Beteiligung nicht betrieblich orientiert war (diejenigen, die über die GAW den ldw. Sektor verlassen wollten), die dann zur Beendigung der GAW-Teilnahme (durch die vorzeitige, nicht frei gewählte Rücksendung/Rückkehr) gezwungen wurden und die nunmehr an der Bewirtschaftung ihres (z.T. vernachlässigten) Betriebes festhalten müssen, verfügen kaum über Möglichkeiten, ihren Betrieb so zu entwickeln, um mit den Haushalten, deren GA ihre Rückkehr selbst bestimmen konnten sowie den besser gestellten LO (speziell den Schlepperbetrieben) oder den LG zu konkurrieren.

LG weisen allgemein nur dann kontinuierlich hohe Bareinkünfte aus, wenn
- der ldw. Betrieb ständig seine überschüssigen Erzeugnisse vermarktet bzw. vermarkten kann, und/oder
- sie von den im Ausland weilenden, sich zunehmend lösenden, jedoch noch zum großfamiliären Stammhaushalt zählenden Kernfamilien ausreichend Transferzahlungen übermittelt bekommen.

Dabei erfolgen diese Transferzahlungen nicht regelmäßig wie im Falle von NG, sondern richten sich nach dem schwankenden Barmittelbedarf für Neu- und Ersatzinvestitionen (Schlepperkauf, Maschinenanschaffungen, Landzukauf und größere Posten von Betriebsmitteln).

---

1) Durch die Mechanisierung der Landwirtschaft wird die Stellung der Landarbeiter insgesamt schwieriger und ihre Einkommensmöglichkeiten werden - abgesehen von Facharbeitern wie Schlepperfahrern und Maschinisten - geringer.

Transferzahlungen an NG dienen zur Unterhaltung des Haushaltes (Lebenshaltung), während Transferzahlungen an LG primär investiv, die betriebliche Entwicklung beeinflussend wirken. Indikatoren hierfür sind die aufgezeigten Mittel, die in Maschinen und Geräte, teilweise in Produktionshilfsmitteleinsätze oder zunehmend in Landzukäufe investiert werden.

Im mehrjährigen Vergleich der Bareinkommen wäre für LG eine Angleichung an die günstigere Einkommensverteilung in der Gruppierung der NG zu erwarten, wodurch zwar die an der GAW beteiligten Haushalte jeweils weniger voneinander verschiedene Einkommen ausweisen würden, doch die Einkommensverzerrung über alle Dorfhaushalte - zuungunsten nicht bzw. ehemals an der GAW teilhabender Haushalte - würde noch stärker hervortreten. Mit der angezeigten Kumulierung der (Bar-)Einkünfte, vor allem in den LG, darf eine fortschreitende Verringerung der Zahl der ldw. Betriebe erwartet werden, die sich aus der zunehmenden Mechanisierung der bereits mit Schlepper ausgerüsteten Betriebe dahingehend ableitet, daß diese sich entwickelnden - und durch die GAW entwicklungsfähig gehaltenen - Betriebe andere Betriebe, die nicht über GAW-bedingte Ressourcen (Finanzen, Anregungen und Erfahrungen) verfügen, in komparativ ungünstigere Rahmenbedingungen stellen und so, langfristig gesehen, deren Betriebsabgaben erzwingen werden.

Diese Verringerung der Anzahl der ldw. Betriebe durch die fortschreitende Betriebserweiterung und günstigere Ressourcenkombination ist die unmittelbare Folge der allgemeinen wirtschaftlichen Entwicklung und somit in der Türkei als Schwellenland besonders relevant und, wie in Tabelle 1 aufgezeigt, auch planerisch antizipiert - wenngleich dort nur mittels der abnehmenden Zahl der im Agrarsektor beschäftigten Personen indiziert.

6.5 Die Einkommensverwendung in den Haushalten

Die im vorhergehenden Kapitel aufgezeigten Einkommen der Haushalte unterliegen Verwendungen, die ebenfalls mit der mittelbaren oder unmittelbaren aktuellen GAW-Beteiligung der Haushalte verbunden sind. Nach kurzlebigen Verbrauchsgütern, längerlebigen Gebrauchsgütern und langfristigen Investitionen geordnet, ergeben sich für die einzelnen Haushaltsgruppierungen z.T. recht unterschiedliche Einkommensverwendungen. Während die unmittelbaren Aufwendungen an kurzlebigen Verbrauchsgütern durch ihre Anteile am Gesamtetat des Haushaltes dargestellt werden, sind die Ausgaben für länger nutzbare Gegenstände durch ihre kumulierte Summe zum Zeitpunkt der Intensiverhebung erfaßt (und im nachfolgenden Kapitel aufgestellt), um so die früheren Aufwendungen für die einzelnen Ausgabeposten zu skizzieren.

Mit der Entsendung eines oder mehrerer Haushaltsmitgliedes(r) zur Arbeitstätigkeit im Ausland unterliegt der Haushaltsetat Veränderungen, die aus den neuen Ausgabennotwendigkeiten, den gewandelten haushaltlichen Rahmenbedingungen und familiären Wertenormen hervorgehen. Für jeden Haushalt, der bei der Intensiverhebung erfaßt wurde, sind durch einmalige Befragung die Ausgaben innerhalb der aufgezeigten 17 Ausgabenbereiche (vgl. A2) geschätzt worden, um so die kurz- und mittelfristigen Haushaltsausgaben zu vergleichen. Die Ergebnisse sind zu 9 Ausgabenbereichen zusammengefaßt und jeweils als prozentualer Anteil dieses Aufwendungsbereiches an den gesamten Haushaltsausgaben dargestellt (vgl. Tabelle 27). Zusätzlich sind die Haushaltsausgaben mittels Bezugnahme auf die ständig im Dorf lebenden Haushaltsangehörigen (welche mit Vollversorgungspersonen - VVP - (vgl. A4) standardisiert wurden) relativiert, um eine bessere Vergleichsmöglichkeit zur Darstellung der unterschiedlichen Ausgaben je Gruppierung (damit in Abhängigkeit von GAW und ldw. Betriebsführung) zu erreichen.

Aus den in Tabelle 27 (vgl. auch A15) genannten Zahlen leitet sich die relative Überlegenheit der NG ab, die trotz der Betriebsabgaben[1] die umfangreichsten Ausgaben je VVP tätigen. Diese hohen Ausgaben sind überwiegend das Ergebnis der aus der GAW zufließenden Transfergelder[2], welche Haushalten die Abgabe

---

1) Vgl. Kapitel 4.5.2.
2) Vgl. Kapitel 3.5.4 und Kapitel 6.1.4.

Tabelle 27: Die durchschnittlichen Haushaltsausgaben (in DM)

Haushaltsausgaben (n)	Untersuchungshaushalte						
	nicht-ldw. Haushalte			landwirtschaftliche Haushalte			insgesamt
	ohne Wander-arbeiter	mit Rück-kehrer	mit Gast-arbeiter	ohne Wander-arbeiter	mit Rück-kehrer	mit Binnen-wanderung	mit Gast-arbeiter	
Aufgabenbereiche (%):	(16)	(3)	(49)	(43)	(15)	(5)	(37)	(168)
Ernährung	51.1	51.7	35.2	52.0	49.8	49.2	48.1	46.1
Bekleidung, Körperpflege	12.9	14.6	14.4	13.4	14.6	11.6	14.3	14.2
Wohnung/-Ausstattung	9.2	9.7	8.0	5.4	5.2	12.2	5.5	6.9
Steuern/Versicherung	0.5	1.7	4.3	1.7	1.8	6.4	1.0	2.3
Arzt/Gesundheitspflege	7.4	7.4	6.1	6.9	6.7	6.2	6.3	6.6
Reise/Portokosten	2.1	6.6	11.5	7.9	4.2	8.3	9.1	7.4
Ausbildung der Kinder	4.8	3.2	5.1	2.7	3.9	2.5	5.0	4.2
Fest- und spezielle Familienaufwendungen	8.5	3.6	13.4	8.5	10.8	1.6	9.1	10.1
Spenden/Geschenke/ sonstige Aufwendungen	3.5	1.5	3.5	1.7	2.3	4.4	3.1	2.6
100%=durchschnittliche Ausgaben je Haushalt(DM)	5954	5647	7700	7270	9131	8427	9116	8048
Index	74	70	95	90	113	105	113	100
je Vollverpflegungsperson:								
- DM	1206	984	1849	1331	1493	1426	1753	1601
- Index	75	61	115	83	93	89	109	100

Umrechnungskurs: 1 DM = 14.60 Türkische Lira (TL); 100 TL = 6.85 DM

Quelle: Eigene Erhebungen 1978

der ldw. Betriebsführung ermöglichten und damit die bessere Stellung der LO durch die Eröffnung von Vermarktungsmöglichkeiten hervorbrachten. Darüberhinaus bewirkt die Umstrukturierung der Haushaltsaufwendungen, daß Haushalte mit Beteiligung an der GAW gegenüber denen ohne GAW-Beteiligung absolut mehr Ausgaben für Nahrungsmittel je VVP tätigten, welche allerdings einen relativ geringeren Anteil an den gesamten Haushaltsausgaben ausmachen.

Damit wird angezeigt, daß die in meiner Arbeitshypothese (7) erwartete ungünstige Ausgabenelastizität für ldw. Produkte (d.h. Grundnahrungsmittel) für NG nicht abgelehnt werden kann. Allerdings darf diese Einengung der relativen Ausgaben für ldw. Produkte (Grundnahrungsmittel) teilweise auf den fragmentarischen Zustand der NG zurückgeführt werden. Allgemein ist - die Anteile für Nahrungsmittel an den Haushaltsausgaben der LG zeigen dies an - mit einer durchgreifenden Verlagerung der Konsumgewohnheiten noch nicht zu rechnen.

Es ist jedoch ersichtlich, daß die mit der GAW aufkommenden Krämerläden und die Annahme dieser Einkaufsgelegenheiten durch die Bevölkerung den Verbrauch höherbewerteter ldw. Produkte (Fleisch, verschiedene Gemüse etc.) fördern, indem sie diese kontinuierlich verfügbar machen.

Da es den dörflichen Bräuchen entspricht, zu leihen bzw. in den Krämerläden (bakkal) auf Kredit zu kaufen (die Kredite werden meist jährlich zur Erntezeit getilgt), sind die (in Tabelle 27) für Ernährung genannten Aufwendungen z.T. durch Kredite finanziert. Ein Teil der Differenz zwischen den Summen der durchschnittlichen Haushaltseinkommen und -ausgaben[1] erklärt sich durch solche Erweiterungen der haushaltlichen Liquidität, da die Kreditaufnahme nicht bei der Einkommensentstehung einbezogen war.

---

1) Vgl. die Differenzen zwischen den Werten je Gruppierung von Haushalten in Tabelle 26 und Tabelle 27. Die unterschiedlichen Größen der Gruppierungen sind dabei zu beachten.

6.6 Resümee

Die Bewirtschaftung von eigenem oder zugepachtetem Land bzw. die Arbeitstätigkeit als Landarbeiter in dörflichen ldw. Betrieben (die Möglichkeiten, außer-ldw. Einkommen zu erzielen, waren begrenzt) bildete die Grundlage für die Subsistenzhaushalte bis zum Aufkommen der GAW. Die Haushalte konnten nur durch den Landbesitz und/oder Arbeit auf dem Land existieren. Daraus ergab sich eine relativ ausgeglichene Einkommensverteilung auf einer niedrigen Stufe, dem Subsistenzniveau. Mit der und durch die GAW wurde es Dorfhaushalten ermöglicht, die Einkommensgewinnung verstärkt vom Landbesitz bzw. von der Landarbeit zu lösen und stattdessen im industriellen Sektor zu erzielen.

Mit den Einkommen aus der Arbeiterwanderung wurde es 62 NG möglich, die Bewirtschaftung ihres (zugepachteten) Landes aufzugeben und die außerhalb der Dorfwirtschaft erzielten Gelder zur Grundlage der Liquidität der Haushalte zu machen. Die Haushalte, die über diese Einkommensquelle verfügen, erreichen damit ein vergleichsweise umfangreiches Einkommen, aus dem gesteigerte Ausgaben möglich werden. Mit dem Anwachsen der disponiblen Mittel der Haushalte geht eine Veränderung der Mittelverwendung (Ausgabenstruktur) einher, die dazu führt, daß die Selbstversorgung zunehmend eingeschränkt wird und die neu entstandenen Marktmöglichkeiten ausgenützt werden. Die vormalige Eigenversorgung mit Nahrungsmitteln wurde abgelöst von der Bedarfsdeckung über den Markt und erlaubt nun, da die Lebensmittel kontinuierlich angeboten werden, den Verbrauch (z.B. von Fleisch) von der Saisonalität der Erzeugung, die bei der Eigenversorgung üblich ist, unabhängig zu machen.

Den NG steht je VVP das größte für Konsumzwecke verfügbare Einkommen zu. Allerdings wird dieses Einkommen, wegen der mit der GAW verbundenen Veränderungen der Haushalte, abweichend von der traditionellen Verwendung ausgegeben. So liegen die prozentualen Ausgaben für Nahrungsmittel in den an der GAW beteiligten bzw. ehemals beteiligten Haushalten durchschnittlich niedriger und die Aufwendungen für Reisen und Kommunikation sowie für soziale Verpflichtungen höher als im allgemeinen Durchschnitt des Dorfes. Die den ldw. Haushalten zufließenden Transferzahlungen der GA ermöglichen ihnen, Angebote an Maschinen, Betriebsmitteln (Dünger) zu nutzen und evtl. Zukaufgelegenheiten für Land wahrzunehmen. Damit verfügen diese Haushalte über die Liquidität, die sowohl einen höheren Lebensstandard (vor allem durch den Zukauf von Lebensmitteln zur Ergänzung der Selbstversorgung) als auch den Einsatz moderner Wirtschaftsmethoden erlauben. Die potentiellen Möglichkeiten, die sich für die ldw. Haushalte mit Transfereinkommen aus der GAW und dem damit erhöhten Gesamteinkommen ergeben, können allerdings häufig nicht wegen der fehlenden Verfügbarkeit (Knappheit) der benötigten Betriebsmittel genutzt werden.

7 Die Vermögensbestände der Haushalte

Die Situation der ländlichen Haushalte nur anhand der Einkommen aufzuzeigen, ergibt noch kein umfassendes Bild ihrer unterschiedlichen Lage. Deshalb sollen nun auch die vormaligen, in Sachwerten kumulierten Aufwendungen geschätzt werden, um den Einfluß der GAW einordnen zu können. Für die ldw. Haushalte werden die Vermögen an Land, Tieren, Maschinen, Gebäuden und Hausrat angezeigt; denn durch die aus der GAW und den dabei generierten Transferzahlungen, die die Liquidität der Haushalte erweitern, ergeben sich darüberhinaus Veränderungen in ihrer Stellung im dörflichen System.

7.1 Das Landeigentum als Vermögen der Haushalte

Während bisher das Eigentumsland als Faktor und Grundlage der Betriebsführung betrachtet wurde, soll es nunmehr als Wert in die Vermögensrechnung der Haushalte einbezogen werden. Der Umfang des Eigentumslandes, der durchschnittlich je Gruppierung in Tabelle 7 angezeigt ist, wurde mit dem allgemeinen Betrag von 100000 TL (6850 DM) für jeweils 1 ha bewässerbares und 20000 TL (1370 DM) für nicht bewässerungsfähiges Land bewertet. Die Verkehrslage und die jeweilige Bodenqualität etc. wurden nicht berücksichtigt. Die derart ermittelten Werte, die in Schaubild 10 eingingen, können deshalb nur als Schätzwerte verwendet werden. Dennoch sind sie hilfreich, um den Einfluß der GAW auf die Vermögensbestände der Haushalte aufzuzeigen.

Obwohl die Landflächen der an der Arbeiterwanderung (speziell der GAW) beteiligten Haushalte umfangreicher sind als die der LO (vgl. die Durchschnitte von 10.9 ha bzw. 7.5 ha in Tabelle 7), stellt das Land am Vermögen dieser Haushalte, infolge der GAW, nur einen kleineren Anteil dar. Durch die zufließenden Transferzahlungen ist es den LR und LG möglich gewesen, die Bestände an Nutztieren und Maschinen zu erhöhen sowie die in Hausrat und Gebäuden festgelegten Werte zu steigern, so daß der absolut gleichbleibende oder gar zunehmende Wert des Landes relativ abgenommen hat.

7.2 Die Tierhaltung

Nutztierhaltung spielt in den Haushalten eine wichtige Rolle. Drei Aspekte sind hierbei - auch unter dem Einfluß der GAW - von besonderer Relevanz: Die Nutztierhaltung
- ermöglicht eine weitgehende Selbstversorgung bezüglich einiger wichtiger Produkte wie z.B. Milch, Fleisch und Wolle;
- ist für die Durchführung von Transportarbeiten und Bodenbearbeitung (Ochsen, Pferde und Esel als Zug- und Tragtiere) wichtig;
- genießt ein hohes soziales und wirtschaftliches Prestige, denn der Nutztierbestand sichert auch - durch die in ihm gebundenen monetären Ressourcen - eine gewisse Unabhängigkeit des Haushaltes.

Die Tierbestände werden weitgehend kommunal bewirtschaftet. Lokale Hirten organisieren die Beweidung der regulären und erweiterten Brachflächen des Dorfes (nadas und bosluk). Durch das Melken der Tiere an einem Platz sind die Frauen in enger und ständiger Kommunikation, denn nur sie sind für diese Arbeiten zuständig - hier tauschen sie das Wissen um die neuesten Ereignisse im Dorf untereinander aus[1].

Die Tierhaltung der Haushalte ist nicht ausschließlich an den Besitz von Land gebunden, sondern erfolgt durch die gemeinsame Bewirtschaftung auf der Basis der 'Nutzung restlichen Landes'[2]. Damit ist es landlosen Haushalten möglich, dörfliche Einkommen zu erzielen und die Tierhaltung hat eine ausgleichende Funktion in der Wohlstandsordnung des Dorfes.

---

1) Die Dorfgaststätte (kahvehane), welche von Frauen nicht betreten wird, ist der Ort der Kommunikation für die Männer; dem täglichen Treffen der Frauen zum Melken der Tiere kommt eine ähnliche Funktion zu.
2) ARESVIK (1975), S. 54.

7.2.1 Die Tierarten

Die Nutztiere für die Erzeugung von Milch, Wolle und Fleisch finden sich in allen Untersuchungshaushalten, soweit diese noch Tierhaltung betreiben (vgl. Tabelle A16). Solche Tiere können selbst in NG gehalten werden, in denen durch die Abwesenheit des Haushaltungsvorstandes als GA nur die Frau und die Kinder im Dorf verblieben sind. Die kommunale Haltung im Sommer und das Durchfüttern der Tiere im Winter ermöglichen selbst den NG die begrenzte Nutztierhaltung.

Die Tatsache, daß die Zugtiere nur in den ldw. Haushalten gehalten werden, ist eine wesentliche Begründung für die bei der Klassifizierung (vgl. Kapitel 2.5) vorgenommene Trennung der Landbesitznutzung in aktive (mittels ldw. Betrieb) und passive (Verpachtung und erweiterte Brachnutzung)[1] Bewirtschaftungsmethoden.

Der jeweilige Umfang der Nutztierhaltung in den Haushalten der einzelnen Gruppierungen unterliegt z.T. sehr unterschiedlichen Ausmaßen:

- Schafe werden in ldw. Haushalten mit durchschnittlich 16 Tieren je Haushalt zahlreicher gehalten als in nicht-ldw. mit nur durchschnittlich 5 Tieren je Haushalt. Allerdings zählen zu NR, mit durchschnittlich 16 Schafen je Haushalt, nahezu alle Schafe der nicht-ldw. Haushalte.
- Ziegen werden in allen Haushaltsgruppierungen gehalten, doch sind sie in den nicht-ldw. Haushalten auf wenige Besitzer, hauptsächlich wiederum NR, konzentriert.
- Kühe werden ebenfalls häufig gehalten, doch sind die Bestände in den nicht-ldw. Haushalten gering und auf ausschließliche Selbstversorgung angelegt. Zunehmend wird die Zahl der nicht--ldw. Haushalte mit Kuhhaltung, hier vorwiegend die NG,

---

[1] Ebenfalls wird hierbei die Langfristigkeit der agrarstrukturellen Entwicklung deutlich. Die o.g. 62 Betriebe, die abgegeben wurden, können ohne umfangreiche Aufwendungen für Zugtiere bzw. mechanische Zugkraft nur durch die kostspielige Lohnauftragsvergabe wiederbewirtschaftet werden.

kleiner, wodurch der noch vergleichsweise große Durchschnittsbestand an Kühen in nicht-ldw. (1.4) gegenüber den ldw. Haushalten (2.9 Kühe) reduziert wird.

Die nicht-ldw. Haushalte mit Nutztierhaltung sind diejenigen, die wegen der Verpachtung ihres Landbesitzes in Teilbaupachtverträgen[1] das Winterfutter als Pachtzins (z.B. die Hälfte der Körner und des Strohes eines mit Getreide bestellten Feldes) erwirtschaften. Diese Haushalte sind an der Tierhaltung interessiert, da sie noch an traditionellen Werten festhalten. Einerseits verbinden sie mit der Tierhaltung Erinnerungen an die eigene Betriebsführung und versuchen daher, die tierischen Grundnahrungsmittel zumindest teilweise selbst zu erzeugen, andererseits ist oft die Stellung des als GA im Ausland tätigen Haushaltsmitgliedes noch nicht so gefestigt, um die Tierhaltung aufzugeben. Die dem dörflichen Stammhaushalt in solchen Situationen zufließenden Transferzahlungen kennzeichnen sich durch geringe Beträge oder Unregelmäßigkeiten aus, so daß die vollständige Abgabe von Bemühungen zur Eigenversorgung (z.B. Einstellung der Tierhaltung und Nutzung des Landes in erweiterter Brache) noch zu unsicher ist. Darüberhinaus wird für nachwachsende Haushaltsmitglieder mit der begrenzten Tierhaltung auf der Basis von Teilbaupachtverträgen bzw. Futtermittelzukauf eine Arbeitsmöglichkeit eröffnet und ihre Stellung im Dorf gefestigt.

7.2.2 Der Umfang der Tierhaltung in den Haushalten

Zur Darstellung des Tierhaltungsumfanges je Haushalt ist ein Vergleichskriterium notwendig, welches für alle Gruppierungen, die miteinander betrachtet werden, relevante Aussagen ermöglicht. Die weitgehende Unabhängigkeit der traditionellen, gemeinschaftlichen Tierhaltung in der türkischen Dorfwirtschaft

---

1) Vgl. Kapitel (4.3.1.2).
2) Vgl. hierzu z.B. STEINHAUSER u.a. (1972), S. 59f.

vom Landbesitz relativiert die speziell betriebsanalytische Methodik der Bewertung der Tiere in Großvieheinheiten (GV), um daraus Verhältniszahlen unter Einbeziehung der Betriebsfläche zu erreichen[1]. Diese Bewertung eines haushaltlichen Tierbestandes mittels GV schließt auch eine wichtige Funktion aus, die in der Türkei ebenfalls mit dem Tierbestand eines Haushaltes verbunden ist: Die Ersparnis- und/oder "Notgroschen"--Akkumulation. Um aber diese Ersparnisbildung mit einzubeziehen und darüberhinaus die rein betriebsspezifische Bewertung und Begrenzung aufzugeben, somit auch die Tierbestände der nicht--ldw. Haushalte vergleichbar zu machen, wurden die Viehbestände mit den z.Zt. der Intensiverhebung geltenden monetären Werten (Handelspreisen, vgl. Tabelle A9) bewertet. Die sich durch diese Beurteilung ergebenden Verzerrungen hinsichtlich der Über-- und Unterbewertung eines Tieres bezüglich des Alters, der Konstitution, seines Zuchtwertes etc. werden toleriert. Die unterschiedlichen Werte der Tierbestände in den einzelnen Gruppendurchschnitten sollen deshalb nur als Richtzahlen genannt werden.

Aus der Bewertung der erfaßten haushaltlichen Tierbestände ergab sich der Wert des Tiervermögens, der in Schaubild 8 als Index auf der Basis des durchschnittlichen Tiervermögens je Untersuchungshaushalt von 4900 DM (= 100) dargestellt ist. Dabei zeigt sich, daß die NG und NO mit den Indices von 41 und 53 über wenige Tiere verfügen, während NR mit dem Index von 92 nahe an den Wert der durchschnittlichen Tierhaltung heranreichen. Alle ldw. Haushaltsgruppierungen weisen jeweils einen geringen Anteil von Haushalten aus, die keine Tiere besitzen. Darüberhinaus hält ein kleiner Anteil der Haushalte nur wenige Tiere. Das Drittel der LG, die keine intensive Tierhaltung betreiben, sind diejenigen, die zumeist ihren Landbesitz der Bewirtschaftung durch Lohnaufträge unterziehen. Diese werden wohl ihre Betriebsführung abgeben, sobald mit den Transfergeldern aus der GAW außerlandwirtschaftliche Erwerbsmöglichkeiten geschaffen sind. Die LR weisen die umfangreichste Nutztierhaltung

---

[1] Vgl. hierzu z.B. STEINHAUSER u.a. (1972), S. 59f.

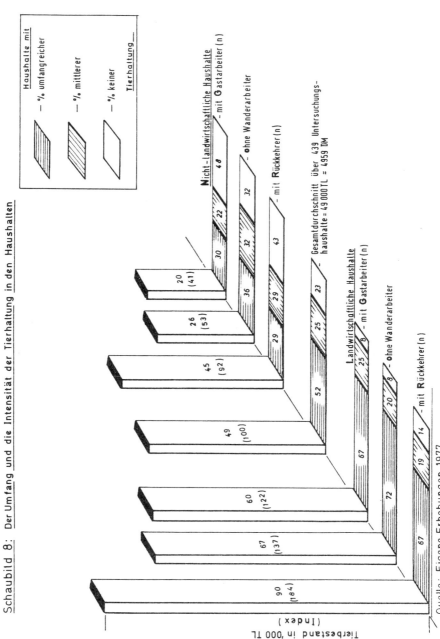

aus. Der Index von 184 kennzeichnet ihre herausragende Stellung in der dörflichen Tierhaltung, die LR häufig auf die Vermarktung ausrichten, um die während der GAW-Beteiligung erfahrenen Zuschüsse barer Mittel erneut zu erreichen bzw. ihnen zumindest nahe zu kommen.

Ebenfalls ist in Schaubild 8 die Intensität der Tierhaltung nach drei Ausprägungen je Haushaltsgruppierung aufgezeigt. Dabei werden die folgenden Stufen des Tierhaltungsumfanges unterschieden:

- keine Tierhaltung benennende Haushalte;
- geringe Tierhaltung anzeigende Haushalte[1], d.h. Haushalte, welche nur Kleinvieh (Gänse, Enten, Puten, Bienen, wenige Schafe und Ziegen usw.) halten. Der Wert des Tierbestandes liegt unter dem Wert einer Kuh (= 480);
- mittlere Tierhaltung betreibende Haushalte, d.h. Haushalte, die zwecks (weitgehender) Selbstversorgung mit tierischen Grundnahrungsmitteln (Fleisch, Milch) und Bedarfsgütern (Wolle) mindestens eine oder mehrere Milchkühe, darüberhinaus Schafe und Ziegen halten. Gelegentlich aufkommende Überschüsse (Milch) werden zu Milchprodukten (speziell Joghurt) weiterverarbeitet, welche später auf dem Markt in der Kreisstadt angeboten werden. Der Wert dieser Tierbestände beträgt zwischen 480 und 1713 DM;
- Intensive Tierhaltung als Gruppencharakteristik umfaßt alle Haushalte, die über ein Tiervermögen von mehr als 1713 DM verfügen. Der Zweck der Tierhaltung ist nicht berücksichtigt, doch finden sich hier ebenso die Betriebe, die tierische Zugkraft anwenden wie Haushalte, die über eine außerordentlich umfangreiche Selbstversorgungstierhaltung verfügen und darüberhinaus teilweise am Tierhandel beteiligt sind.

Aus Tabelle A17 wird deutlich, daß nur sieben Haushalte aus-

---

1) Schaubild 8 weist diese Haushalte zusammen mit denen mittleren Tierhaltungsumfanges aus. Ihr genauer Anteil ist jedoch Tabelle A17 zu entnehmen, welche anzeigt, daß es sich hierbei vor allem um nicht-ldw. Haushalte handelt.

schließlich Kleinvieh besitzen. Zumeist halten die Haushalte
ausreichend Tiere, um sich weitgehend mit eigenen tierischen
Produkten zu versorgen, oder sie stellen die Tierhaltung völlig
ein. Nahezu die Hälfte (48 %) der NG hält keine Tiere. Dies ist
absolut und relativ die größte Gruppe innerhalb der tierlosen
Haushalte. Relativ gesehen sind mehr als doppelt so viele NG
ohne Tierbesitz[1] als durchschnittlich für alle Untersuchungshaushalte (23 %) ausgewiesen ist. Dieser hohe Anteil resultiert
vor allem aus

- der permanenten Abwesenheit eines oder mehrerer Haushaltsmit-
  gliedes(r),
- dem Zufluß von ausreichendem Einkommen für die im Dorf verbliebenen Personen aus den Remissionen und
- den Belastungen der Mitglieder eines Stammhaushaltes mit
  traditionellen Rollen und Aufgaben.

Insbesondere wegen der dispositiven und manuellen Tätigkeiten
zwecks Vorbereitung und Durchführung der Winterhaltung der
Tiere - welche speziell nach der Aufgabe des eigenen ldw. Betriebes zunehmend Vorsorge und Planung erfordert - wird die
Tierhaltung in den NG aufgegeben. Allerdings sind NG anzutreffen, die Tiere von LO oder NO in Teilhaberschaft, nach der Art
von Teilbauverträgen, versorgen lassen.

Die intensivere Tierhaltung in den ldw. Haushalten zeigt eine
beginnende Integration der Tierhaltung in den Ackerbau an.
Ebenso ergibt sich eine Korrelation zwischen Tierhaltungsum-
fang und Ackerbau hauptsächlich bei den LO, von denen 72 % der
Betriebe intensive Tierhaltung betreiben, die einen Anteil der
Hack- und Futterkulturen an der Ackerfläche von durchschnittlich 5 % aufweisen[2].

Mit der weniger umfangreichen Tierhaltung in den LG - von ihnen
verfügen nur 67 % über Tiervermögen, welche 1713 DM überschrei-
ten - geht der geringere Anteil der Hack- und Futterkulturen
(4 %) an der Ackerfläche einher. LG sind aufgrund ihrer Ein-

---

1) Auf der Basis erhebungsmäßig erfaßter Tierarten (d.h. ohne
   Hühner, Hütehunde, ...).
2) Vgl. Tabelle 17.

kommen aus den Transferzahlungen anscheinend nicht auf eine intensivere tierische Produktion und den damit ermöglichten Verkauf tierischer Produkte ausgerichtet. Doch sind es vor allem die kleineren Betriebe dieser Gruppierung[1], die nicht über große Tierhaltung verfügen. Wie oben festgestellt, ist ihre weitere Entwicklung noch nicht sicher abzusehen und sie mögen wohl diejenigen sein, die die weiteren Betriebsabgaben durchführen werden.

7.3 Die Gebäudevermögen

Die am auffälligsten sichtbare Einflußnahme der GAW am Dorf (-bild) sind die neu erstellten Wohnhäuser der Gastarbeiterhaushalte. Sich loslösend von der traditionellen Lehmbauweise mit den flachen Dächern, errichten sich die Gastarbeiterfamilien mit erheblichen Investitionen neue Häuser in der Ziegelbauweise. Diese Baumaßnahmen haben für das dörfliche Leben mehrschichtige Bedeutung - sowohl psychologische als auch wirtschaftliche Wirkungen sind mit dem Hausneubau verbunden. Einerseits verschafft sich der Bauherr mit dem Hausbau Anerkennung und eine leicht ersichtliche Demonstration seines Wohlstandes und regt(e) damit die Erwartungshaltungen der Dorfbevölkerung an. Der Mut und das Wagnis der Aufnahme der GAW-Beteiligung durch den Haushalt wird belohnt durch das Vorzeigen der - durch die GAW gewonnenen - Erfahrungen, Konsumansprüche[2] und Güter. Andererseits ergibt sich aus den baulichen Aktivitäten der Gastarbeiterhaushalte eine Reihe von Möglichkeiten (z.B. in Maurer- und Transportarbeiten) für viele nicht selbst an der GAW beteiligte Haushalte des Dorfes, zusätzliche Einkünfte zu erzielen.

---

1) Vgl. Kapitel 4.1.
2) Neubauten, speziell von nicht-ldw. Haushalten, sind zunehmend aufwendiger - mehrstöckige Bauweise, Badezimmer anstelle eines Waschplatzes (yikama yeri) in vielen Häusern - geplant, um die westlichen Gewohnheiten zu demonstrieren.

Der von den Gastarbeiterhaushalten verursachte Bauboom eröffnet den verhinderten, jedoch potentiell GAW-bereiten Bevölkerungsteilen (viele Personen waren 1973 in den Gastarbeitervormerklisten notiert, gelangten aufgrund der Wartezeiten nicht in den Vorteil der aktiven GAW-Beteiligung, sowie Personen, die in das arbeitsfähige Alter hineingewachsen sind) attraktive Erwerbsmöglichkeiten. Da die Baumaßnahmen in relativ kurzer Zeit (meist in einem verlängerten Urlaubsaufenthalt) durchgeführt werden, ergeben sich günstige Bedingungen für die Arbeitskräfte wegen der - wenngleich zeitlich befristeten - Nachfrageüberhänge nach Arbeitskräften. Diese Nachfrage nach Arbeitskräften in der arbeitsreichen Erntezeit (wegen der Urlaubszeit der GA auch die Zeit des Wohnungsbaues) beschleunigte auch die Mechanisierung der ldw. Betriebe, da anfallende Erntearbeiten oft nicht rechtzeitig und kostengünstig durch anzuwerbende Arbeitskräfte erledigt werden konnten. Der absolute Vorteil der GA beim Hausbau ist ihre Zahlungsfähigkeit auf der Basis ihrer Einkommen in harten Währungen. Doch auch der Wunsch vieler Dorfbewohner, Erzählungen und Erfahrungsberichte der GA über/aus ihren Anwerbeländern zu hören, fördert die Bereitschaft zur Arbeitstätigkeit bei den Wohnhausbauaktivitäten, zumal die dabei gezahlten Entlohnungen über den für ldw. Arbeiten gebotenen liegen. Diese Löhne ermöglichen oft erhebliche Wohlfahrtssteigerungen, vor allem in den Haushalten, die keine GA mehr entsenden konnten und demzufolge - und durch die nachwachsenden, nunmehr arbeitsfähigen Haushaltsmitglieder - über unterbeschäftigte Arbeitskräfte verfügen. Die Übernahme von gut bezahlten Transportarbeiten durch die schlepperbesitzenden Bauern fördert die Mechanisierung derart, daß Haushalte, speziell LR, versuchen, solche Möglichkeiten zur Finanzierung von Investitionen in Zusatzgeräte für den Schlepper (Sämaschine etc.) wahrzunehmen. Die Konzentration von neuen Wohnhäusern bei Haushalten mit aktiver Beteiligung an der GAW ist aus Schaubild 9 ersichtlich - 56 % der LR, 49 % der LG und noch 43 % der NG haben neue Wohnhäuser. Dagegen besitzen nur 17 % der NO

Schaubild 9: Gastarbeiterwanderung und Wohnhaussituation

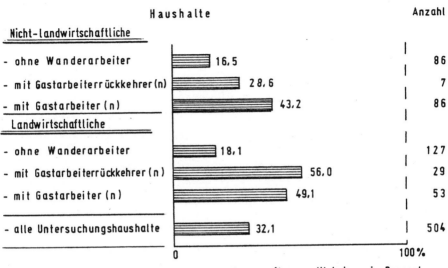

Quelle: Eigene Erhebungen 1977

und 18 % der LO diese modernen Wohnstätten[1].

Alle Haushaltsgruppierungen mit aktiv angehender bzw. ehemaliger GAW-Beteiligung weisen bezüglich ihrer Wohnhaussituation (die nicht-ldw. Rückkehrerhaushalte ausgenommen[2]) eine signifikant modernere auf. Allerdings relativiert sich diese günstigere Situation bei der Betrachtung des Gesamtwertes der Gebäude (nach der Selbsteinschätzung der Haushalte). Die Gebäudevermögen der Haushalte sind in Tabelle 28 (und als Teil des Gesamtvermögens in Schaubild 10) aufgezeigt.

Deutlich ist die unterschiedliche Ausstattung der Haushalte mit Gebäudevermögen. Da in den Haushalten, die ihre ldw. Betriebe abgegeben haben, ebenfalls oft noch Wirtschaftsgebäude vorhanden sind, liegen die Indexwerte für ldw. bzw. nicht-ldw. Haushalte mit 106 bzw. 92 relativ eng beieinander. Diesen Index (106) bei den ldw. Haushalten als Basis nehmend, wird die Einflußnahme der GAW an den Gebäuden erneut dahingehend sichtbar, daß die kontinuierliche Beteiligung des Haushaltes an der GAW der Gebäudeausstattung des Betriebes förderlich ist. Neben Reparaturen und Erweiterungen der alten Anlagen waren Neubauten von ldw. Wirtschaftsgebäuden (zwei Ställe) zahlenmäßig sehr begrenzt festzustellen, welche zudem nach der herkömmlichen Technik (Stall, Scheune und Lagerschuppen unter einem Dach) errichtet wurden; allerdings waren in beiden Fällen die Transfergelder aus der GAW ein wichtiges Finanzierungsmittel. Die Unterstellung von Maschinen und Geräten wird - nach Platzverfügbarkeit - ebenfalls in diesen Gebäuden vorgenommen; oft jedoch sind die Maschinen nur im Innenhof abgestellt (z.B. Schlepper) oder liegen draußen vor dem Hauptraum des Wohnhauses.

---

1) In der kontingenztabellarischen Darstellung nach der tautologischen Ausprägung der Variablen 'Wohnhauszustand' mit den Merkmalsausprägungen 'alt' (Lehm) und 'neu' (Ziegel) sowie GAW, ehemalige und gegenwärtig aktive bzw. keine Beteiligung, ergibt sich ein statistisch signifikanter Zusammenhang zwischen neuem Wohnhauszustand und GAW-Beteiligung auf dem Signifikanzniveau von 0.005 mit einem Phi-Koeffizienten der Bedingtheit von 0.358.

2) Der Zeitpunkt der Beendigung der GAW-Beteiligung war zumeist nicht frei gewählt, sondern ergab sich aus vorwiegend rechtlichen Schwierigkeiten der GA.

Tabelle 28: Das durchschnittliche Gebäudevermögen der Haushalte je Gruppierung (in DM)

Haushalte	Gebäudevermögen			
	n	Durchschnitt	Variationskoeffizient	Index
Nicht-landwirtschaftliche Haushalte				
- ohne Wanderarbeiter	17	6275	102	77
- mit GA-Rückkehrer(n)	3	5775	47	71
- mit Gastarbeiter(n)	54	7953	86	98
Zwischensumme	74	7480	88	92
Landwirtschaftliche Haushalte				
- ohne Wanderarbeiter	43	6802	67	84
- mit GA-Rückkehrer(n)	15	10159	53	125
- mit Binnenwanderung	5	5590	49	69
- mit Gastarbeiter(n)	38	10481	72	129
Zwischensumme	101	8624	66	106
insgesamt	175	8138	78	100
davon Haushalte				
- ohne Wanderarbeiter	65	6569	75	80
- mit GA-Rückkehrer(n)	18	9426	52	116
- mit Gastarbeiter(n)	92	8994	80	111

Der Umfang des Gebäudevermögens in den Gruppierungen der landwirtschaftlichen Haushalte ist von deren Beziehung zur Gastarbeiterwanderung statistisch signifikant abhängig:

Einfache Varianzanalyse: $F_{(3; 97)} = 4.55$; Sign. = 0.01 ;

Quelle: Eigene Erhebungen 1978

Das Gebäudevermögen (zumindest die Wirtschaftsgebäude betreffend) ist zwar mit der GAW stark positiv korreliert, doch nicht im gleichen Umfange im kausalen Zusammenhang (abweichend von den oben genannten Stallneubauten) mit den Transfergeldern aus der GAW. Vielmehr ist das umfangreiche, in Wirtschaftsgebäuden gebundene Kapital von den gleichen haushaltlichen Rahmenbedingungen herzuleiten, die auch die GAW-Beteiligung ermöglicht/folgerichtig gemacht hat: die Großfamilie und das von ihr verwaltete Wirtschaftspotential.

Wie in Tabelle 28 deutlich wird, verfügen die LG über das umfangreichste in Gebäuden festgelegte Potential im Vergleich aller Haushaltsgruppierungen, doch auch LR haben durchschnittlich einen kaum geringeren Wert an Gebäuden.

7.4 Die Gebrauchsgüterausstattung der Haushalte

Wie bereits in Kapitel 3.4.4 angesprochen, beginnt mit dem ersten Heimatbesuch des GA der Güterstrom von den Aufnahmeländern zu den Herkunftsdörfern, der die aufgezeigten Transfergeldzahlungen und Sachgüter umfaßt; sie sollen im Folgenden in ihrer Kumulation als Ausrüstung der Haushalte aufgeführt werden.

Tabelle 29 weist die durchschnittlichen Anteile der Haushalte in ausgewählten Haushaltsgruppierungen aus, die jeweils im Besitz der angesprochenen Gebrauchsgegenstände sind. Die Anteile der Haushalte, die ein Rundfunkgerät besitzen (insgesamt durchschnittlich 76 %), dürften jeweils - über die ausgewiesenen Daten hinaus - näher an eine vollständige Ausstattung der Haushalte mit diesen Geräten herankommen, da die Informationen in einigen Haushalten nachweislich zurückgehalten wurden, der Befürchtungen wegen, die Erheber könnten die Daten zur Gebührenfestsetzung weiterreichen. Allerdings sind die für NO und LO festgestellten Anteile (59 % und 77 %) als nahezu reale Ausstattung der Haushalte mit Rundfunkgeräten anzusehen.

Auch wenn viele Haushalte ein Rundfunkgerät (oft das durch ein neues ersetzte alte Gerät) über die GAW (z.B. Dienstleistungsentlohnungen von GAW-beteiligten Familien) oder als unmittelbares Transfergut aus der GAW - häufig als Mitbringsel bei einem (der) ersten Heimaturlaubsbesuch(e) - erhalten, sind einige Haushalte im Dorf ohne Rundfunkgeräte geblieben. Diese Haushalte unterhalten weder weitläufige (verwandtschaftliche) Verbindungen zu den GAW-beteiligten Haushalten noch sind sie in der sozialökonomischen Position, Dienstleistungen an andere Haushalte zu erbringen, deren Entlohnung moderne Gebrauchsgüter sein könnten. Soweit diese Haushalte[1] Dienstleistungen[2] verrichten, sind sie auf die Subsistenzdeckung (Nahrung, Heizmaterial) ausgerichtet und bei solcher Zielsetzung sind moderne elektronische Gebrauchsgüter 'Luxusgegenstände'[3] und - vielleicht - Wunschgüter. Auf dieser Basis wiederum erscheinen die geringen Anteile der Haushalte mit Rundfunkgeräten in den NO und LO - beide Gruppierungen umfassen u.a. jeweils die wirtschaftlich am ungünstigsten gestellten Dorfhaushalte - verständlich.

Bei den weiteren aufgeführten Massenkommunikations-/Unterhaltungsmedien - Kassettentonband, Fernsehgerät und Plattenspieler - ergeben sich signifikante Unterschiede, die vor allem durch die hohen Anteile der diese Geräte besitzenden NG verursacht werden. Plattenspielgeräte - in der Dorfmeinung ein modernes Gebrauchsgut des gehobenen Anspruchs - finden sich häufiger in den Haushalten mit gegenwärtiger GAW-Teilnahme (NG und LG). Durch die - wegen günstiger familienzyklischer Stellungen - Verteilung der ökonomisch absolut vorteilhaft ausgestatteten Haushalte auf alle Haushaltsgruppierungen finden sich

---

1) Sie zählen vor allem zur Kategorie der ökonomischen Devianten nach PLANCK (1971), S. 149.
2) Z.B. tezek kadini (die Frau, die den Stallmist zu Heizmaterial für den Winter verarbeitet).
3) Nach den Informationen des KÖY ENVANTER ETÜDLERINE GÖRE, Sivas, sollen 1965 an Rundfunkgeräten nur 20 in Gümüstepe, 20 in Sagir und 23 in Cemel vorhanden und damit nur ca. 10, 15 und 8 % der jeweiligen Dorfhaushalte im Besitz eines solchen Gerätes gewesen sein.

Tabelle 29: Die durchschnittlichen Konsumgüterausstattungen der Haushalte

%-Anteil der Haushalte je Gruppierung mit dem Gebrauchsgut	Untersuchungshaushalte						
	Nicht-landwirtschaftliche Haushalte			Landwirtschaftliche Haushalte			
	ohne Wanderarbeiter (78)	mit Rückkehrer(n) (6)	mit Gastarbeiter(n) (72)	ohne Wanderarbeiter (122)	mit Rückkehrer(n) (18)	mit Gastarbeiter(n) (50)	insgesamt[1] (361)
Rundfunkgerät	59	80	86	77	89	92	76
Fernsehgerät	14	50	62	11	33	38	28
Tonbandgerät	28	50	75	38	72	92	52
Plattenspieler	6	20	18	9	6	22	12
Kühlschrank	11	20	50	12	36	50	24
Waschmaschine	-	-	15	1	14	3	4
Fahrrad	14	-	15	14	17	32	16
Personenkraftwagen	-	-	10	2	11	8	4

1) Einschließlich fünf nicht-landwirtschaftlicher und zehn landwirtschaftlicher Haushalte, die an der Binnenwanderung beteiligt sind.

Quelle: Eigene Erhebungen 1976/77

auch diese Geräte in allen Gruppierungen. Moderne haushaltliche Gebrauchsgüter wie Waschmaschine und Kühlschrank sind ebenfalls hauptsächlich in den Gruppierungen vertreten, die aktuell an der GAW beteiligt sind (NG und LG). Nur die LR verfügen über eine ähnlich umfangreiche Ausstattung mit diesen Geräten - abweichend von den NR, die, vermutlich wegen der nicht erreichten GAW-Zielsetzungen bzw. der nicht frei gewählten Rückkehr, nur geringe Ausstattungen mit, erst nach längerer GAW-Beteiligung erreichbaren, Gebrauchsgütern (Waschmaschine/Kühlschrank) aufweisen. Auffallend ist, daß LG in nahezu allen kleineren Gebrauchsgüterausstattungen mit NG übereinstimmen, doch im Falle von aufwendigeren Anschaffungen (Fernsehgerät und Waschmaschine) zurückstehen. Hier wird der Entscheidungszwang bei der Einkommensverwendung in den LG zwischen Konsumaufwendungen (z.B. Fernsehgerät) und ldw. Maschinen[1] deutlich; ein Entscheidungsbereich, welcher für die Haushalte entfällt, die ihren ldw. Betrieb abgegeben haben[2].

Der Umfang der gesamten Gebrauchsgüter-(Hausrats-)ausstattung - nach der Einschätzung der jeweils Befragten (ein Hinweis auf ihre früheren Baraufwendungen) - bildet die Grundlage der Daten, aus denen die Tabelle 30 entwickelt ist[3]. Für ausgewählte Haushaltsgruppierungen sind die Hausrats-/Gebrauchsgüterausstattungen dargestellt. Zusätzlich sind die Streuungen genannt und die Haushaltsausstattungen jeder Gruppierung, in Abhängigkeit vom Durchschnitt aller Haushalte (n = 226), indiziert. Erneut zeigt sich, daß GAW-beteiligte Haushalte über die umfangreichere Hausratsausstattung verfügen, wobei allerdings an der mit 6576 DM geringen Gebrauchsgüterausstattung (Index 97) der NG gegenüber der in NR, LR und LG - Indices 129, 111 und 121 - die Aufteilung des Hausrates auf den dörflichen, hier erfaßten Stammhaushalt und den Bereich des GA (und seiner mitreisenden Begleitung) im Anwerbeland deutlich wird. Da die GA

---

1) Vgl. Kapitel 5.4 und den Anteil der LG, die im Besitz eines Fahrrades sind.
2) Speziell die NG; vgl. Kapitel 4.4.2.
3) Vgl. Fragenkomplex 3 des Intensivfragebogens in A2.

Tabelle 30: Die durchschnittlichen Ausstattungen der Haushaltungen mit Gebrauchsgütern (in DM)

Haushalte	n	Gebrauchsgüterausstattung		
		Durchschnitt	Variationskoeffizient	Index
Nicht-landwirtschaftliche Haushalte				
- ohne Wanderarbeiter	16	3720	58.2	55
- mit Gastarbeiterrückkehrer(n)	4	8768	24.7	129
- mit Gastarbeiter(n)	63	6576	46.8	97
Zwischensumme	83	6131	47.9	90
Landwirtschaftliche Haushalte				
- ohne Wanderarbeiter	46	5781	57.3	85
- mit Gastarbeiterrückkehrer(n)	26	7535	36.2	111
- mit Binnenwanderung	7	5891	23.6	87
- mit Gastarbeiter(n)	64	8206	50.4	121
Zwischensumme	143	7193	48.7	106
- Haushalte insgesamt	226	6802	52.8	100

Mit einer einfachen Varianzanalyse wurden statistisch signifikant unterschiedliche Ausstattungen der Haushalte mit Hausrat nachgewiesen:

Für die Gruppierungen der nicht-landwirtschaftlichen Haushalte:

$F_{(2;\ 80)} = 6.98$; Sign. $= 0.002$;

Für die Gruppierungen der landwirtschaftlichen Haushalte:

$F_{(3;\ 139)} = 4.51$; Sign. $= 0.005$;

Quelle: Eigene Erhebungen 1978

im Anwerbeland z.T. umfangreiche Hausratsvermögen unterhalten[1], liegen die Ausstattungen der dörflichen Stammhaushalte niedriger. Daraus ist die Verwendung der Transferzahlungen vordringlich zur Lebenshaltung zu entnehmen, welche geringere Entscheidungsfreiheiten für weitere Einkommensverwendungen lassen.

Aus dem relativ umfangreichen Hausrat bei den LG - durchschnittlich 8206 DM gegenüber 7193 DM im Gesamtdurchschnitt - leitet sich erneut ihr Potential ab, aus den Transferzahlungen sowohl den umfassenden Maschinenpark als auch die haushaltliche Modernisierung finanzieren zu können. Die vorhandenen Maschinen und Geräte leisten hierbei jedoch einen wichtigen Beitrag: durch die Erwirtschaftung einer weitgehenden Selbstversorgung einerseits - gesichert durch die Naturalentnahmen, eine der eingangs genannten haushaltlichen Zielsetzungen des Betriebes - und andererseits infolge der Möglichkeiten unmittelbarer Bareinkommen durch die Ausführung von Lohnarbeitsaufträgen mittels Maschinen.

NR verfügen mit ihren durchschnittlich 8768 DM Hausratswerten über die umfangreichste Ausstattung[2]. Zwar besitzen auch LR Hausratswerte von 7535 DM, aber mit einer größeren Streuung (Variationskoeffizient 36 gegenüber 25 in NR) wird die um ca. 14 % verringerte Ausstattung signifikant deutlich. Daraus ergibt sich, daß die Transferzahlungen (die Einnahmen) aus der GAW in LR nicht ausschließlich zur Ausstattung des Haushaltes herangezogen wurden, sondern zur Finanzierung der betrieblichen Mechanisierung[3]. Allgemein darf festgehalten werden, daß die GAW die Modernisierung der Haushalte im Sinne von Gebrauchsgüterausstattungen förderte durch:

- die - in Briefen, Heimatbesuchen und durch die Rückkehrer - ins Dorf fließenden Informationen und Anregungen,

---

1) Z.B. würden sich die in Tabelle 28 genannten Ausstattungen der Haushalte in allen Teilbereichen, vor allem aber an PKW, deutlich erweitern.
2) Dabei ist allerdings auf die schmale Datenbasis (n = 4) hinzuweisen, aus der auch die Abweichungen von Tabelle 29 zu erklären sind.
3) Diese allerdings erlaubt bei der Ausführung übernommener Lohnaufträge später, für haushaltliche Zwecke verfügbare Einkommen.

- die Bereitstellung von Transfergütern, mit denen sowohl die direkt GAW-beteiligten Haushalte als auch mittelbar (durch Entlohnung von Diensten oder auch Geschenke) weitere Haushalte in den Besitz moderner Kommunikationsmittel und Gebrauchsgüter gelangen, und
- die Transferzahlungen, die neben der betrieblichen Mechanisierung auch teilweise zur Modernisierung der Haushalte eingesetzt werden können.

Der GAW kommt damit die relevante Funktion zu, neben der Bereitstellung von Arbeit in den Industrieländern, auch umgekehrt Ansprüche und Erwartungen der Anwerbeländer in die Herkunftsdörfer und -haushalte zu vermitteln. Agrarstrukturelle Bedeutung wird dem Zeitpunkt beigemessen, zu dem die Transferzahlungen für haushaltliche Aufwendungen eingesetzt werden. In Haushalten, die die betriebliche Modernisierung vorrangig durchgeführt haben (LR und einige LG), liegen nunmehr die Voraussetzungen vor, mit der haushaltlichen Modernisierung mittels Einkommen aus der Lohnarbeit - für Haushalt-Betrieb-Einheiten ohne Maschinenpark - zu beginnen. Damit werden die auftraggebenden Haushalte (Betriebe) in eine komparativ unvorteilhafte Lage gebracht, die bei erster Gelegenheit - im Falle neuer/weiterer außer-ldw. Erwerbsmöglichkeiten - ursächlich für die Betriebsabgabe wird. Somit werden später den bereits mechanisierenden Betrieben weitere Flächen zur Anpachtung zur Verfügung gestellt[1], und gleichzeitig wird neue Nachfrage nach den von diesen Betrieben erzeugten Gütern geschaffen. Auf diese Weise wird der in den türkischen Plänen antizipierte Strukturwandel durch die GAW geprägt.

---

[1] Die Betriebe mit Schleppern sind zumeist diejenigen, welche in der deutschen Terminologie als 'Auffangbetriebe' zu bezeichnen wären.

7.5 Der Wohlstand der Haushalte und die GAW

'Vermögen ist der allerwichtigste Faktor in der dörflichen Rangordnung'[1] und diese Hierarchie ist durch die GAW-Beteiligung der Dorfhaushalte und den damit verbundenen Chancen, die haushaltlichen Vermögen zu erweitern, substantiell verändert worden. Vor allem durch den Bedeutungsverlust des Bodens - früher wichtigstes, da einziges Mittel, das Vermögen zu steigern[2] - als der Grundlage der haushaltlichen Autarkie zum Einsatzfaktor für die ldw. Produktion, der sich aus den neuen Möglichkeiten in der GAW ableitet. Ist es vor der GAW nur der Boden gewesen, auf dem die Arbeitskraftpotentiale der einzelnen Haushalte zum Einsatz gebracht werden konnten, so erlaubte die GAW in den Untersuchungsdörfern erstmals kontinuierlich eine umfangreichere Tätigkeit von Arbeitskräften außerhalb der primär agrarwirtschaftlichen Produktion, ohne die außer-ldw. Ausbildung (und die damit verbundene vorherige Abgabe der ldw. Tätigkeiten) zur Bedingung zu machen. Die Nachfrage nach jungen, gesunden, ungelernten Arbeitskräften bot vielen Haushalten Chancen, die ohne die GAW an bereits vorhandene haushaltliche Vermögen (als der Grundlage für Bildung und Ausbildung) geknüpft waren.

Wenngleich anfangs die GAW zuerst von vermögenden Haushalten in einer günstigen Phase des haushaltlichen Zyklusses angenommen wurde, so griffen zur zweiten Hauptanwerbewelle (1967-1973) viele Haushalte mit geringerem bzw. ohne Landbesitz die GAW auf und begannen damit das haushaltliche Vermögen (Arbeit war durch die GAW-Möglichkeiten zu einem relevanten Faktor geworden) zu verändern und so auch die dörfliche Rang- und Wohlstandsordnung sowie Wertnormen einem langsamen Wechsel zu unterziehen.

---

1) STERLING (1965), S. 225, zitiert nach PLANCK (1971), S. 142.
2) Die Möglichkeiten der Vermögenserweiterung über intensive Tierhaltung ist gleichfalls durch den haushaltlichen Bodenbesitz (Produktion des Winterfutters) begrenzt.

Auf der Grundlage ausgewählter Vermögensbereiche wird in Schaubild 10 (vgl. auch A19) die Wirkung der GAW auf die dörfliche Vermögens- (und damit Rang-)ordnung aufgezeigt. Mit dem Gesamtvermögen über alle Haushalt-Betrieb-Einheiten als Basis der Indizierung (38600 DM = 100) liegen die LR an der Spitze[1] der vermögensbezogenen Rangleiter der Untersuchungshaushalte.

Deutlich ist der Unterschied zwischen LR und LG, wodurch die zielstrebige Wirtschaftsweise der Rückkehrer und der erfolgreiche Einsatz der während der GAW verdienten finanziellen Ressourcen unterstrichen wird; hierbei kommt vor allem der erweiterten Tierhaltung der LR, die mit 22 % einen erheblichen Teil des haushaltlichen Vermögens ausmacht, die entscheidende Rolle zu. Wesentlich unter dem allgemeinen Durchschnitt liegen die LO, an deren ausgewiesenen Vermögen das Land und die Tierhaltung die Bereiche sind, in denen sie den Gesamtdurchschnitt übertreffen; dafür sind diese Haushalte sowohl mit Gebäuden und Hausrat als auch Maschinen unterhalb der allgemeinen Werte situiert.

Dem Landbesitz kommt zwar in allen Aussagegruppierungen, als wichtigstem Vermögensteil, ungebrochene Bedeutung zu, doch schwanken die Anteile der Felder am durchschnittlichen Vermögen der Haushalte je Gruppierung mit 28 % bis 45 % erheblich um die allgemeine Wertigkeit des Landes mit 35 % im Durchschnitt der Untersuchungshaushalte.

Bei LO stellt der Landbesitz den umfangreichsten Anteil (44.5 %) am Gesamtvermögen der Haushalt-Betrieb-Einheiten, nicht zuletzt wegen der in Kapitel 4.6 aufgezeigten Landzukäufe, aber auch wegen der geringen Ausstattung in den weiteren angezeigten Vermögensbereichen.

Die Gebäudeausstattung liegt in den beiden an der GAW beteilig-

---

1) Ein mit der GAW in den Untersuchungshaushalten aufgekommener Vermögensbereich, der Besitz von städtischen Gebäuden, Grundstücken, Wohnungen, Beteiligungen an Geschäften etc. ist hierbei, ebenso wie die Bargeldbestände und evtl. Verbindlichkeiten, nicht erfaßt.

Schaubild 10: Die durchschnittlichen Vermögensverteilungen in und zwischen den Haushalten mit landwirtschaftlichen Betrieben nach der Art ihrer Wanderungsbeteiligungen (in %)

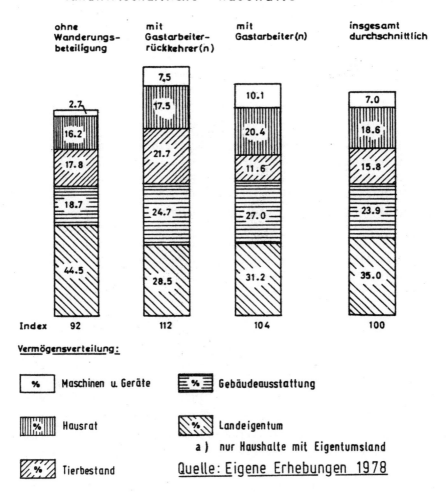

ten Gruppierungen LR und LG nach dem Landbesitz an zweiter
Stelle in der Wertigkeit der einzelnen Vermögensbereiche. Damit wird die Bedeutung der (Wohn-)Gebäude unterstrichen, welche diesen sowohl in der Rangordnung der Dorfnormen als auch
durch den Einsatz von Einkünften der GAW-beteiligten Haushalte
zukommt. Auch beim Vermögensbereich 'Hausrat' unterscheiden
sich beide Haushaltsgruppen (ehemalige oder aktuelle GAW-Beteiligung) kaum: Beide sind an der dörflichen Modernisierung
führend beteiligt.

Allerdings ergibt sich hinsichtlich der Tierhaltungsintensität
und dem Maschinen- und Gerätebesatz eine gegensätzliche Position: LR verfügen über den größeren Anteil des Tierbestandes
am haushaltlichen Gesamtvermögen, während LG den umfangreicheren
Maschinenpark ausweisen. Dies ist aus der jeweiligen Situation
der Gruppierung heraus verständlich:

- LR sind nunmehr wieder (generell) allein auf die dörflichen
  Aktivitäten angewiesen, in denen der Tierhaltung - bei beschränktem Aufwand - zunehmende Möglichkeiten erwachsen (aus
  der Einengung der Tierhaltung in NG und der daraus entstehenden Nachfrage nach tierischen Produkten auf dem lokalen
  Markt). Mittels der Einnahmen aus der Beteiligung an der GAW
  versuchten sie die Ressourcen des Haushaltes und des Betriebes
  zu erweitern, die nun zur Erzielung des Einkommens nach der
  Beendigung der Teilnahme im dörflichen (hauptsächlich ldw.)
  Bereich eingesetzt werden.

- LG sind nur mit einem Teil ihrer Vermögen erfaßt, da die im
  Ausland zur Verfügung stehenden Hausratsgegenstände nicht
  einbezogen sind. Darüberhinaus sind bei ihnen alle angezeigten Vermögensteile leicht erweiterbar. Die zur Finanzierung
  weiterer Güter einsetzbaren Remissionen beachtend, sind LG
  als die vermögendsten Haushalte in den Untersuchungsdörfern
  zu bezeichnen.

Insgesamt wird damit die differenzierende Wirkung der GAW erneut
deutlich. Das Land, welches vor der GAW für die meisten der
Haushalte die Grundlage der Erwerbsmöglichkeiten bildete, gerät
in der und durch die GAW in eine Konkurrenzsituation mit an-

deren Faktoren. Mit dem Wechsel zum sekundären Sektor haben für die nicht-ldw. Haushalte Grund und Boden weitgehend an Bedeutung verloren, doch auch für ldw. Haushalte nimmt das Land als Prestige- und Einkommensquelle mit zunehmender Modernisierung an Geltung ab.

7.6 Resümee

Die im vorherigen Kapitel über die Einkommen angezeigten Ungleichheiten zwischen den dörflichen ldw. Haushalten, welche das Ergebnis der GAW sind, werden nun auch bezüglich des ehemals bedeutendsten Wohlstandsindikators 'Vermögen' deutlich. Je nach ihrer Verbindung zur GAW bzw. zur Binnenwanderung weisen die zu den vier ldw. Gruppierungen zählenden Haushalte hinsichtlich der Bedeutung sowohl einzelner Vermögensbereiche als auch der Gesamtwohlfahrt große Unterschiede auf. Mit der geringeren Bewertung des Landes, als Boden dennoch grundlegendes Betriebsmittel, wird die zunehmende Komplexität der ldw. Betriebe offensichtlich. War vor der GAW der Umfang des Landbesitzes des Haushaltes die wichtigste Vermögens-, Prestige- - und Einkommensquelle, so ist unter den Einflußnahmen der GAW 'Einkommen' d i e neue Vergleichs- und Bezugsgröße geworden. Diese wiederum verändert mittelfristig die Vermögensordnung, indem völlig neue Bereiche (wie z.B. Hausrat, Gebäude und Maschinen) die Stellung des Grundbesitzes in der dörflichen Werteskala relativieren.

8 Ansatzpunkte zur Interpretation der Ergebnisse

8.1 Die empirischen Ergebnisse im Überblick

Die empirischen Erhebungsphasen lieferten Daten, die bezüglich agrarpolitischer Maßnahmen zusammengestellt werden. Hinsichtlich der Agrarstruktur unter dem Einfluß der GAW sind zusammenfassend folgende Fakten zu nennen:

1. Die GAW wurde zuerst von den großfamiliären Haushalten aufgenommen, die ebenfalls über umfangreichen Landbesitz verfügten.

2. Landärmere und landlose Haushalte begannen mit der GAW-Beteiligung erst relativ spät aufgrund bereits gesicherter Informationen.

3. Als Transferzahlungen aus der GAW wurden 1977 ca. 1.2 Millionen DM in die drei Untersuchungsdörfer überwiesen.

4. Die von den Gastarbeitern (GA) im Dorf verbreiteten Erkenntnisse und Erfahrungen waren umfangreich, doch ldw. Wissen wurde kaum vermittelt.

5. Heimatbesuche der GA dienten dem Erbauen neuer Wohnhäuser und dem Transfer von Sachgütern ins Dorf; die dabei verrichteten ldw. Arbeiten waren begrenzt.

6. Der Briefverkehr mit den GA förderte die Kommunikation innerhalb des Dorfes sowie zwischen Dorf und urbanem Bereich.

7. Von den bei der Untersuchung erfaßten 504 der vorhandenen 666 Haushalte der drei Dörfer waren 175 (35 %) an der GAW beteiligt bzw. ehemals beteiligt gewesen (insgesamt 36 Rückkehrerhaushalte).

8. Einen ldw. Betrieb unterhielten 233 (46 %) der 504 Untersuchungshaushalte.

9. Von 65 (28 %) der ldw. Haushalte war zumindest ein Mitglied während der Untersuchung als GA arbeitstätig; häufig wurden diese GA von ihren Frauen und z.T. auch Kindern begleitet.

10. 29 ldw. Haushalte hatten zum Zeitpunkt der Erhebungen ihre GAW-Beteiligung beendet; die Erreichung der Wanderungsziele war damit nicht unbedingt gegeben.
11. Die Hälfte der ldw. Rückkehrerhaushalte mußte nach nicht frei gewählter GAW-Beendigung, aus Ermangelung einer alternativen Einkommensmöglichkeit, an der Betriebsführung festhalten.
12. Nicht beteiligt an der Arbeiterwanderung waren 127 (55 %) ldw. Haushalte.
13. Die durchschnittliche Größe der Betriebe betrug etwa 9.9 ha LF.
14. Die Betriebe der Haushalte mit Gastarbeitern waren mit 12.6 ha LF durchschnittlich größer als die der Haushalte mit Rückkehrern bzw. ohne Wanderarbeiter mit jeweils 11.4 ha und 8.5 ha LF.
15. Der Landbesitz der Untersuchungshaushalte betrug im Durchschnitt 8.4 ha; damit war die Landverteilung gleichmäßiger als allgemein im zentralanatolischen Hochland. Dennoch war jeder 4. Haushalt ohne Landeigentum.
16. Ldw. Haushalte mit Gastarbeitern verfügten über das umfangreichste Landeigentum; aber auch nahezu ein Viertel aller landlosen Haushalte war an der Gastarbeiterwanderung beteiligt.
17. Haushalte mit aktuellen GA umfaßten im allgemeinen mehr Mitglieder als nicht oder nicht mehr an der GAW beteiligte Haushaltungen; die größten waren mit durchschnittlich 7.7 Personen die ldw. Haushalte mit GA.
18. In Vollarbeitskräften gerechnet entzog die GAW den Dörfern 17 % der Arbeitskräfte. Die GAW verringerte das Arbeitskräftepotential um ein Drittel in ldw. bzw. um die Hälfte in nicht-ldw. Haushalten, die an ihr teilnahmen.
19. Während der GAW wurden in den Untersuchungsdörfern 95 ldw. Betriebe aufgegeben. 61 dieser Betriebsaufgaben standen in direktem Zusammenhang mit der GAW, d.h. der Abwanderung von Mitgliedern der damaligen Bewirtschafterhaushalte als GA.

20. Die bei den Betriebsabgaben freigesetzten Ackerflächen wurden überwiegend in Teilbauverträgen weiterverpachtet; allerdings fiel ein erheblicher Teil der Flächen der nicht--ldw. Haushalte mit Gastarbeitern in erweiterte Brache; sie wurden der ackerbaulichen Nutzung nicht mehr zugeführt.
21. Land wurde nur in geringem Umfange gehandelt, doch setzten z.T. GAW-beteiligte Haushalte hierbei ihre Liquidität zunehmend gezielt ein, indem sie die Einsätze anderer Haushalte überboten.
22. Durch die GAW wurde in den ldw. Haushalten der Arbeitskräftebesatz je 100 ha LF auf 80 reduziert; Betriebe ohne GAW-Beteiligung verfügten dahingegen über durchschnittlich 130 AK je 100 ha.
23. Die Ackerflächenverhältnisse der ldw. Betriebe haben sich durch die GAW kaum verändert; nur Betriebe von Rückkehrern versuchten, durch einen verstärkten Anbau von Hack- und Futterkulturen die während der GAW-Beteiligung gewohnten Bareinkommen zu erzielen.
24. Der Aufwand an zugekauften Betriebsmitteln je ha LF war in den Betrieben der Rückkehrer am umfangreichsten; diese Betriebe wiesen zudem eine relativ geringe Streuung der Einsätze dieser Betriebsmittel aus. Allerdings lag der Aufwand solcher Mittel nicht ausschließlich im Entscheidungsbereich der Betriebe - oft waren es Mängel der Faktormärkte, die den Umfang der Betriebshilfsmitteleinsätze mitbestimmten.
25. Zwei Drittel aller Schlepper waren auf der Grundlage von Ersparnissen bzw. Transferzahlungen aus der GAW angeschafft worden. Die ldw. Haushalte mit GA verfügten über die umfangreichsten Maschinenbestände, die allerdings häufig nicht voll ausgelastet wurden. Meist fehlten die zum Schleppereinsatz benötigten Zusatzgeräte.
26. Die ldw. Betriebsführung von Haushalten, die keine eigenen Zugkräfte, Maschinen u.a. unterhielten sowie die Wünsche herangewachsener Mitglieder GAW-beteiligter Haushalte, die

zudem aus GAW-Erträgen über Maschinen verfügten, ebenfalls erwerbstätig zu werden, führte zur Entwicklung eines Marktes für Dienstleistungen, auf dem , neben den herkömmlichen Handarbeiten, auch Aufträge für maschinelle Lohnarbeiten angeboten bzw. nachgefragt wurden.

27. Betriebe mit (ehemaligen) GA erzielten durchschnittlich die höchsten ldw. Einnahmen, doch betrieb auch von ihnen nur jeder 25. ausschließliche Selbstversorgung. Der Selbstversorgungsgrad in diesen Haushaltsgruppierungen war am ausgeprägtesten; das ließ sich u.a. auf die ausgedehnte Produktion tierischer Erzeugnisse zurückführen.

28. Die Erträge aus dörflichen Wirtschaftsaktivitäten summierten sich bei den ldw. Haushalten mit Rückkehrern und auch bei denen ohne Wanderarbeiter in Werten, die über dem Durchschnitt der nicht-ldw. Haushalte mit GA lagen. Nach der Einrechnung der Transferzahlungen aus der GAW wird deutlich, daß die Haushalte mit GA über die absolut umfangreichsten Einkünfte, davon durchschnittlich 9372 DM in baren Einkommen, verfügten. Mit diesem Vorteil war ihnen sowohl die Mechanisierung des Betriebes als auch ein herausragender Lebensstandard möglich.

29. Hinsichtlich der Einkommen waren die Haushalte mit GA sowohl bei den nicht-ldw. als auch bei den ldw. Haushalten die jeweils führenden ihrer Übergruppierung. Damit kamen die Einkommensaspekte innerhalb der dörflichen Wertenormen durch die GAW auf.

30. An der Spitze der traditionellen dörflichen Rangordnung (nach dem Vermögen) standen die ldw. Haushalte mit Rückkehrer(n). An ihnen wurde besonders deutlich, daß allgemein innerhalb des Dorfes die Bedeutung des Landeigentums infolge der GAW abgenommen hatte, denn speziell in ihrem Vermögen machte der Boden absolut und relativ - im Durchschnitt - nicht mehr den größten Vermögensbereich aus.

8.2 Die Arbeitshypothesen im Kontext der empirischen Befunde

Nach den Darstellungen der wichtigsten Faktoren der Agrarstruktur und der sie bedingenden Gegebenheiten der einzelnen Haushalt-Betrieb-Einheiten unter dem Einfluß der GAW sollen im folgenden die empirischen Befunde in einen direkten Bezug zu den Arbeitshypothesen der Untersuchung gesetzt werden. In Übersicht 3 sind die Arbeitshypothesen aufgelistet und ihr Aussagegehalt wurde für jede einzelne der vier, mit der GAW in direkter Verbindung stehenden Haushaltsgruppierungen, überprüft. Jeweils besonders relevante Merkmale wurden genannt, die die Wirkungen der GAW auf die Gruppierung innerhalb des Dorfes beschreiben. Alle Aussagen beziehen sich auf die Annahme, daß jeder Haushalt der genannten Gruppierungen vor der GAW in einem ähnlichen, absolut bodenabhängigen Ausgangszustand war.

8.2.1 Hypothesen zum Bereich 'Arbeit'

Arbeitshypothese (1): Das Arbeitspotential der Haushalte reicht auch nach der Abwanderung von Familienangehörigen als Gastarbeiter aus, um die Betriebsorganisation ungeändert beibehalten zu können.

Das Arbeitskräftepotential, welches nach der Aufnahme der GAW-Beteiligung des Haushaltes dem ldw. Betrieb zur Verfügung stand, reichte aus, um 94 der insgesamt 175 Haushalte, die an der GAW beteiligt sind/gewesen sind, als ldw. Haushalte zu erhalten. Ihre Betriebsorganisation wurde weitgehend unverändert beibehalten. Für diese Haushalte ist Arbeitshypothese (1) nicht zu falsifizieren (vgl. Kapitel 4.4). Allerdings unterlagen 43 Haushalte durch ihre GAW-Beteiligung einer durchgreifenden Veränderung. Mit der Betriebsabgabe wurden sie nicht-ldw. Haushalte (vgl. Tabelle 11). Für diese 43 Haushalte - 5 NR und 38 NG, die vor der GAW-Beteiligung ihren Landbesitz selbst bewirtschafteten - ist damit diese Arbeitshypothese zu falsifizieren. Die entscheidenden Faktoren bei der Betriebsabgabe waren

- die Stellung des GA in der haushaltlich-familiären Hierarchie (vgl. Tabelle 12) als Haushaltungsvorstand, und

Übersicht 3: Die Arbeitshypothesen zu den Haushalt-Betrieb-Einheiten und die Untersuchungsergebnisse im Vergleich[1])

Arbeitshypothese Nr. Objekt	Gruppierungen der Haushalte mit Beteiligung an der Gastarbeiterwanderung				relevanter Faktor im Haushalt
	nicht-ldw. Haushalte mit Rückkehrer(n)	Haushalte mit Gastarbeiter(n)	Landwirtschaftl. Haushalte mit Rückkehrer(n)	Haushalte mit Gastarbeiter(n)	
(1) Unveränderte Betriebsorganisation	falsifiziert	falsifiziert	nicht falsifiziert	nicht falsifiziert	Arbeitskräfte-Potential
(2) Einsatz betriebsfremder AK	nicht relevant	nicht relevant	in Arbeitsspitzen	in Arbeitsspitzen	Mechanisierungsgrad
(3) Zunehmende Mechanisierung	Kleingeräte	Prestigeobjekte	Schlepper	Schlepper	Antizipierte zukünftige Einkommensquelle
(4) Einsatz betrieblicher Liquidität	nicht relevant	nicht relevant	bedingt falsifiziert	nicht falsifiziert	Transfergeldeinkünfte
(5) Verringerte Subsistenzquote	nicht falsifiziert	nicht falsifiziert	nicht falsifiziert	nicht falsifiziert	Konsumansprüche
(6) Günstigere betriebliche Faktorkombinationen	nicht relevant	nicht relevant	nicht falsifiziert	nicht falsifiziert	Betriebliche Zielsetzungen
(7) Abnahme der Elastizitäten ldw. Güter	falsifiziert	falsifiziert	falsifiziert	falsifiziert	Anspruchsniveau
(8) Aktivere Frauenrolle	kaum verändert	sehr relevant	falsifiziert	generell falsifiziert	Haushaltsstruktur
(9) Arbeitsrollenverteilung	falsifiziert	z.T. sehr relevant	falsifiziert	generell falsifiziert	Ziel d. Gastarbeiterwanderungs-Beteiligung
(10) Realspaltung und Familienspaltung	Die Aufspaltung der Großfamilien bei und nach der Gastarbeiterwanderung führt nicht zur Entstehung kleinerer Betriebseinheiten; im Gegenteil, durch die Gastarbeiterwanderung werden Realteilungen der Höfe vermieden.				
(11) Betriebliche Maximierung	nicht relevant	nicht relevant	allgemein angestrebt	zumindest versucht	Beteiligung an der Gastarbeiterwanderung
(12) Betriebliche Neuerungen	nicht relevant	nicht relevant	nicht falsifiziert	nicht falsifiziert	Informationsstellung
(13) Zunahme der Risiko- und Unsicherheitsfreudigkeit	nicht relevant	nicht relevant	tendenziell falsifiziert	tendenziell falsifiziert	Bargeld-Liquidität
(14) Zunahme der betriebl. Arbeitsproduktivität	nicht relevant	nicht relevant	nicht falsifiziert	nicht falsifiziert	Kapitalausstattung

[1]) Siehe hierzu dieses Kapitel sowie Kapitel 2.1

- die Begrenztheit des haushaltlichen Arbeitskräftepotentials (vgl. Tabelle 8 und Schaubild 4) im Verhältnis zum haushaltlichen Landbesitz (Tabelle A8).

Arbeitshypothese (2): Das verringerte Arbeitpotential der Betriebe wird durch die Anwerbung ständiger und/oder saisonaler Arbeitskräfte ausgeglichen.

Die Anwerbung betriebsfremder Arbeitskräfte ist nur für bestimmte Arbeiten und in Arbeitsspitzenzeiten üblich, wobei vornehmlich Frauenarbeit nachgefragt wird. Durch die GAW wurde dieses Verhalten nicht verändert, wenngleich die - vor allem männlichen - Arbeitskräfte erheblich (real) höhere Löhne verlangen. In LG werden diese Lohnkosten ohne Schwierigkeiten verkraftet, während nicht oder nicht mehr aktiv GAW-beteiligte ldw. Haushalte (LO, LR und LB) z.T. Probleme beim Aufbringen dieser (Bar-)Entlohnungen nennen. Tendenziell wird versucht, die Abhängigkeit von saisonalen Fremdarbeitskräften zu vermindern, indem die Mechanisierung der Betriebe, möglichst mit vollautomatischen Geräten, angestrebt wird.

Arbeitshypothese (3): Die Betriebsorganisation wird durch verstärkte Mechanisierung an das verringerte und qualitativ veränderte Arbeitspotential des Betriebes angepaßt.

Die Ergänzung bzw. Ersetzung und der Ausgleich von - zur GAW abgeworbenen - Arbeitskräften wird in LR und LG durch Maschinen angestrebt, doch kann nicht jeder Mechanisierungsschritt vollständig als die Einflußnahme der GAW angesehen werden. Vielmehr spielen beim Mechanisierungsbestreben auch Prestigedenken und z.B. die traditionell herausragende Stellung des Haushaltes innerhalb des Dorfes eine ausschlaggebende Rolle. Das Wissen um die technischen Möglichkeiten (sowohl aus Informationstransfers der GAW als auch unmittelbar aus den hohen dörflichen Erwartungshaltungen bezüglich der Mechanisierung) wird durch die Beteiligung des Haushaltes an der GAW der Realisierung näher gebracht und damit über den Lohnauftragsmodus allen dörflichen Betrieben verfügbar gemacht.

Die kritische Schwelle zur Führung eines ldw. Betriebes liegt

bei einem AK-Potential des Haushaltes um 3.6 AK[1], d.h. einem
Haushaltsumfang in der Größe einer älteren Kernfamilie, in der
die Kinder bereits im (voll-)arbeitsfähigen Alter sind. Würde
einem solchen Haushalt durch die GAW die verantwortliche Hauptarbeitskraft (der Haushaltungsvorstand) abgeworben, so verblieben zur Eigenbewirtschaftung des Landbesitzes nicht mehr
ausreichend Arbeitskräfte verfügbar. Da die mit der GAW-Aufnahme abgeworbene quantitative Arbeitskraft nicht sofort durch
Maschinen ersetzt werden könnte und darüberhinaus in den qualitativen (leitenden) Aspekten kaum Ersatz zu stellen wäre[2],
würde dieses Ressourcenungleichgewicht Boden : Arbeitskräfte,
als Folge der GAW, zur Betriebsaufgabe führen, d.h. der Abgabe
des Landes zur passiven Bewirtschaftung in Fest- oder Teilbaupachtverhältnisse bzw. zur vollständigen Nutzungsvergabe (erweiterte Brache).

8.2.2 Hypothesen zu den Transferzahlungen

In den diesen Arbeitshypothesen zugrunde liegenden Annahmen
wurde postuliert, daß die GA erhebliche Teile ihrer Einkommen
mittels Transferzahlungen an die dörflichen Stammhaushalte
weiterleiten. Bei der Untersuchung konnte für NG (n = 25) festgestellt werden, daß durchschnittlich 19 % des in Europa erzielten Grundlohnes[3] der GA in deren Stammhaushalte transferiert werden. Aus der geringen Streuung dieser Transfereinkünfte (V = 86) wird deutlich, daß diese Zahlungen relativ
gleich umfangreich in die einzelnen dörflichen Stammhaushalte
fließen, von denen sie zur allgemeinen Lebenshaltung eingesetzt werden.
LG (n = 24) erhalten durchschnittlich 15 % des Grundlohnes

---

1) Wobei - falls der Haushalt landlos war - Land durch Teilbaupachtverträge zugänglich würde.
2) Obwohl die Ehefrauen der GA die Betriebsabgabe durchführten, waren von Frauen kontinuierlich geleitete ldw. Betriebe nicht anzutreffen.
3) Einkommen der GA aus Neben- und Überstundentätigkeiten konnten nicht erhoben bzw. berücksichtigt werden.

ihrer als GA im Ausland weilenden Mitglieder transferiert. Mit diesem geringeren Anteil der Remissionen am Grundlohn der GA sowie durch deren größere Streuung (V = 120) wird die o.g. Argumentation unterstützt, nach der LG Transferzahlungen nur beschränkt zur allgemeinen Lebenshaltung überwiesen bekommen; allerdings erhalten sie zur Finanzierung von Zukäufen an Betriebsmitteln bzw. Neuanschaffungen/Reparaturen von Maschinen und Geräten Remissen, die sie oft anfordern.

Arbeitshypothese (4): Die durch die GAW erhöhte Liquidität der Haushalte führt zu verstärktem Kapitaleinsatz im landwirtschaftlichen Produktionsprozeß.

Diese Hypothese ist nur für die LR bzw. LG von Relevanz. In den LR war zwar die betriebliche Liquidität z.t. ebenfalls von der GAW determiniert (z.B. durch Rückzahlungen von Sozialversicherungsbeiträgen), doch sind diese Betriebe gehalten, nunmehr durch Erträge aus Verkäufen und Kreditaufnahmen (LR sind die aktivsten Kreditnehmer) die Liquidität zu erzielen - evtl. auch durch das Aufschieben oder den Nichtkauf von Betriebshilfsmitteln und Konsumgütern (vgl. zur Ausstattung dieser Haushalte Kapitel 7.4). Dennoch wenden LR die umfangreichsten Anteile ihrer Bareinkünfte für ldw. Betriebsmittel auf, die z.t. wegen der ehemals durch die GAW erzielten Einkommen, welche zur Modernisierung angewandt wurden, indirekt eine Liquiditätserhöhung aus der GAW darstellen. Damit ist die Arbeitshypothese (4) für LR allgemein nicht falsifizierbar (vgl. Schaubild 5 und Tabelle A13). Für LG gilt die Annahme, daß mit der Liquiditätserweiterung die Einsätze von Betriebshilfsmitteln ansteigen. Zwar sind zumeist die flüssigen Gelder der Haushalte ausreichend, um übliche Betriebsmittel einzukaufen, doch für größere Posten von Hilfsmitteln bzw. für den Ankauf von Geräten und Maschinen werden die Hilfeleistungen von im Ausland arbeitenden Angehörigen (auch Freunden) erbeten. Insofern erfaßt die Arbeitshypothese (4) diesen Sachverhalt. Doch setzen nicht alle LG ihre potentiellen Möglichkeiten in ihrem ldw. Betrieb ein, besonders die Betriebe (meistens die kleineren, vgl. Tabelle 6), bei denen die Entscheidung über die zukünftige

Führung noch nicht getroffen ist, kommen nicht unbedingt in
den Vorteil der Liquidität ihrer Bewirtschafterhaushalte. Diese Betriebe werden oft nur zur Deckung der Grundversorgung
aufrechterhalten und Netto-Investitionen werden unterlassen.

Arbeitshypothese (5): Die Liquidität des Haushaltes führt zur
Verringerung der Subsistenzquote und zur
verstärkten Integration der Betriebe[1] in
den Markt.

Diese Hypothese, in der durch die GAW eine Verringerung der
Subsistenzquote postuliert und damit eine verstärkte Marktintegration der Betriebe erwartet wird, soll anhand des Anteiles
der von der eigenen Haushalt-Betrieb-Einheit für den Eigenverbrauch entnommenen Güter überprüft werden. Dabei werden als Indikator nur die eigenerzeugten Lebensmittel herangezogen und
mit den ermittelten gesamten Haushaltsausgaben in Bezug gesetzt.

Nach diesen Daten ergaben sich durchschnittlich je Haushaltsgruppierung folgende Subsistenzquoten:[2]

NR   27.2 %
NG   12.2 %[3][4]   NO   18.2 %[4]
LR   22.0 %
LG   17.1 %   LO   23.0 %

Nach diesen Daten kann Arbeitshypothese (5) nicht falsifiziert
werden. Allerdings ist in dieser Vergleichsrechnung auf die
Qualität der selbsterzeugten Nahrung hinzuweisen. So ist bei

---

1) Tierhaltung und tierische Produkte sind hier einbegriffen,
   weshalb auch nicht-ldw. Haushalte begrenzte Subsistenzversorgung aufweisen.
2) Vgl. A2; die Subsistenzquote entspricht der Beziehung der
   monetären Werte für die Fragenbereiche $(16.1.1/(\sum 16./100))$
   des Intensiverhebungsbogens.
3) Zu beachten ist die Resthaushaltsfunktion, welche sich aus
   der Abwesenheit von mindestens einer AK (= VVP) während des
   Jahres herleitet.
4) Vgl. die Haushalte mit Teilbauverträgen und Viehhaltung in
   Tabelle 13 und A17.

den NR der erweiterte Grad der Selbstversorgung mit tierischen Produkten zu berücksichtigen. Gleichzeitig ist die Summe der Haushaltsausgaben bei NR insgesamt begrenzt (vgl. Tabelle 27) - der relativ hohe Selbstversorgungsanteil ist somit verständlich. NG verfügen wegen der begrenzten Naturalentnahmemöglichkeiten über diese geringe Subsistenzquote. Diese Tatsache unterstreicht einerseits die Notwendigkeit und die Bedeutung der GAW-Transferzahlungen an NG, andererseits eröffnen sich durch diese Nachfrage den ldw. Haushalten Vermarktungsmöglichkeiten, aus denen die erwünschten Bareinkünfte erzielt werden.

Arbeitshypothese (6): Der vermehrte Kapitaleinsatz im Produktionsprozeß ermöglicht eine günstigere Kombination der Produktionsfaktoren.

Das günstigere Zusammenwirken ist, als These formuliert, nicht zu falsifizieren (wie in Tabelle 22 vor allem durch das gute Ergebnis für die LR an ldw. Einnahmen gegenüber den LO ausgewiesen ist, welches auch durch die begrenzte, im Verhältnis kleine Streuung bekundet wird). Mittels der überwiegend zeitlich, nach eigenen Wünschen, befristeten Teilnahme an der GAW sind diese Haushalt-Betrieb-Einheiten nunmehr in der Lage, die dörflichen Ressourcen vorteilhaft bei der Betriebsführung zu nutzen. Die während der - angestrebt kurzen - Gastarbeitertätigkeit gewonnenen finanziellen Mittel waren geplant eingesetzt worden. Doch wie die Variationskoeffizienten in Tabelle 22 zeigen, finden sich in allen Gruppierungen Betriebe, die ihre Liquidität erfolgreich einsetzen und so neuen Handlungsfreiraum erzielen. Die durch die Transferzahlungen aus der GAW gewonnene Liquidität der Haushalte kann und wird nur dort ertragssteigernd eingesetzt, wo das Ziel des Betriebes die Marktproduktion ist; diese wiederum wird meist nur von denjenigen Betrieben angestrebt, deren Haushalte sich für den weiteren Verbleib in der Landwirtschaft entschlossen haben und entsprechende Planungen und Investitionen tätigen.

Arbeitshypothese (7): Die Ausgabenelastizitäten der Haushalte verschieben sich zuungunsten landwirtschaftlicher Güter.

Die Nachfrage nach ldw. Gütern hat noch nicht das Stadium er-

reicht, in dem sie bei steigendem Einkommen abnehmen würde.
Die Hypothese ist für alle Gruppierungen abzulehnen. Im Gegenteil, in allen Gruppierungen - ausgenommen die NG - steigen mit den durchschnittlichen Ausgaben je Haushalt auch die Aufwendungen für Ernährung an. Die Haushalte erhöhen mit gestiegenem Einkommen vorwiegend den Verbrauch von Fleisch, nicht selbst-produzierbaren Käsesorten etc. Dabei nimmt die Qualität der Nahrungsmittel zu, auch wenn es verhältnismäßig geringe und oft nur prestige-begründete Veränderungen sind, wie z.B. der Wechsel von der selbst (im Dorf) produzierten Weizengrütze zum zugekauften Reis, der aus anderen Teilen der Türkei kommt.

8.2.3 Hypothesen zum Komplex 'betriebliche und familiäre Rollen'

In der Mehrzahl waren die im Ausland Arbeitstätigen jeweils Vorstand des Herkunfts-(Stamm-)haushaltes (vgl. Tabelle 12). Diese Tatsache verleiht dem Bezugsrahmen der Arbeitshypothesen über die Veränderungen im Rollengefüge der Familie (des Haushaltes) besondere Relevanz. Dennoch verlaufen die Rückwirkungen der neuen Rollenaufteilungen, bezüglich der betrieblichen Entwicklung, nicht unbedingt entsprechend der Thesen.

Arbeitshypothese (8): Durch die Abwesenheit der männlichen Familienmitglieder erhalten die Frauen größere Teilhabe in betrieblichen Entscheidungen.

Die Aussage, daß die Frauen an betrieblichen Entscheidungen teilnehmen, ist wiederum innerhalb jeder Gruppierung sehr differenziert zu beurteilen.

- In LG ergaben sich für Frauen die geringsten Veränderungen; durch die allgemein größere Familie bzw. die nachgewachsenen Söhne sind alle Entscheidungsbereiche des im Ausland weilenden Haushaltungsvorstandes in der Hand - anderer - männlicher Familienmitglieder verblieben. Der im Dorf gebliebenen Ehefrau kommt keine größere Befugnis hinsichtlich betrieblicher Beschlüsse zu - doch darf ihr haushaltlich-familiärer Handlungsraum nicht als eng angesehen werden. Ihre Entscheidungen werden oft nur nach außen von den meist jüngeren männlichen Haushaltsmitgliedern vertreten.

- LR und NR weisen bezüglich der weiblichen Rolle bei betrieblichen Entschlüssen geringe Unterschiede aus; für bestehende Differenziertheit sind die altersbedingten Rahmenbedingungen bestimmend. LR sind jüngere Familien als NR und waren an der GAW beteiligt, um (allgemein) die Ressourcen zur betrieblichen Entwicklung zu schaffen, NR dagegen suchten die GAW-Beteiligung (von den erzwungenen Rückkehrern in beiden Gruppierungen abgesehen) möglichst lange auszudehnen, da ihre Entscheidung 'Abwanderung aus dem ldw. Sektor' getroffen war und damit die Betriebsführung abgegeben wurde (vgl. Kapitel 4.4.2).

- NG überantworteten den Frauen die umfangreichsten neuen Entscheidungsbefugnisse. Diese zeitlich begrenzten Aufgaben umfaßten z.B. die Sorge um die Winterfuttervorräte für den haushaltlichen Tierbestand, welcher, wegen der unsicheren Situation des haushaltlichen GA, noch nicht vollständig aufgelöst werden konnte. Dabei kam der verwandtschaftlichen Bindung große Bedeutung zu; zum einen meinen diese das Einengen der Handlungsmöglichkeiten, zum anderen, z.B. bei der Beschaffung der Winterfuttergrundlage, ergibt sich aus den verwandtschaftlichen Beziehungen eine nicht zu unterschätzende Erleichterung für die Frauen bei den ihnen übertragenen Managementfunktionen.

Einige der Haushalte, welche ihren Landbesitz nunmehr in erweiterte Brache fallen ließen, nutzten in der Zeit der anfänglichen Teilnahme an der GAW ihr Land noch durch Teilbauverpachtung, die von der im Dorf verbliebenen Frau organisiert wurde. Mit der Abgabe/Verminderung der Viehherde nach Anweisungen des Haushaltsvorstandes, ausgeführt von der Frau des Hauses bzw. durch von ihr beauftragte dörfliche Bezugspersonen, beschränkt sich die Entscheidungsfunktion der Frau auf den Zukauf von Weizen zur Weiterverarbeitung in das Hauptnahrungsmittel Weizengrütze (bulgur).

Arbeitshypothese (9): Frauen und Kinder übernehmen spezifische Arbeiten, deren Erledigung vor der GAW den männlichen Arbeitskräften vorbehalten war.

Diese Aussage ist nur für die NG sehr relevant während der Zeit der endgültigen Betriebsauflösung und bei der Versorgung des Viehs in den Haushalten, die weiter Tierhaltung betreiben. Dabei sind nur die wenigen mit der Tierhaltung verbundenen Arbeiten, wie der Ankauf bzw. das Sammeln von Winterfutter, zu übernehmen. Diese Arbeiten - wie auch der Besuch der städtischen Markttage - stellen die Aufgaben dar, die in den NG (wegen der aufgegebenen Betriebe) von den Frauen bzw. zunehmend von heranwachsenden Söhnen übernommen werden (müssen). In den anderen GAW-beteiligten Gruppierungen sind ausreichend männliche Arbeitskräfte vorhanden, weshalb von Frauen und Kindern (ab dem 7. Lebensjahr eine halbe AK) - u.a. wegen der fortschreitenden Mechanisierung - nur die traditionellen Handarbeiten verrichtet werden.

Die als Folge der familiären Auflösung der Großfamilien in Kernfamilien in

Arbeitshypothese (10): Die Aufspaltung der Großfamilien in Kernfamilien bedingt die Auflösung der Betriebe in kleinere Einheiten,

postulierte Aufspaltung der ldw. Betriebe war nicht zu beobachten; Arbeitshypothese (10) ist daher zu falsifizieren. Die mit dem Ende eines Familien-/Haushaltszyklusses traditionelle Erbteilung des Landes unterbleibt infolge der GAW-Beteiligung des Haushaltes oder wird nur rechtlich-nominal durchgeführt. Wegen der Einkommensmöglichkeiten GAW-beteiligter Kernfamilien sind diese nicht an die unbedingte Eigenbewirtschaftung des Erbteiles an Land gebunden, welches daraus folgend den anderen Erbparteien zur (gemeinsamen) Nutzung übertragen wird.

8.2.4 Hypothesen zum Wirtschaftsverhalten

Die Arbeitshypothese (11): Das von der Familie dem ldw. Betrieb vorgegebene Zielsystem ist stärker auf eine Gewinnmaximierung ausgerichtet,

welche die Gewinnmaximierung für LR und LG als Wirtschaftsziel impliziert, kann nicht falsifiziert werden. Die intensive Verwendung von Erträgen ehemaliger und angehender Remissionen aus der haushaltlichen GAW-Beteiligung für Land-, Vieh- und Maschinenkäufe sowie die für Betriebshilfsmittel eingesetzten Liquiditäten unterstützen den Inhalt der These. Ebenso unterstreichen die Bemühungen der Betriebe, durch Lohnarbeitsaufträge den Maschinenpark auszulasten - und dabei jegliche Bewirtschaftungsrisiken zu vermeiden - die in dieser These formulierten Erwartungen (vgl. hierzu Kapitel 5.3.2 und Kapitel 5.5.2).

Arbeitshypothese (12): Die Bereitschaft der Haushalte zur Übernahme von Neuerungen im Betrieb ist gestiegen.

Diese Aussage ist ebenfalls nicht zu falsifizieren, doch sind die einsetzbaren, anbautechnischen Neuerungen in den Betrieben wegen der einzelbetrieblichen Eingebundenheit in die dörflichen Normen begrenzt. Dennoch zeigen Betriebe mit direkten Beziehungen zur GAW innerhalb der verbliebenen Möglichkeiten Innovationsbereitschaft. Als Beispiel soll die mit Sonnenblumen bestellte Ackerfläche der LR (vgl. Tabelle A11) genannt werden, die 0.4 ha umfaßt und damit 3.1 % der durchschnittlichen Ackerfläche ausmacht. Der Anteil dieser Kultur nimmt bei den LR absolut und relativ den größten Anteil im Vergleich aller Betriebsgruppen ein und darf als Beweis ihrer Aufgeschlossenheit angesehen werden. Für die Neuerungsbereitschaft spricht ebenfalls das in Kapitel (3.5.4.2) als Fallbeispiel aufgezeigte Interesse an Informationen zur Betriebsführung.

Arbeitshypothese (13): Die Betriebe werden mit größerer Risiko- und Unsicherheitsfreudigkeit geführt.

Zwar ist These (13) im Fall von LR und LG generell zu falsifizieren, doch sind die Streuungen in beiden Gruppen hinsicht-

lich der einzelbetrieblichen Risikobereitschaft sehr groß.
Insgesamt darf gelten, daß die einzelnen Betriebe begrenzte
Unsicherheiten bewußt akzeptieren (vgl. die in Teilbaunutzung
übergegangenen bewässerbaren Flächen der NR in Kapitel 4.4.2
sowie die in erweiterter Brache liegenden, nicht bewässerbaren, die somit risikoreicher sind). Allerdings ist bezüglich
der Beschlüsse über aufnehmbare Risiko- und Unsicherheitsbe-
lastungen zu beachten, daß innerhalb der Dorfordnung auch unter
GAW-Einflußnahmen nicht ökonomische, sondern weiterhin soziale
Bedingungen vorrangige Kriterien bei den Entscheidungen sind.

Arbeitshypothese (14): 'Zeit' wird als Bewertungsfaktor in den
                       Betriebsablauf eingeführt (Arbeitspro-
                       duktivität)

ist aufgrund nicht erhebbarer arbeitswirtschaftlicher Daten
nur allgemein auf Dorfebene tendenziell zutreffend beantwort-
bar und infolgedessen als nicht falsifizierbar zu bezeichnen.
Diese These sollte einem neuen Forschungsprojekt - nach der
inzwischen längeren Zeit der Einflußnahme der GAW auf die dörfliche Agrarstruktur - Leitthematik sein.

8.2.5 Hypothesen auf dörflicher Ebene

Arbeitshypothese (15): Durch die Liquidität der Haushalte steigt
                       die Nachfrage nach dem Produktionsfak-
                       tor Boden, die ein Anwachsen der Boden-
                       preise nach sich zieht.

Arbeitshypothese (16): Kleinstbetriebe und nicht-ldw. Haushalte
                       suchen wegen ihrer Einkommen aus den
                       Transferzahlungen um keine oder weniger
                       Lohnarbeit nach, was zu einem Ansteigen
                       des Lohnniveaus für ständige und sai-
                       sonale Arbeitskräfte führt.

Beide Thesen können nur hinsichtlich allgemeiner Trends beantwortet werden. Umstände, die nicht unmittelbar mit der GAW verbunden sind, dennoch aber von ihr beeinflußt werden (wie z.B.
die hohe Inflationsrate, die Wertschätzung der einzelnen Be-
rufe usw.), erschweren die Bewertung der Aussagen dieser Hypothesen. Es darf aber festgehalten werden, daß die Bodenpreise

vermehrt im Steigen begriffen sind, denn zunehmend erhält der Boden als Einkommensquelle seine Wertachtung zurück, die beim Beginn der dörflichen Beteiligung an der GAW überproportional gesunken war. Erst neue Möglichkeiten der Arbeiterwanderung (z.B. infolge der EG-Vollmitgliedschaft) würden die Bedeutung des Bodens vermindern, doch nur insoweit, wie Boden nicht von den vorhandenen, maschinell gut ausgerüsteten und an Wachstum orientierten Betrieben nachgefragt würde (vgl. auch Kapitel 4.6).

Die Entlohnung von Handarbeit, welche infolge der GAW anfangs sehr begrenzt war, nunmehr aber durch die heranwachsenden Jugendlichen vermehrt zur Verfügung stehen sollte, ist sowohl wegen der o.g. Inflation als auch wegen der ldw. Arbeitsspitzen, in denen manuelle Arbeit konzentriert nachgefragt wird, schwankend, aber insgesamt erheblich im Ansteigen begriffen. Dabei werden Einflüsse der GAW insofern wirksam, als sie

- entsprechend den alten Bräuchen die geringe soziale Bewertung der ldw. Handarbeiten betont,
- Informationen über potentiell erarbeitbare Einkommen vermittelt,
- finanzielle Mittel bereitstellt, mittels derer - durch Mechanisierung - die Handarbeiten verringert werden und damit
- die Nachfrage nach besser ausgebildeten Arbeitskräften unterstreicht.

8.3 Schlußfolgerungen: GAW und Agrarstruktur

Zusammenfassend ist festzuhalten, daß die GAW die betriebliche Entwicklung und damit die Änderungen in der Agrarstruktur erheblich förderte. Durch die Eröffnung einer neuen Einkommensquelle konnte aufgrund des Einsatzes des haushaltlichen Arbeitskräftepotentials die Modernisierung und somit die Vergrößerung der Betriebe eingeleitet werden. Die Agrarstruktur der Dörfer hat sich infolge der GAW durch die Aufgabe vieler Subsistenzbetriebe vorteilhaft zugunsten leistungsfähiger Betriebe verändert; allerdings führte diese Wandlung zu größerer Ungleichheit zwischen den Betrieben und - vor allem - der Stellung der einzelnen Dorfhaushalte. Haushalte, denen wegen der kurzen Anwerbezeit von GA die GAW-Beteiligung nicht möglich war und die deshalb einen ldw. Betrieb führen mußten, waren in eine ungünstigere wirtschaftliche Situation geraten, welche durch die Vorteile (Ausstattung mit Maschinen, viel Liquidität etc.) der Betriebe mit ehemaligem bzw. angehendem direkten Kontakt zur GAW kontinuierlich ungünstiger wurde.

Die Beschaffung ländlicher Arbeitsplätze zwecks Eröffnung von Zuverdienstmöglichkeiten für diese Betriebe würde
- einer weiteren Agrarstrukturverbesserung Vorschub leisten (weitere Betriebsabgaben gestatten) und
- die neuentstandenen Ungleichheiten zwischen den Haushalten - durch die zeitweilige Relativierung des vormals und nunmehr erneut bedeutenden Wohlfahrtsfaktors 'Boden' - verringern helfen, d.h. die Durchsetzung des Maßstabes 'Einkommen' gegenüber dem herkömmlichen 'Vermögen' begünstigen.

Die Veränderung der Agrarstruktur würde sich durch eine Reihe von Maßnahmen noch vorteilhafter gestalten und von der absoluten und andauernden Abhängigkeit von der haushaltlichen GAW--Beteiligung lösen lassen. Ansatzpunkte könnten u.a. sein:

- Bereitstellung eines aktiveren Beratungsdienstes im Herkunftsgebiet, der auch Wissen und Erfahrungen über marktintegrierte Landbewirtschaftung und Betriebsführung vermitteln kann[1].

- Beratung und Information über die europäische Landwirtschaft während der Anwesenheit im Anwerbeland zur Vermeidung der aus imposanten Eindrücken (Großmaschinen etc.) herrührenden Zerrbilder über die 'moderne' Landwirtschaft.

- Eröffnung von einfacheren Kreditmöglichkeiten, um den nicht fortgesetzt direkt GAW-beteiligten Betrieben ähnliche Liqui-

---

1) Vgl. hierzu z.B. den Ansatz des Weltbank-Projektes Corum--Cankari, in dem die Beratung der ldw. Betriebe im Rahmen eines Programmes der ländlichen Entwicklung konzipiert ist. In diesem Projekt wird versucht, über einen multisektorellen Ansatz und die gleichzeitige Förderung von Industrie, Unternehmen des ldw. Vorleistungsbereiches sowie Beratungs- - und Absatzorganisationen, die Entwicklung der Dörfer anzuregen.

ditätspotentiale zu schaffen, über die die direkt und aktuell GAW-beteiligten Haushalt-Betrieb-Einheiten bereits verfügen.
- Förderung der Vermarktung auch von tierischen ldw. Erzeugnissen durch die Unterstützung und Anregung genossenschaftlicher Ansätze, die die vorhandenen hohen Einkommenselastizitäten der tierischen Produkte zugunsten der dörflichen Betriebe nutzen könnten.
- Zusammenarbeit der ldw. Bedarfsgüterorganisation (TZDK) mit der ldw. Beratung (Teknik Ziraat) zur koordinierten Bereitstellung und Unterweisung bei der Anwendung der Betriebsmittel.

Neben diesen, die wenigen Betriebe begünstigenden Maßnahmen sollten gezielter vor allem - auch kleine - industrielle und handwerkliche sowie transportorientierte Unternehmungen gefördert werden. Den abwanderungswilligen, ehemals nicht GAW-Berechtigten, herangewachsenen oder durch die Mechanisierung der Landbewirtschaftung freigesetzten Arbeitskräften sollte in ländlichen Arbeitsplatzbeschaffungsprogrammen der Sektorwechsel ermöglicht werden - ohne eine größere geographische Mobilität zur Bedingung zu setzen[1]. In der Untersuchungsregion des Hochplateaus von Sarkisla geplante/im Aufbau befindliche/bereits arbeitende kleinindustrielle Betriebe in den der ldw. Primärproduktion nachgelagerten Bereichen (Milchsammlung und zentrale Weiterverarbeitung; Aufarbeitung, Konservierung und Vermarktung von Fleisch; Mühlen- bzw. Futtermittelfabriken) müßten von den interessenpolitischen Bindungen der Administration freigestellt und als gemeinsame Anliegen betrachtet werden. Durch gezielte Informationen an alle Haushaltsgruppierungen mit ihrer jeweiligen Interessenlage (d.h., die mit den Gruppierungen der Untersuchung erfaßten dörflichen sowie die Belange städtischer Haushalte) ist den einzelnen Haushalten

---

[1] Damit könnte die Land-Stadt-Flucht zumindest eingeschränkt werden, denn zur Lösung der Probleme in den städtischen Slumgebieten sind allgemein umfangreichere Aufwendungen erforderlich als für die gezielte Förderung ländlicher Programme.

- die entwicklungsrelevante Bedeutung der neuen Maßnahmen darzustellen,
- der relevante Ansatz für staatliche Aktivitäten (Beratung der Bauern und neuen Institutionen, wie Arbeitnehmergenossenschaften, Schulung der Projektbeauftragten und Finanzierung der Unternehmen unter Einbeziehung der Transfergelder) aufzuzeigen und
- die Hemmschwelle der Vorbehalte für eine Zusammenarbeit zwischen den Haushalten, Dorfvierteln und Ortschaften abzubauen.

Solche Aktivitäten wären nötig, um dafür zu sorgen, daß die Entwicklung der türkischen Dörfer nicht mehr analog dem von HINDERINK/KIRAY (1970) geprägten Begriff 'Social stratification as an obstacle to development', gekürzt zu dem Slogan 'Gastarbeiter sorgen nur für sich selbst', verläuft. Die GAW und die dadurch ausgelösten Wandlungen der Agrarstruktur sollten als Maßnahme zur ländlichen Entwicklung begriffen werden, die Programme der integrierten ländlichen Entwicklung aufgreifen und zu nutzen suchen.

Durch Maßnahmen im infrastrukturellen Bereich (Strom, Wasser, Straßen, Dorfhäuser usw.) sollten die Entwicklungsmöglichkeiten der Dörfer gefördert werden, welche zumindest zweierlei gestatten würden:

- Die mittels der GAW-Beteiligung der dörflichen Haushalte gewonnenen Vorteile (Geld, Erfahrungen, Wissen) könnten sinnvoll herangezogen werden,
- die ldw. Betriebe und die der ldw. Produktion nach- bzw. vorgelagerten Bereiche fördern, die so gleichzeitig Arbeitsplätze und Einkommensquellen der verdrängten, ehemals ldw. Haushalte werden könnten.

Nur integrierte Entwicklungsprojekte können dieser Aufgabenstellung entsprechen und Abhilfe in der kritischen Situation schaffen.

9. Zusammenfassung

Die Untersuchung im Rahmen eines größeren Forschungsprojektes des Institutes für Ausländische Landwirtschaft der Universität Göttingen zur Gastarbeiterwanderung und Agrarentwicklung bezieht sich auf den Wandel der Agrarstruktur in drei ost-zentralanatolischen Dörfern.

Anhand empirischer Daten werden der Einfluß und die Wirkung der Gastarbeiterwanderung auf die Agrarstruktur nachgewiesen. Dabei wurde mittels der erhobenen Daten

- die Verminderung der Anzahl von landwirtschaftlichen Betrieben während und infolge der Beteiligung der Dörfer und Haushalte an der Gastarbeiterwanderung analysiert;
- der Zusammenhang von Landbesitz und Arbeitspotential des Haushaltes als Bedingung für die Beteiligung an der Gastarbeiterwanderung und, infolgedessen, der fortgesetzten Betriebsführung bzw. des Sektorwechsels im Agrarstrukturwandel aufgezeigt;
- die Beschreibung der Organisation der landwirtschaftlichen Betriebe nach ihren Beziehungen zur (Gast-)Arbeiterwanderung in entsprechenden Gruppierungen, speziell bezüglich ihrer Einkommen und den damit verbundenen Ressourcenausstattungen und Vermögen, durchgeführt.

Die Erhebungen ergaben, daß die an der Gastarbeiterwanderung beteiligten Haushalte über die größten jährlichen Einkommen verfügen und damit die jeweilige Zielsetzung des Haushaltes - den Verbleib in der Landwirtschaft bzw. den Sektorwechsel - langfristig vollziehen können, auch wenn diese Vorhaben noch nicht vollständig realisiert sind. Viele Haushalte, die zum Sektorwechsel bereit sind - ganz entsprechend der Planung und antizipierten EG-Vollmitgliedschaft der Türkei - unterhalten z.T. noch ausgedehnte Selbstversorgungswirtschaften; zudem haben sie Mitglieder in den ehemaligen Anwerbeländern, die dort als ausländische Arbeitnehmer erwerbstätig sind und Teile ihrer Einkommen an die Stammhaushalte transferieren. Die Durchführung des vollständigen Sektorwechsels, d.h. die Abgabe der Selbstversorgung und damit die Übernahme einer Konsumentenrolle, würde den aus dem bisherigen Agrarstrukturwandel hervorgegangenen, erweiterungsfähigen Betrieben nützlich sein. Viele dieser wachstumsfähigen Betriebe sind von Haushalten bewirtschaftet, die die Möglichkeit der Gastarbeiterwanderung genutzt haben, um durch zeitlich begrenzte Arbeitsaufenthalte ihrer Mitglieder in Westeuropa eine moderne Grundausstattung ihrer Betriebe mit Maschinen und Gebäuden sowie erweiterte Besitzungen an Vieh und Boden zu finanzieren. Nach dem Erwerb der initialen monetären Ressourcen wird in den Betrieben von Rückkehrern nunmehr die planmäßige Anwendung der Mittel zur betrieblichen Entwicklung durchgeführt.

Die von der Gastarbeiterwanderung in Bewegung gebrachte Agrarstruktur ist durch die Verminderung der Anzahl von landwirtschaftlichen Betrieben in den erfaßten 504 Haushalten um 29 % (von 326 auf 233) gekennzeichnet und führte darüberhinaus zu einer Differenzierung zwischen den verbliebenen Betrieben hinsichtlich ihrer jeweiligen Ressourcenausstattungen. Die Ackerflächen, die von den nunmehr aufgegebenen Betrieben bewirtschaftet wurden, werden entweder zur Aufstockung der Flächen der bestehenden Betriebe verwendet, oder fallen - insbesondere, wenn ihr agronomisches Potential begrenzt ist und sie zu den in den 1950er Jahren der landwirtschaftlichen Nutzung zugeführten marginalen Feldern zählen - in erweiterte Brache (Sozialbrache), in der diese Parzellen ein Teil des kommunalen Weidelandes darstellen. Damit ergibt sich einerseits ein indirekter Einkommenseffekt für tierhaltende Haushalte, der von der Gastarbeiterwanderung herrührt, andererseits kann sich mit dieser Nicht-Nutzung von marginalen Böden die beträchtliche Bodenerosion in Zentralanatolien eindämmen lassen.

Die Anzahl der Betriebe wird in den kommenden Jahren kontinuierlich kleiner werden, denn neben den mit Wachstumspotential versehen Haushalt-Betrieb-Einheiten, die über eine Grundausstattung an Maschinen (speziell Schlepper), Land u.a. verfügen, werden viele landwirtschaftliche Betriebe von Haushalten unterhalten (im Lohnauftragsverfahren bewirtschaftet), die den Sektor ihrer Erwerbstätigkeit wechseln wollen, doch dieses noch nicht - wegen fehlender innertürkischer Möglichkeiten bzw. wegen der Problematik des Daseins als ausländischer Arbeitnehmer in den Anwerbeländern - durchführen konnten. Die von solchen Haushalten in Übereinstimmung mit traditionellen Wertmustern geführten Betriebe werden diejenigen sein, die im fortschreitenden Wandel der Agrarstruktur weichen werden. Hierzu geben die durch die Beteiligung an der Gastarbeiterwanderung in Bewegung geratenen Wertvorstellungen in den einzelnen Haushalten ebenso Anlaß wie die von der Gastarbeiterwanderung verstärkten Ungleichheiten zwischen den Haushalten.

Die meisten der gegenwärtig in Westeuropa arbeitstätigen Personen aus den Untersuchungsdörfern sind diejenigen, die eine landwirtschaftliche Erwerbstätigkeit nicht mehr anstreben. Erst nach dem Erreichen der Altersgrenze planen sie die Rückkehr in die Herkunftsgebiete - auf der Basis ihrer zu erwartenden Renteneinkommen. Ihren Nachkommen müssen die Bemühungen sowohl der Herkunftsländer als auch der 'Gastländer' zukommen, andernfalls wird diese zweite oder dritte Generation von Gastarbeitern - ihr fehlt beides: die Möglichkeit eines landwirtschaftlichen Einkommenserwerbs und die Bereitschaft hierzu - zum Problem für jeweils beide Staaten.

Anlagen

Anlage A 1: In der Grunderhebung 1977 erfaßte Daten je Haushalt

Anhand eines standardisierten Fragebogens in türkischer Sprache wurden folgende Informationen je Haushalt erfragt:

1. Haushaltungsvorstand
2. Dorfviertelzugehörigkeit
3. Wohnhaussituation
4. Wohnhaus im Eigentum oder angemietet
5. Wohnhaus von einem Haushalt angemietet, der an der Gastarbeiterwanderung beteiligt ist
6. Besitz an Nebenhäusern
7. Haupteinkommensquelle
8. Nebeneinkommensquelle
9. Gegenstände, die im Haushalt vorhanden sind

    - Auto   - Plattenspieler   - Europ. Möbel
    - Fahrrad   - Fernsehgerät   -   "   Küchengeräte
    - Radio   - Waschmaschine   - Nähmaschine
    - Tonband   - Kühlschrank   - sonstige

10. Gesamtzahl der zum Haushalt zählenden Personen
11. Welche Personen gehören zum Haushalt? (Angaben je Person)

    - Name - Geschlecht - Alter - Familienstand - Beziehungsgrad zum Haushaltsvorstand - Bildungsstand - Gegenwärtiger Arbeitsort - Gegenwärtige Tätigkeit - Jahr der Abwanderung ins Ausland - Rückkehrjahr in die Türkei - Jahr der Abwanderung zur Arbeitsaufnahme innerhalb der Türkei - Jahr der Rückkunft ins Dorf - Aufnahmejahr von täglicher Pendelarbeitstätigkeit - Jahr der Beendigung der Pendelarbeit - Arbeitstage für haushaltsfremde Betriebe innerhalb des eigenen Dorfes - Arbeitstage in anderen Dörfern

12. Hausgartenbesitz und Anzahl der Bäume
13. Landeigentum des Haushaltes in Dekar oder Dönüm (DK)

    - bewässerbares Land
    - nichtbewässerbares Land

14. Art und Umfang der Landnutzung (DK)

    - in Fixpacht verpachtet
    - in Teilbaupacht vergeben
    - in Eigenbewirtschaftung
    - liegen ständig brach (bos)

Fortsetzung A 1:

15. Landwirtschaftlich genutzte Fläche 1976/77 (DK)
    - Eigentumsland
    - Pachtland: Festpachtland
      Teilbaupacht
16. Bodennutzung 1976/77
17. Einsatz von Düngemitteln
18. Verwendung von Pflanzenschutzmitteln
19. Landwirtschaftliche Maschinen und Geräte
20. Tierbestand
    - Arbeitstiere
    - Nutztierhaltung
21. Stallraumumfang
22. Wichtige Neuerungen im Haushalt
23. Vermarktung von betrieblichen Erzeugnissen
24. Einsatz von Fremdarbeitskräften
25. Übernahme von Lohnarbeitsaufträgen

Folgende Fragen sollen einen Einblick in die Zeit vor der Beteiligung von Angehörigen des Dorfes in der internationalen Arbeiterwanderung (Beginn der '60er Jahre) ermöglichen:

26. Damaliges Eigentumsland des Haushaltes (DK)
27. Damalige Landnutzung (DK)
    - durch Teilbauverpachtung
    - durch Verpachtung in Festpachtverträgen
    - in Eigenbewirtschaftung
    - nicht landwirtschaftlich genutzt (bos)
28. Die wichtigsten Veränderungen in Ihrem Betrieb/Haushalt
    - Änderungen in der Pachtart
    - Übergang zur Selbstbewirtschaftung mit Lohnauftragsverfahren
    - Gebrauch von neuen Inputs
    - sonstige

DK als Zeichen für Dekar, im Dorf synonym mit Dönüm verwendet

Anlage A 2: Die bei der Intensivbefragung 1978 je Haushalt erfaßten Daten

Der standardisierte Fragebogen bezog sich auf die folgenden Aspekte der Haushalt—Betrieb —Einheiten und beinhaltet, in der ausgearbeiteten Fassung in türkischer Sprache, die zur Datengewinnung benötigten weiteren Teilfragen mit Spezifikationen.

1. Wohnhauszustand und Eigentums- und Mietverhältnisse
2. Bauliche Ausstattung des Wohnhauses:
   - Stockwerke - Keller - Innenhof - Flure - Zimmer - Küche
   - Waschplätze/Badezimmer - Wasserstellen und Toilettenentfernung.
3. Umfang der Haushaltsausstattung:

   Betten - Sitzmatten - Bodenteppiche - Wandteppiche - europäische Teppiche - Tische - Stühle - Sessel - Kupferkessel - Hausbacköfen - Gaskocher - Gaslampen - Kühlschrank - Bügeleisen - Radio - Fernsehgerät - Kassettenrecorder - Plattenspieler - Teppichkehrbesen - Elektro-, Holz-, Kohleöfen - Nähmaschine - Luftventilator - Fahrrad - Motorrad - Auto - Jagdgewehr nach Wert(en).
4. Flurinventur:

   Art - Größe - Bewirtschaftungsverfahren - Anbaukultur - Wirtschafts-, Handelsdüngereinsatz - Beleihung und Wert jeder Parzelle.
5. Haushaltszusammensetzung:

   Haushaltsmitglieder nach Namen - Geschlecht - Alter - Familienstellung - Bildung und Ausbildung.
6. Die arbeitstätigen und die arbeitsfähigen Haushaltsmitglieder nach ihren Arbeitstätigkeiten:

   Einordnung:
   - Gastarbeiter
   - Türkische Binnenwanderung
   - Saisonpendler
   - Pendler
   - Dörflicher Lohnarbeiter
   - Ausschließlich betriebliche Arbeitskraft

   Spezifikation:
   - Tätigkeitsort
   - Tätigkeitsbeginn
   - Beruf
   - Briefliche Kontakte
   - Urlaubsbesuche
   - Geldüberweisungen
   - Rückkehrzeit bzw. -absicht
   - Verdienst

Fortsetzung A 2:

Zeit:
- gegenwärtig
- ehemals
- geplant

7. Das Gebäudevermögen des Haushalts:
   - Wohnhaus
   - Großvieh-, Kleinviehstallungen
   - Lager und Schuppen
   - Wert der Gebäude
   - Erstellung mit Transfergeldern aus Europa?

8. Der Umfang der im Wirtschaftsjahr 1977/78 zugekauften Betriebsmittel:
   - Düngemittel
   - Saatgut
   - Pflanzensetzlinge
   - Unkraut- und Schädlingsbekämpfungsmittel
   - Motoröl
   - Diesel/Treibstoffe
   - Tiermedikamente

9. Das Maschinen- und Geräteinventar des Haushaltes (Betriebes):
   - Art der Maschinen und Geräte
   - Anzahl
   - Ankaufsjahr
   - voraussichtliche weitere Nutzungszeit
   - Einsatz von Transfergeldern für den Ankauf der Güter

10. Verpflichtungs- und Schuldenstand der Haushalte:

    Bestehen Verbindlichkeiten gegenüber der
    - Landwirtschaftsbank
    - Kreditgenossenschaft
    - Zuckergesellschaft
    - Geschäftsleuten
    - TZDK

11. Das Tiervermögen des Haushaltes während des letzten Jahres:
    - Verkäufe
    - Zukäufe
    - zugeboren
    - Haushaltsentnahmen
    - Verluste

12. Umsatz an tierischen Erzeugnissen während des Jahres:
    - Eigenverbrauch
    - Verkauf (mit Verkaufspreisen)

Fortsetzung A 2:

13. Verwendung der pflanzlichen Produktion
    - Verkauf (Menge und Preise)
    - Haushaltsentnahmen
    - Innerbetriebliche Verwendung
14. Arbeiten/Leistungen, die während des Jahres außerhalb des eigenen Haushaltes oder Betriebes erbracht werden:
    - Art der Tätigkeit
    - Ausführendes Haushaltsmitglied
    - Auftraggeber
    - Bezahlung
15. Lohnarbeitsaufträge/Einsätze haushaltsfremder Arbeitskräfte
    - Art der Arbeit
    - Zeit und Ort
    - Arbeitnehmer
16. Ernährung

    16.1.1. Selbstversorgung
    16.1.2. Zugekaufte Nahrungsmittel (Menge, Preis)

    16.2 Ausgaben für Bekleidung und Wäsche

    16.3 Aufwendungen für Reinigungs- und Körperpflegemittel

    16.4 Zukauf von Haushaltsausrüstungsgegenständen

    16.5 Ausgaben für Informationen, Bildung und Unterhaltung

    16.6 Steuern und Abgaben

    16.7 Versicherungen

    16.8 Krankheitskosten und Krankheitsvorsorge

    16.9 Reisekosten

    16.10 Porto-, Radio- und Fernsehgebühren

    16.11 Mieten/Wohnungsunterhaltung

    16.12 Ausbildung der Kinder

    16.13 Ausgaben für Beleuchtung, Wärmeversorgung

    16.14 Beihilfen und Geschenke an andere Haushalte

    16.15 Aufwendungen für religiöse Feste

    16.16 Aufwendungen für besondere familiäre Anlässe
17. Werteigentümer des Haushaltes außerhalb des Dorfes, nach Art und Ort, sowie zeitlicher Verfügbarkeit.

Als Wirtschaftsjahr wurde in den Interviews der Zeitraum Zuckerfest 1977 (seker bayrami 15.-17.9.1977) bis Zuckerfest 1978 (seker bayrami 4.-6.9.1978) bzw. als Zeitintervall mit (Getreide)Ernte 77 bis (Getreide-)Ernte '78 spezifiziert.

Anlage A 3: Statistische Maßzahlen

Variabilitätskoeffizient (Variationskoeffizient): V [1)]
Die relative Standard-Abweichung nach PEARSON

$$V = \frac{100s}{\bar{x}}$$

V = Variationskoeffizient
s = Standardabweichung
$\bar{x}$ = arithmetisches Mittel [2)]

wird zum Streuungsvergleich auch für intervallskalierte Meßwerte verwendet. Durch den Variationskoeffizienten (V) ist es ermöglicht, Meßreihen unterschiedlicher Bezugssysteme (z.B. landwirtschaftliche Nutzfläche in ha, Einkommen in Türkischer Lira) direkt zu vergleichen, da die Streuungen in Prozenten gefaßt sind.

Gini-Koeffizient (G) [3)]

Zur Verdeutlichung der Ungleichheiten zwischen allen (Einkommens-) Gruppierungen ist die kumulative Verteilung der Einkommen üblicherweise als Lorenz-Kurve aufgezeigt und mit dem Gini-Konzentrations-Koeffizient beschrieben.

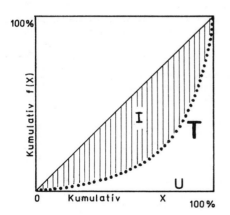

Wenn U das Komplement von I im rechtwinkeligen Dreieck T, dann

$$G = \frac{I}{T} = \frac{T - U}{T} .$$

Nach GASTWIRTH (1972), zitiert by YOTOPOULOS/NUGENT (1976), kann der Gini-Konzentrations-Koeffizient mit geraden Linien - als Basis der Lorenz-Konzentrations-Kurve - geschätzt werden wenn die Zahl der Gruppierung 8 (acht) oder größer ist. Die in dieser Studie dargestellten Gini-Konzentrations-Koeffizienten (G) wurden auf der Grundlage von Drei- und Rechtecken über min-

Fortsetzung A 3:

destens 8 Gruppierungen errechnet und damit

$$G = 2 \int f(x) - g(x)dx \quad \text{approximativ ermittelt.}^{4)}$$

Statistische Begriffe in den Tabellen:

n	Umfang der Stichprobe
$F_{(m;n)}$	F-Wert$_{(\text{Freiheitsgrade: } m;n)}$
X^2_n	Chi-Quadrat-Wert$_{(\text{Freiheitsgrade})}$
Sign.	Signifikanzniveau
C, Phi	Kontingenzkoeffizienten

---

1) Vgl. hierzu z.B. FREUND, J.E. (1973): Modern elementary statistics, London, S. 69 f; CLAUSS, G. und H. EBNER (1974): Grundlagen der Statistik - Für Psychologen, Pädagogen und Soziologen, Berlin, S. 95-97; KRIZ, J. (1973): Statistik in den Sozialwissenschaften, Rein bek bei Hamburg, S. 60 f und 331.

2) Die im Text verwendeten Begriffe durchschnittlich, im Durchschnitt usw. beziehen sich ebenfalls immer auf den arithmetischen Durchschnitt.

3) Vgl. zum Gini-Koeffizienten z.B. ATKINSON, A.B. (1975): The Economics of Inequality, Oxford, S. 45-49; Türkisches Staatliches Planungsamt. DPT (1976): Gelir Dagilimi 1973, Ankara, S. 17-35; YOTOPOULOS, Pan A. and Jeffrey B. NUGENT (1976): Economics of Development - Empirical Investigations, New York, S. 239 f.

4) Für die Programmierung entsprechender Verfahren zur Berechnung des Gini-Koeffizienten sowohl auf einem Großrechner als auch für Taschenrechner bin ich meinem Bruder Hubert WAGENHÄUSER zu Dank verpflichtet.

Tabelle A4: Die Bevölkerung der Untersuchungsdörfer/-dorfviertel nach Geschlecht und Alter mit den jeweils im Ausland befindlichen Bevölkerungsteilen (in Prozent)

Dorf/ -viertel	MÄNNER nach Lebensalter									
	bis 6 Jahre	%	7-14 Jahre	%	15-49 Jahre	%	50 Jahre u. älter	%	insges.	%
Yerli	66	15.2	92	13.0	154	31.2	44	25.0	356	26.1
Yeni	57	0.0	73	11.0	112	17.0	30	0.0	272	9.9
Sagir	71	2.8	83	2.4	153	46.4	59	22.0	366	23.8
Cemel$_u$	106	9.4	115	7.0	199	38.2	49	14.3	469	21.5
Insges.	300	7.3	363	8.3	618	34.7	182	17.0	1463	20.2

	FRAUEN nach Lebensalter									
	bis 6 Jahre	%	7-14 Jahre	%	15-49 Jahre	%	50 Jahre u. älter	%	insges.	%
Yerli	67	9.0	76	7.9	159	20.1	19	21.0	321	14.9
Yeni	40	7.5	59	8.5	115	8.7	46	0.0	260	6.9
Sagir	62	0.0	84	1.2	203	18.7	39	0.0	388	3.0
Cemel	99	6.0	80	2.4	193	10.4	37	2.7	409	6.8
Insges.	268	5.6	299	4.7	670	15.0	134	3.5	1371	9.7

	BEVÖLKERUNG insgesamt	
	n	%
Yerli	677	19.0
Yeni	532	8.5
Sagir	754	16.8
Cemel$_u$	878	14.8
Insges.	2841	15.2

Cemel$_u$ bezieht sich nur auf die bei der Untersuchung erfaßten 149 aus den insgesamt 311 Haushalten des Dorfes. Verzerrungen durch unvollständige Zählungen der komplett im Ausland weilenden Familien sind zu beachten. Exakte Hinzuziehung würden die Anteile der sich im Ausland befindenden Haushaltsmitgliedern in allen Altersgruppen speziell in Sagir und Cemel$_u$ erheblich erweitern.

Vgl. hierzu auch Schaubild 2

Quelle: Eigene Erhebungen 1977

Tabelle A5: Die Landeigentumsverteilung in den Haushaltsgruppierungen - in % der Haushalte (HH) und des Landes (Lnd)

Landeigentum Kennzahlen	Nicht-landwirtschaftliche Haushalte							Landwirtschaftliche Haushalte						
	ohne Wanderarbeiter		mit Rückkehrer(n)		mit Binnenwanderung		mit Gastarbeiter(n)		ohne Wanderarbeiter		mit Rückkehrer(n)		mit Binnenwanderung		mit Gastarbeiter(n)	
	HH	Lnd	HH	Lnd	HH	Lnd	HH	Lnd	HH	Lnd	HH	Lnd	HH	Lnd	HH	Lnd
0.1- 0.5 ha	3.1	0.2	-	-	-	-	1.8	0.1	3.4	0.1	-	-	-	-	2.0	0.1
0.6- 1.0 ha	9.4	1.1	33.3	6.8	-	-	5.5	0.7	3.4	0.4	5.0	0.3	-	-	-	-
1.1- 2.0 ha	3.1	0.9	16.7	6.8	-	-	9.1	2.3	9.2	2.0	-	-	-	-	4.0	0.7
2.1- 5.0 ha	46.9	25.6	-	-	50	40	34.6	20.1	31.1	15.7	25.0	8.0	20.0	3.5	22.0	8.7
5.1-10.0 ha	21.9	22.3	50.0	86.3	50	60	23.6	25.4	34.5	38.7	20.0	15.1	20.0	4.3	36.0	25.9
10.1-20.0 ha	6.3	14.7	-	-	-	-	21.8	38.0	16.8	34.2	40.0	54.0	50.0	66.4	22.0	31.2
20.1 ha u. mehr	9.4	35.3	-	-	-	-	3.6	13.4	1.7	8.9	10.0	22.6	10.0	25.8	14.0	33.6
Haushalte(n)	32		6		2		55		119		20		10		50	
Land(ha)		212.5		29.3		5.0		409.8		902.5		218.6		116.1		581.2
Landlose HH	53		1		-		27		8		4		2		2	
Nicht erfaßte HH	1		-		-		4		-		5		-		1	
Durchschn. je HH	6.6		4.9		2.5		7.4		7.6		10.9		11.6		11.6	
Variationskoeffizient	158		82		28		77		87		66		105		71	
Ginikoeffizient	0.46		...		...		0.37		0.39		0.33		...		0.36	

Gini-Koeffizient über die 340 Haushalte mit Landeigentum = 0.41; Gesamtdurchschnittliches Landeigentum = 8.4 ha je Haushalt.

Vier-Felder-Kontingenztest über die Variablen 'Beteiligung an der Gastarbeiterwanderung' und 'Landeigentum'

Haushalte:n (%)	Beteiligung an der Gastarbeiterwanderung		Summen
	ja a)	nein b)	
Landeigentum '77 ja	131(33.2)	163(41.3)	294(74.4)
nein	34(8.6)	67(17.0)	101(25.6)
Summen	165(41.8)	230(58.3)	395(100)

$2 \times 2\ X_1^2 = 3.67$; Sign. = 0.05 ; Phi = 0.09 ;

H_1 : 'Die Beteiligung der Haushalte an der Gastarbeiterwanderung wird durch den Besitz von Land gefördert' ist anzunehmen.

a) entspricht den Haushaltsgruppierungen (HR, NG, LR und LG) b) umfaßt die Gruppierungen (NO, NB, LO und LB)

Quelle: Eigene Erhebungen 1977

Anlage A 6: Definitionen der Standardisierungskonzepte

1. Schlüssel zur Umrechnung von Arbeitskräften auf Arbeitskrafteinheiten (AK)

Alter (Jahre)	Geschlecht	Arbeitskrafteinheitenschlüssel (AK)
unter 6	Männl./Weibl.	-
7 - 14	Männl./Weibl.	0.50
15 - 49	Frauen	0.75
	Männer	1.00
50 u. älter	Frauen	0.50
	Männer	o.75

Quelle: ACIL/KÖYLÜ (1971), S. 118

2. Vollverpflegungsperson (VVP)

Eine Person (unabhängig von Alter und Geschlecht), die ganzjährig an allen Aufwendungen des Haushalts teil hat. In die Vergleiche dieser Arbeit werden Kinder unter 6 Jahren mit 0.5 VVP einbezogen.

Vgl. hierzu HOLST, Inge: Der Haushaltsstrukturvergleich - seine methodische Darstellung und Interpretation, Diss. Giessen 1972; BEGRIFFS-Systematik, 1973, S. 137.

Tabelle A7: Die durchschnittlichen Arbeitskräftepotentiale der Haushalte unter dem Einfluß der Gastarbeiterwanderung (in Arbeitskräfteeinheiten = AK)

Kennzahlen [1]	Untersuchungshaushalte							insge-samt [2]
	Nicht-landwirtschaftliche				Landwirtschaftliche				
	ohne Wander-arbeiter	mit Rück-kehrer(n)	mit Binnen-wanderung	mit Gast-arbeiter(n)	ohne Wander-arbeiter	mit Rück-kehrer(n)	mit Binnen-wanderung	mit Gast-arbeiter(n)	
AK je Haushalt	2.4	3.0	3.0	3.9	3.6	3.9	4.5	5.0	3.5
Variationskoeffizient	45	49	44	39	44	36	56	35	48
AK-Verteilung nach Gruppierungen	11.6	1.4	1.1	18.6	27.1	5.5	3.2	15.7	100
AK je Haushalt im Ausland	-	-	-	1.8	-	-	-	1.5	1.3
% der AK je Haushalt im Ausland	-	-	-	48.7	-	-	-	32.5	39.1
AK in % der Haushaltsgröße [3]	47.5	55.3	62.0	59.4	58.2	55.3	63.2	65.1	57.5

1) Errechnet anhand ungruppierter Daten
2) Einschließlich der 98 nicht eingruppierbaren Haushalte
3) Quotient der Anzahl der Mitglieder zur Anzahl der Vollarbeitskräfte je Haushalt in %

Quelle: Eigene Erhebungen 1977

Tabelle A8: Die Verfügbarkeit von Arbeitskräfteeinheiten
(AK) der Haushalte im Verhältnis zu ihrem
Eigentumsland

Untersuchungs-haushalte	Arbeitskräfteeinheiten (AK) je 100 ha Eigentumsland		
	insgesamt durchschnittl.	mit der Gastarbeiterwanderung im Ausland	im Dorf verfügbare AK je 100 ha Land
- nicht-landwirtschaftliche Haushalte			
- ohne Wanderarbeiter	127.9	-	127.9
- mit Gastarbeiter(n)	63.0	28.6	45.4
- landwirtschaftliche Haushalte			
- mit Binnenwanderung	60.6	-	60.6
- mit Gastarbeiter(n)	97.7	28.2	69.5
- mit Rückkehrer(n)	57.4	-	57.4

Ergebnisse auf der Basis ungruppierter Rohdaten

Vgl. zur Anzahl der einbezogenen Haushalte die in Schaubild 1 und in Übersicht 1 genannten Größen der Gruppierungen

Quelle: Eigene Erhebungen 1977

Anlage A9: Die untersuchungsdörflichen (Erzeuger-)Preise ausgewählter landwirtschaftlicher Produkte/Güter 1978[1])

pflanzliche Produkte (TL je kg)		tierische Produkte (TL je kg/ltr/Stück)	
Weizen	3.7	Milch	10
Gerste	1.8	Eier	2.5
Roggen	1.8	Dünger	2.5
Kartoffeln	10.0	Yogurt	10.0
Sonnenblumen	5.0	Käse	45.0
Bohnen	10.0	Butter	100.0
Zuckerrüben	0.7	Fleisch	60

Tiere (TL je Stück)	
Paar Ochsen	30000
Pferd	6000
Esel	900
Kuh	7000
Schaf	2000
Ziege	1750
Huhn	70
Büffel/-Kuh	12500
Gans	80
Ente	50
Pute	50
Bienenstock	1500

Zur allgemeinen Entwicklung der landwirtschaftlichen Erzeugerpreise vgl. z.B. Statistical Yearbook of Turkey (jährlich) und Tarimsal Yapi ve Üretim (Agricultural structure and production) (jährlich), sowie die Aufschlüsselung der landwirtschaftlichen Erzeugerpreise in Ciftcinin eline gecen fiatlar (Prices received by Farmers) 1977, alles Veröffentlichungen vom T.C. BASBAKANLIK DEVLET ISTATISTIK ENSTITÜSÜ (Republic of Turkey Prime Ministery State Institute of Statistics), Ankara.

Anlage A10: Die Landnutzungsverfahren 'erweiterte Brache' und 'Teilbaupacht' in den nicht-landwirtschaftlichen Haushalten in Abhängigkeit von der Gastarbeiterwanderung

Haushalte n (%)	Nicht-landwirtschaftliche Haushalte		Summe
	mit Gast-arbeiter(n)	ohne Wander-arbeiter	
Landbesitz-nutzung Teilbaupacht	33(43.4)	21(27.5)	54(71.1)
erweiterte Brache	17(22.4)	5(6.6)	22(28.9)
	50(65.8)	26(34.2)	76(100)

$2 \times 2 \; X_1^2 = 1.81$; Sign. $= 0.18$;

H_0 : 'Die Landbesitznutzung durch erweiterte Brache ist nicht von der Beteiligung der nicht-landwirtschaftlichenHaushalte an der Gastarbeiterwanderung abhängig'

kann nicht abgelehnt werden, doch ist mit dem Signifikanz-niveau von 0.18 eine Tendenz dazu angezeigt.

Datenbasis für den Test: Ausgewählte Felder der Tabelle 10.

Tabelle A11: Die durchschnittlichen Ackerflächenverhältnisse in den Betrieben der Intensivbefragung nach Gruppierungen (ha, %)

Bodennutzung	Landwirtschaftliche Betriebe							
	ohne Wanderarbeiter (46)		mit Rückkehrer(n) (26)		mit Binnenwanderung (7)		mit Gastarbeitern (65)	
Weizen	4.3		4.5		4.7		4.8	
Gerste	1.1		1.7		1.1		0.9	
Roggen	1.0		1.5		0.0		0.8	
Getreide insgesamt	6.4	64.6	7.7	59.2	5.8	54.7	6.5	59.1
Sonnenblumen	0.2		0.4		-		0.1	
Zuckerrüben	0.1		0.2		0.1		0.1	
Kartoffeln	0.1		0.2		0.0		0.1	
sonstige Früchte[1]	0.1		0.4		0.7		0.2	
Hack- u. Futterkulturen	0.5	5.1	1.2	9.2	0.8	7.5	0.5	4.5
Reguläre Brache	2.9		3.5		4.0		3.5	
Erweiterte Brache	0.1		0.6		-		0.5	
Brache insgesamt	3.0	30.3	4.1	31.5	4.0	37.7	4.0	36.4
Ackerfläche[2]	9.9	100.0	13.0	100.0	10.6	100.0	11.0	100.

1) Verschiedene Leguminosearten (Luzerne, Klee) und Hülsenfrüchte werden sehr vereinzelt, in geringen Mengen angebaut und sind hier mit Gemüse (Zwiebeln, Wirsing, usw.) zusammengefaßt.

2) Durch Rundungen addieren die %-Sätze nicht immer zu 100 und bei den absoluten Summen ergeben sich Abweichungen von den Durchschnitten in Tab. 6 wegen der Darstellung der Ackerflächenverhältnisse auf der Grundlage von Stichprobenergebnissen.

Quelle: Eigene Erhebungen 1978

Tabelle A12: Der Einsatz von Produktionshilfsmitteln in den Betrieben (nach Gruppierungen) in Gümüstepe und Sagir (Anzahl der Nennungen, absolut, %)

Produktionshilfs-mitteleinsatz	ohne Wander-arbeiter (LO)	Landwirtschaftliche Haushalte			Insgesamt
		mit Rückkeh-rer(n) (LR)	mit Binnen-wanderung (LB)	mit Gast-arbeiter(n) (LG)	
nur wirtschafts-eigene Dünger	8(19)	1(8)	-(-)	5(16)	14(15)
nur Handelsdünger	17(40)	9(69)	3(60)	21(66)	50(54)
wirtschaftseigene und Handelsdünger	5(12)	3(23)	2(40)	2(6)	12(13)
Dünger insgesamt	30(71)	13(100)	5(100)	28(88)	76(82)
keinen Dünger	12(29)	-(-)	-(-)	4(12)	16(18)
Pflanzenschutzmittel	2(5)	3(23)	1(20)	3(10)	9(10)
keine Pflanzenschutzmittel	40(95)	10(77)	4(80)	29(90)	83(91)
Betriebe insges. = 100%	42	13	5	32	92

2×2 X_1^2 Kontingenztest:
- Düngereinsatz (ja/nein) in LO und LG: = 2.77; Signifikanz = 0.10
- Düngereinsatz (ja/nein) in LR und LG: = 1.789; Signifikanz = 0.18
- Düngereinsatz (ja/nein) in LO und (LR + LG) = 5.81; Signifikanz = 0.02   Phi = 0.25
- Pflanzenschutzmittel (ja/nein) in LO und LG: = 0.61; Signifikanz = 0.43
- Pflanzenschutzmittel (ja/nein) in LR und LG: = 1.50; Signifikanz = 0.22
- Pflanzenschutzmittel (ja/nein) in LO und (LR + LG): = 1.91; Signifikanz = 0.17

Quelle: Eigene Erhebungen 1978

Tabelle A13: Der durchschnittliche Umfang der Produktionsmittelzukäufe je landwirtschaftlichem Betrieb und Gruppierung im Wirtschaftsjahr 1977/78

Betriebsmittelzukäufe	Landwirtschaftliche Haushalte				
	ohne Wanderarbeiter	mit Rückkehrer(n)	mit Binnenwanderung	mit Gastarbeitern	insgesamt
Umfang (DM) [a]	597	1686	575	998	974
- Variationskoeffizient	267	152	161	190	206
Intensität [b]					
DM/ha LF (DM)	39	151	..	130	98
- Variationskoeffizient	208	182		313	253
% der ldw. Barerträge [c]	15.5	59.3	13.7	37.2	33.1
- Variationskoeffizient	126	144	133	163	146
% des gesamten Bareinkommens [d]	10.6	56.3	27.0	14.4	21.4
- Variationskoeffizient	159	140	183	138	147

a) vgl. Schaubild 5
b) Division des Zukaufumfanges in DM durch die einzelbetrieblich genutzte landwirtschaftliche Fläche (LF); vgl. Tab. 6
c) Umfang Produktionshilfsmittelzukauf/(ldw. Bareinkommen/100); vgl. Tab. 22
d) Umfang Produktionshilfsmittelzukauf/(ges. Bareinkommen/100); vgl. Schaubild 6 u. Tab. A 14

Berechnungen auf der Basis ungruppierter Daten.

Quelle: Eigene Erhebungen 1978

Tabelle A14: Die durchschnittlichen Bareinkünfte der Haushalte im Wirtschaftsjahr 1977/78 (in DM)

Haushaltsgruppierung	n	Haushaltliche Bareinkünfte		
		Durchschnitt DM	Variationskoeff.	Index
Nicht-landwirtschaftliche Haushalte				
- ohne Wanderarbeiter	8	2789	99	43
- mit Rückkehrer(n)	2	3258	112	50
- mit Gastarbeiter(n)	45	4611	56	71
Landwirtschaftliche Haushalte				
- ohne Wanderarbeiter	32	5796	166	90
- mit Rückkehrer(n)	21	6808	89	105
- mit Binnenwanderung	5	4791	74	74
- mit Gastarbeiter(n)	49	9372	125	145
Zwischensumme	107	7585	132	117
insgesamt	162	6469	128	100

Umrechnungskurs: 100 Türkische Lira (TL) = 6.85 DM

Varianzanalyse über die Daten
- Haushaltsgruppierungen mit ldw. Betrieb

$F_{(3;\ 103)} = 1.04$; Sign. = 0.38 ;
- über alle Haushaltsgruppierungen:

$F_{(6;\ 155)} = 1.77$; Sign. = 0.11 ;

Wegen der großen Streuungen innerhalb der einzelnen Gruppen ist die unterschiedliche Ausprägung der durchschnittlichen jährlichen Bareinkünfte in Abhängigkeit von der (Gast-)arbeiterwanderung nicht statistisch signifikant nachzuweisen.

Quelle: Eigene Erhebungen 1978

Tabelle A15: Die durchschnittlichen Aufwendungen je Vollverpflegungsperson des Haushaltes (in DM)

Haushalte	n	Aufwendungen je Vollverpflegungsperson		
		Durchschnitt DM	Variationskoeffizient	Index
- ohne Betrieb				
- ohne Wanderarbeiter	16	1206	68	75
- mit Gastarbeiterrückkehrer(n)	3	984	41	61
- mit Gastarbeiter(n)	49	1849	138	115
- ohne Betrieb Zwischensumme	68	1660	159	104
- mit Betrieb				
- ohne Wanderarbeiter	43	1331	80	83
- mit Gastarbeiterrückkehrer(n)	15	1493	49	93
- mit Binnenwanderung	5	1426	88	89
- mit Gastarbeiter(n)	37	1753	98	109
- mit Betrieb Zwischensumme	100	1516	82	95
- Haushalte insgesamt	168	1601	109	100

Umrechnungskurs: 100 Türkische Lira (TL) = 6.85 DM

Quelle: Eigene Erhebungen 1978

Tabelle A16: Die Bestände an ausgewählten Tierarten je Haushalt 1977

Untersuchungshaushalte (n)

	Nicht-landwirtschaftliche Haushalte				Landwirtschaftliche Haushalte				Summe
Durchschnitt Variations- koeffizient	ohne Wander- arbeiter(n) (85)	mit Rück- kehrer(n) (7)	mit Binnen- wanderung (6)	mit Gast- arbeiter(n) (79)	H? (54)	ohne Wander- arbeiter (127)	mit Rück- kehrer(n) (22)	mit Binnen- wanderung (12)	mit Gast- arbeiter(n) (50)	
Schafe	6.2 198	17.0 217	. .	2.5 427	6.6 284	15.0 152	19.0 130	21.2 138	14.0 156	10.1 196
Ziegen	1.1 631	1.7 183	- -	0.2 467	1.5 265	1.9 215	2.9 231	2.0 166	1.6 198	1.4 254
Kühe	1.2 114	1.2 140	0.3 245	1.8 119	2.5 93	2.8 76	3.1 66	3.6 82	3.0 86	2.3 96
Pferde	. .	- -	- -	- -	0.2 330	0.7 129	0.4 200	0.7 138	0.4 242	0.3 244
Ochsen	- -	- -	- -	- -	0.2 267	0.2 303	0.3 264	0.2 346	. .	./ 390
Büffel/-kühe	0.2 486	- -	- -	./ 409	0.5 217	0.3 427	0.7 176	0.3 266	0.4 262	0.3 344
Esel	./ 305	- -	- -	./ 370	0.2 259	0.2 210	0.3 207	0.2 233	1.8 218	0.2 245

./ kleiner als eine halbe angezeigte Einheit, doch mehr als 0   H? = nicht einzuordnende Haushalte

Quelle: Eigene Erhebungen 1977

Tabelle A17: Der durchschnittliche Umfang der Tierhaltung je Haushalt und Gruppierung nach Intensitätsstufen

Tierhaltung n (%)	Untersuchungshaushalte									
	Nicht-landwirtschaftliche Haushalte					Landwirtschaftliche Haushalte				insgesamt
	ohne Wanderarbeiter	mit Rückkehrer(n)	mit Binnenwanderung	mit Gastarbeiter(n)	H?	ohne Wanderarbeiter	mit Rückkehrer(n)	mit Binnenwanderung	mit Gastarbeiter(n)	
- keine	27 (31.8)	3 (42.9)	5 (83.3)	38 (48.1)	11 (20.4)	10 (7.9)	3 (14.3)	1 (9.1)	4 (8.2)	102 (23.2)
- geringe	5 (5.9)	-	-	-	2 (3.7)	-	-	-	-	7 (1.6)
- mittlere	22 (25.9)	2 (28.6)	1 (16.7)	17 (21.5)	15 (27.8)	26 (20.5)	4 (19.0)	3 (27.3)	12 (24.5)	102 (23.2)
- intensive	31 (36.1)	2 (28.6)	-	24 (30.4)	26 (48.1)	91 (71.7)	14 (66.7)	7 (63.5)	33 (67.3)	228 (51.9)
S u m m e	85 (100)	7 (100)	6 (100)	79 (100)	54 (100)	127 (100)	21 (100)	11 (100)	49 (100)	439 (100)

H? = Nicht eingruppierbare Haushalte

Quelle: Eigene Erhebungen 1977

Tabelle A18: Die Haushalte mit neuen Wohnhäusern

Haushalts-gruppierung	n	Haushalte mit neuem Wohnhaus				(im Bau)	
		absolut	%	%	Index	absolut	%
Nicht-landwirtschaftliche Haushalte							
- ohne Wanderarbeiter	86	14	8.6	16.5	51	-	-
- mit Rückkehrer(n)	7	2	1.2	28.6	89	-	-
- mit Binnenwanderung	6	1	0.6	16.7	52	-	-
- mit Gastarbeiter	86	35	21.6	43.2	135	3	37.5
H?	98	45	27.8	61.6	192	1	12.5
Landwirtschaftliche Haushalte							
- ohne Wanderarbeiter	127	23	14.2	18.1	56	1	12.5
- mit Rückkehrer(n)	29	14	8.6	56.0	174	1	12.5
- mit Binnenwanderung	12	2	1.2	16.7	52	-	-
- mit Gastarbeiter	53	26	16.0	49.1	153	2	25.0
alle Untersuchungshaushalte	504	162	100	32.1	100	8	100

Kontingenztests:

Alle Haushaltsgruppierungen: Wohnhausstand: (alt:neu)

9×2 $x_8^2 = 49.3$; Sign. = 0.01 ; C = 0.30 ;

Alle Haushalte (ohne H?-Haushalte) nach den dichotomen Variablen 'GAW-Beteiligung' und 'neues Wohnhaus' (ja:nein)

2×2 $x_1^2 = 34.6$; Sign. = 0.01 ; Phi = 0.29 ;

H_1: Die Wohnhaussituation ist bei GAW-Beteiligten Haushalten statistisch signifikant moderner

H? = nichteinzuordnende Haushalte

Quelle: Eigene Erhebungen 1977

Tabelle A19: Die durchschnittlichen Vermögen der Haushalte mit landwirtschaftlichem Betrieb nach Gruppenzugehörigkeiten und ausgewählten Bereichen

Vermögensbereich		Landwirtschaftliche Haushalte [a]				
(n)		ohne Wanderung	mit Rückkehrer	mit Binnenwanderung	mit Gastarbeiter(n)	insgesamt
		46	26	7	62	141
Landeigentum [b]	DM	15824	12282	11563	12549	13522
	V	164	93	153	110	127
	%	44.5	28.5	41.1	31.2	35.0
Gebäudeausstattung	DM	6651	10652	4925	10864	9158
	V	66	47	52	83	69
	%	18.7	24.7	17.5	27.0	23.9
Tierbestand	DM	6315	9364	5487	4665	6110
	V	117	135	165	105	117
	%	17.8	21.7	19.5	11.6	15.8
Hausrat	DM	5781	7535	5891	8152	7179
	V	57	36	23	50	48
	%	16.2	17.5	20.9	20.4	18.6
Maschinen und Geräte	DM	952	3240	267	4069	2713
	V	250	183	65	193	203
	%	2.7	7.5	0.9	10.1	7.0
Haushaltsvermögen insgesamt	DM	35524	43073	28119	40182	38600
	V	90	51	80	60	69
	%	100	100	100	100	100
(Index)		(92)	(112)	(73)	(104)	(100)

a) Landlose Haushalte sind nicht einbezogen

b) Nach den Werteinschätzungen durch die Befragten (durchschnittliche Werte des Landes: ca. 1370 DM je ha für nicht bewässerbares und ca. 6850 DM je ha für bewässerbares Land).

Einfache Varianzanalyse

Haushaltsvermögen nach Gruppenzugehörigkeit:

$F_{(3; 137)} = 0.88$; Sign. = 0.45 ;
H_o: Die Vermögenswerte der einzelnen Gruppierungen sind nicht statistisch signifikant unterschiedlich.

kann nicht abgelehnt werden

Quelle: Eigene Erhebungen 1978

A20: Glossar der türkischen Begriffe

Schreibweise im Text
  Türkische Schreibweise   Bedeutung

---

aile
  aile   Familie

azotlu
  azotlu   stickstoffhaltig; allgemeine Verwendung für Stickstoffdünger

bakkal
  bakkal   Krämer, Lebensmittelhändler

bey
  bey   Herr

bosluk
  boşluk   Leere, Lücke, Zwischenraum

bucak
  bucak   kleinster Verwaltungsbezirk in einer Provinz

bulgur
  bulgur   Weizen, der erst aufgekocht, an der Sonne getrocknet und dann zerkleinert wird; Weizengrütze

ciftlik
  çiftlik   Ackerbau, Landwirtschaft, Betrieb

ciftlik gübresi
  çiftlik gübresi   betriebliche Düngemittel (Stallmist, Asche)

dekar
  dekar   türkisches Flächenmaß = 0.1 ha

dönüm
  dönüm   türkisches Flächenmaß = 0.1 ha

dolmus
  dolmuş   Fahrzeug, das Fahrgäste erst befördert, wenn alle Plätze besetzt sind

fenni gübresi
  fenni gübresi   technische Düngemittel, Mineraldünger

görgü
  görgü   Erfahrung

hazine
  hazine   Staatskasse, Fiskus, dörflich für 'Staatsland'

Hürriyet - Orta Dogu Anadolu		
Hürriyet - Orta Doğu Anadolu		Regionalteil der Tageszeitung Hürriyet für Ost-Zentralanatolien
imam		
imam		der Vorbeter in der Moschee
kahvehane		
kahvehane		Kaffeehaus
Kizilirmak		
Kızılırmak		wichtigster Fluß Anatoliens
mahalle		
mahalle		Stadt-, Wohnviertel, Wohnbezirk
marabacilik		
marabacılık		dörfliche Teilpachtform
muhacir		
muhacır		Flüchtling, Auswanderer aus verlorengegangenen Landesteilen
nadas		
nadas		die bearbeitete Brache
ortakci		
ortakcı		Teilhaber, Mitinhaber, Kompagnon
Sarkisla Ovasi		
Şarkışla Ovası		Ebene von S.
Seker bayrami		
Şeker bayramı		unmittelbar auf den Fastenmonat Ramazan folgendes Fest; Zuckerfest
tezek		
tezek		der getrocknete Kuhmist, der zur Feuerung dient
tezek kadini		
tezek kadını		die Frau, die Kuhmist trocknet
yaricilik		
yarıcılık		dörflich für 'Teilpacht'
yikama yeri		
yıkama yeri		Waschecke innerhalb der alten Häuser, von wo aus mittels eines Rohres das Wasser auf die Dorfwege gelangt
yeni		
yeni		neu, frisch
yerli		
yerli		Ort, Platz des ...
yulaf		
yulaf		Hafer

Literaturverzeichnis

ABADAN-UNAT, Nermin/ KELEŞ, Ruşen/ PENNINX, Rinus/ RENSELAAR, Herman van/ VELZEN, Leo van/ YENİSEY, Leylâ, 1976: Migration and development. A study of the effects of international labor migration on Boğazlıyan District. Den Haag: IMWOO-Institut voor Maatschappij Wetenschapelijk Onderzoek in Ontwikkelingslanden/ Ankara: Ankara Üniversitesi, Siyasal Bilgiler Fakültesi, Iskân ve Şehircilik Enstitüsü.

AÇIL, Fethi A./ KÖYLÜ, Kâzım, 1971: Zirai ekonomi ve işletmecilik dersleri. Ankara: Ankara Üniversitesi, Ziraat Fakültesi Yayınları: 465, Ders Kitabı:168.

AKALIN, Güneri, 1975: Tarımımızın sosyo-ekonomik yapısı vergileme ve gelişme. Ankara: Ankara Üniversitesi, Siyasal Bilgiler Fakültesi Yayınları, No.: 384.

AKSOY, Suat, 1965: Türk ziraatında ortakçılık ve yarıcılık. Ankara: Ziraat Mühendisleri Odası Yayınları 18.

AKSOY, Suat, 1968: Rechtliche Fragen der Pacht und der Teilpacht in der Türkei. Recht der Landwirtschaft (Stollham), 20, 3, 57 - 62.

ARESVIK, Oddvar, 1975: The agricultural development of Turkey. New York: Praeger Publishers.

ARI, Oğuz, 1977: Köy sosyolojisi okuma kitabı. Istanbul: Boğaziçi Üniversitesi Yayınları 114.

ARI, Oğuz, 1977: Readings in rural sociology. Istanbul: Boğaziçi University Publications No.: 115.

ATANASIU, Nicolae, 1970: Wandlungen und Wandlungsmöglichkeiten der türkischen Agrarstruktur. Geographische Rundschau, 22, 1, 19 - 22.

AZMAZ, Adviye, 1979: Migration of Turkish 'Gastarbeiter' ... A summary of the Research Report. Göttingen: Institut für Ausländische Landwirtschaft (unpublished).

AZMAZ, Adviye, 1980: Migration of Turkish 'Gastarbeiters' of rural origin and the contribution to development in Turkey. (Socio-Economic Studies on Rural Development, Vol. 37, edited by F. KUHNEN) Saarbrücken und Fort Lauderdale: Breitenbach Publishers.

AYYILDIZ, Tayyar, 1975: Büyükdere köyünün sosyo-ekonomik yapısı. Erzurum: Atatürk Üniversitesi Yayınları 378.

BEGRIFFSSYSTEMATIK für die landwirtschaftliche und gartenbauliche Betriebslehre. (Schriftenreihe des HLBS, Heft 14) Neuauflage 1973. Bonn: Pflug und Feder Verlag.

BINGEMER, Karl u. a. (Hg.), 1970: Leben als Gastarbeiter. Geglückte und missglückte Integration. Köln: Westdeutscher Verlag.

BOCK, C./ TIEDT, F., 1978: Projekt über internationale Wanderungen von Arbeitnehmern - Befragung jugoslawischer Haushalte in der Bundesrepublick Deutschland. Genf: Internationale Arbeits Organisation, Weltbeschäftigungsprogramm, Arbeitspapier WEP 2-26/WP 33G.

BÖRTÜCENE, Icen/ ERSOY, Turan, 1974: Labour migration in its relationship to industrial and agricultural adjustment policies - The Turkish case. in: Proceedings of the Seminar International Migration in its Relationship to Industrial and Agricultural Adjustment Policies, Vienna, 13. - 15. May, 1974. Paris: Development Centre of the OECD.

BRANDES, Wilhelm/ WOERMANN, Emil, 1971: Landwirtschaftliche Betriebslehre, Spezieller Teil: Organisation und Führung landwirtschaftlicher Betriebe. Hamburg: Parey.

BÜLBÜL, Mehmet, 1978: Adana ovası tarım işletmelerinin ekonomik yapısı, finansman ve kredi sorunları. Ankara: Gıda - Tarım Hayvancılık Bakanlığı, Mesleki Yayınlar Serisi.

BULLE, Wilma, 1977: Privatausgaben vorgeplant. in: LandWIRTSCHAFTLICHE FAKULTÄT ... u.a. (Hg.), S. $\overline{25}$ - 44.

BULUTAY, Tuncer/ TIMUR, Serim/ ERSEL, Hasan, 1971: Türkiye'de gelir dağılımı - 1968. Ankara: Ankara Üniversitesi, Siyasal Bilgiler Fakültesi Yayınları 325.

BUNDESANSTALT FÜR ARBEIT (Hg.), 1973: Repräsentative Untersuchung '72 über die Beschäftigung ausländischer Arbeitnehmer im Bundesgebiet und ihre Familien und Wohnverhältnisse. Nürnberg: Eigenverlag.

CHRISTIANSEN-WENIGER, F./ TOSUN, Osman, 1939: Die Trokkenlandwirtschaft im Sprichwort des anatolischen Bauern. Ankara: Ulusal Matbaa.

COHN, E. J., 1970: Turkish economic, social, and political change - The development of a more prosperous and open society. New York: Praeger.

ÇALGÜNER, Cemil, 1943: Die landwirtschaftlichen Arbeiter in der Türkei. Ankara: Ankara Üniversitesi, Ziraat Fakültesi, Arbeiten aus dem Yüksek Ziraat Enstitüsü Basımevi, Heft 132.

DARICI, Osman, 1977: An English - Turkish dictionary based on agriculture / Inglizce - türkçe tarım sözlüğü. Ankara: Ankara Üniversitesi, Ziraat Fakültesi.

ERKUŞ, Ahmet, 1977: Tarım ekonomisinin bazı teorik esasları ve bunların tarım işletmelerine uygulanması. Ankara: Türkiye Zirai Donatım Kurumu, Mesleki Yayını.

FUCHS, Werner/ KLIMA, Wolf/ u.a.(Hg.), 1975: Lexikon zur Soziologie. Reinbek: Rowohlt.

GROENEVELD, Sigmar, 1974: Wanderung von Arbeitskräften und Agrarentwicklung - Beziehungen zwischen der Gastarbeiterfrage und der Agrarentwicklung in den Herkunftsländern. Göttingen: Institut für Ausländische Landwirtschaft, unveröffentlichte Gedankenskizze.

GROENEVELD, Sigmar, 1979: Migration und rurale Entwicklung in den Ländern der dritten Welt - Ein Plädoyer für Ruralisation. Göttingen: Institut für Ausländische Landwirtschaft, unveröffentlicht.

GROENEVELD, Sigmar/ MELICZEK, Hans (Hg.), 1978: Rurale Entwicklung zur Überwindung von Massenarmut - Hans Wilbrandt zum 75. Geburtstag. Saarbrücken:Breitenbach.

GÜVENÇ, Bozkurt, 1969: Universals of agrarian culture and change. Hacettepe Bulletin of Social Sciences and Humanities (Hacettepe Üniversitesi Ankara), 1, 1.

HAEN, Hartwig de, 1977: Ökonomische Probleme der Einkommensverwendung in Betrieb und Haushalt landwirtschaftlicher Unternehmungen. in: LANDWIRTSCHAFTLICHE FAKULTÄT ... u.a. (Hg.). S. 1 - 24.

HALE, W. M., 1978: Country case study: The Republic of Turkey. (International Migration Project). Durham: University of Durham.

HELBURN, Nicholas, 1955: A stereotype of agriculture in semiarid Turkey. Geographical Review, 45, 375 - 384.

HERSHLAG, Z. Y., 1968: Turkey - The challenge of growth. Second, completely revised edition of Turkey, an economy in transition. Leiden: Brill.

HINDERINK, Jan/ KIRAY, Mübeccel, 1970: Social stratification as an obstacle to development - A study of four Turkish villages. New York: Praeger.

HIRSCH, Eva, 1970: Poverty and plenty on the Turkish farm - A study of income distribution in Turkish agriculture (Modern Middle East Series, No. 1). New York: Middle East Institute of Columbia Univ.

HOLST, Inge, 1972: Der Haushaltsstrukturvergleich - seine methodische Darstellung und Interpretation. Bonn: AID - Schriftenreihe Heft 175.

HOTTINGER, Arnold, 1974: Die moderne Türkei seit Atatürk. in: KÜNDIG-STEINER, W. (Hg.), S. 402 - 424.

KAZGAN, Gülten, 1977: Tarım ve gelişme. Istanbul: Istanbul Üniversitesi (Iktisat Fakültesi) Yayını 2261.

KELEŞ, R., 1976: Regional development and migratory labour. in: ABADAN-UNAT u. a. 1976, S. 193 - 162.

KIRAY, Mübeccel, 1972: Restructuring of agricultural enterprises affected by emigration in Turkey. in: NIEUWENHUIJZE, C. A. O. (Hg.), 1972, S. 166 - 188.

KÖY ENVANTER ETÜDLERİNE GÖRE, 1969: Sivas. Ankara: Köy İşleri Bakanlığı Yayınları No. 95.

KUDAT, Ayşe, 1975: Stability and change in the Turkish family at home and abroad - Comparative perspectives. Berlin: Wissenschaftszentrum, Internationales Institut für vergleichende Gesellschaftsforschung, P/75 - 6.

KUHLMANN, Friedrich, 1977: Unternehmenswachstum oder Gewinnentnahme - Grundsatzentscheidung der Landwirtsfamilie. Frankfurt/M.: Archiv der DLG, 60, S. 63 - 77.

KUHNEN, Frithjof, 1953: Der Charakter der landwirtschaftlichen Nebenerwerbsbetriebe in Württemberg-Baden unter besonderer Berücksichtigung ihrer Viehhaltung. Dissertation, Landw. Hochschule Hohenheim.

KUHNEN, Frithjof, 1963: Die Verbreitung nichtlandwirtschaftlicher Einkünfte bei landwirtschaftlichen Familien in der Bundesrepublik Deutschland. Sociologia Ruralis, 3, S. 142 - 156.

KUHNEN, Frithjof, 1966: Zustandsbild und Entwicklungsmöglichkeiten eines türkischen Dorfes. Zeitschrift für Ausländische Landwirtschaft, 5, 2, S. 104 - 119.

KUHNEN, Frithjof, 1980: Agrarreform - ein Weltproblem. Reihe Problem Nr. 10. Bonn: Dt. Welthungerhilfe (Hg.)

KÜNDIG-STEINER, Werner (Hg.), 1974: Die Türkei - Raum und Mensch, Kultur und Wirtschaft in Gegenwart und Vergangenheit. Tübingen und Basel: Erdmann.

LANDWIRTSCHAFTLICHE FAKULTÄT DER GEORG-AUGUST-UNIVERSITÄT Göttingen und LANDWIRTSCHAFTSKAMMER Hannover (Hg.), 1977: Veröffentlichung von Vorträgen der gemeinsamen Hochschultagung in Hannover.

MAI, Diethard, 1976: Methoden sozialökonomischer Feldforschung - Eine Einführung. (Materialien zur Reihe Sozialökonomische Schriften zur Agrarentwicklung, 6, hg. von F. KUHNEN) SAARBRÜCKEN: SSIP-Schriften.

MILLER, Duncan R., 1975: Income distribution and employment in Turkey - Politics, practices and prospects. Genf: ILO, WEP 2-23/WP 32.

MILLER, Duncan R., 1975: Aspects of income distribution in Turkey. Genf: ILO, WEP 2-23/WP 34.

NIEUWENHUIJZE, C. A. O. (Hg.), 1972: Emigration and agriculture in the Mediteranean bassin. The Hague: Institute of Social Studies.

OECD, 1974: Agricultural policy in Turkey. Paris.

OECD, fortlaufend: Economic surveys: Turkey. Paris.

OSTERKAMP, Hermann, 1967: Zum Problem der ländlichen Unterbeschäftigung in den Entwicklungsländern - Ergebnisse einer Untersuchung in zwei türkischen Dörfern. Zeitschrift für Ausländische Landwirtschaft, Materialsammlung Heft 8, Frankfurt/M.: DLG-Verlag.

ÖZKAN, Yılmaz, 1975: Stabilitätsfaktor oder revolutionäres Potential ? Politische Sozialisation der türkischen Gastarbeiter. Berlin: Wissenschaftszentrum, Internationales Institut für Vergleichende Gesellschaftsforschung, Reprint Series P/75 - 1.

PACYNA, Hasso, 1978³: Agrilexikon. Hannover: IMA (Hg.).

PAINE, Suzanne, 1974: Exporting workers - The Turkish case. (Univ. of Cambridge, Dept. of Applied Economics, Occ. Paper No. 14) Cambridge,U.K.: Univ. Press.

PEKIN, Tefik, 1975: Die türkische Landwirtschaft in den Jahren 1923 bis 1973. (Sonderdruck aus Cumhriyetin Ellinci Yıl Dönümü Anı Eseri) Izmir: Ege Üniversitesi.

PLANCK, Ulrich, 1972: Die ländliche Türkei - Soziologie und Entwicklungstendenzen. Frankfurt/M.: DLG-Verlag.

RUSHTON, W./ SHAUDYS, E., 1967: A systematic conceptualization of farm management.
Journal of Farm Economics, 49, 53 - 63.

RUTHENBERG, Hans, 1978: The importance of non-agricultural incomes for agricultural households in Kenya. in: GROENEVELD / MELICZEK (Hg.), 1978, S. 187 - 191.

SAVVIDIS, Georgios, 1974: Zum Problem der Gastarbeiterkinder in der Bundesrepublik Deutschland - Eine empirisch sozial-pädagogische Untersuchung.
Dissertation, Maximilians-Universität München.

SINGER, Morris, 1977: The economic advance of Turkey, 1938 - 1960 - Economic development in the context of short - term public policies. Ankara: Turkish Economic Society Publications.

SCHAEFFER, K. A., 1972: Klassifizierung landwirtschaftlicher Betriebe mit Hilfe multivariabler statistischer Verfahren. Brüssel: S. O. E. C., Agri. Statistics No.10.

SCHULZ-BORCK, Hermann/ TIEDE, Sigrid,1976: Einkommensbildung und Einkommensverwendung in landwirtschaftlichen Haushalten. Bonn: Schriftenreihe AID, Heft 183.

SHORTER, Frederic C.(Hg.), 1967: Four studies on the economic development of Turkey. London: Cass.

SİVAS VİLAYETİ, 1967: Sivas il yıllığı 1967. Sivas.

SİVAS VİLAYETİ, 1973: Sivas il yıllığı 1973. Sivas.

STEINHAUSER, Hugo u.a., 1972: Einführung in die landwirtschaftliche Betriebslehre - Allgemeiner Teil. Stuttgart: Ulmer.

STERLING, Paul, 1965: Turkish village. London: Weidenfeld.

T.C. DEVLET İSTATİSTİK ENSTİTÜSÜ, jährlich: Tarımsal yapı ve üretim (Agricultural structure and production) Ankara.

T.C. DEVLET İSTATİSTİK ENSTİTÜSÜ, jährlich: Türkiye istatistik yıllığı (Statistical yearbook of Turkey) Ankara.

T.C. STATE PLANNING ORGANISATION, 1975: A summary of the third five year development plan 1973 - 1977. Ankara: T.C. SPO No. 1314.

THIRLWALL, A. P., 1972: Growth and development - with special reference to developing economies. London: Macmillan.

THORNTON, D. S., 1973: Agriculture in economic development. Journal of Agricultural Economics, 24,2,Reprint.

TÜMERTEKIN, Erol, 1959: The structure of agriculture in Turkey. Review of the Geographical Insitute of the University of Istanbul, 5, 77 - 93.

TÜTENGIL, Cavit Orhan, 1979^3: 100 soruda kırsal Türkiye'nin yapısı ve sorunları. Istanbul.

VARLIER, Oktay, 1978: Türkiye tarımında yapısal değişme teknolojji ve toprak bölüşümü. Ankara: T.C. Başbakanlık Devlet Planlama Teşkilatı, DPT No. 1636.

WEINSCHENK, Günther, 1980: Was von Bonn und Brüssel zu erwarten ist - Möglichkeiten und Grenzen einer Neuorientierung der Agrarpolitik. in: HÜLSEMEYER, F., u. a. (Hg.), 1980, Agrarmarktsituation der 80er Jahre aus wissenschaftlicher Sicht. Frankfurt/M.: DLG - Verlag, S. 49 - 76.

WILBRANDT, Hans, 1960: Die Sozialstruktur in der Türkei. Das Parlament, Sondernummer August.

WILBRANDT, Hans, 1964: Der Rahmen des landwirtschaftlichen Strukturwandels. in: Schriften des Vereins für Socialpolitik, NF 30/1, Strukturwandlungen einer wachsenden Wirtschaft, S. 184 - 220.

WILBRANDT, Hans, 1974: Kapitel zur Landwirtschaft. in: KÜNDIG-STEINER (Hg.) 1974, S. 475 - 541.

WITTMANN, Heinz, 1975: Migrationstheorien - Diskussion neuerer Ansätze aus system- und verhaltenstheoretischer Sicht. (Sozialökonomische Schriften zur Agrarentwicklung, Occasional Papers 9, hg. von F. KUHNEN) Saarbrücken: Breitenbach.

WITTMANN, Heinz, 1979: Migrationsverhalten und ländliche Entwicklung - Ansätze zur Analyse und Beurtteilung dargestellt am Beispiel türkischer Gastarbeiter ländlicher Herkunft. (Sozialökonomische Schriften zur Agrarentwicklung, 36, hg. von F. KUHNEN) Saarbrücken und Fort Lauderdale: Breitenbach.

WONNACOTT, T. H./ WONNACOTT, R. J., 1972^2: Introductory statistics. New York: Wiley.

Occasional Papers (ISSN 0342-0701)

Materialien zur Reihe Sozialökonomische Schriften zur Agrarentwicklung

A Supplementary Series to Socio-economic Studies on Rural Development

Herausgeber / Editor
Professor Dr. Dr. Frithjof Kuhnen

Schriftleitung / Managing Editor
Dr. Ernst-Günther Jentzsch

1–12	Vergriffen. Teilweise noch erhältlich bei: **Institut für ausländische Landwirtschaft der Georg-August-Universität Göttingen, Büsgenweg 2, D-3400 Göttingen**
13 Rott	Kleinbauern im Transformationsprozeß des Agrarsektors. Das mexikanische Beispiel. 1978. 43 S. DM 8,–. ISBN 3-88156-098-X.
14 Hamesse	Urbane Einflüsse auf Wohn- und Dorfstruktur in Indien. Fallstudie in Koylee-Sorath (Gujarat State). 1978. 114 S., 5 Abb. und 37 Bauplanskizzen. DM 12,–. ISBN 3-88156-107-2.
14-E Hamesse	Urban Influences on Rural Housing and Living Patterns in India. 1979. 113 p. DM 12,–. ISBN 3-88156-120-X.
15 Tschiersch, Britsch & Horlebein	Landwirtschaftliche Geräte in Entwicklungsländern. Determinanten des Gerätebedarfs in der kleinbäuerlichen Landwirtschaft. 1978. 179 S. DM 18,–. ISBN 3-88156-108-0.
16 Groeneveld (Hg.)	Materialien zur China-Diskussion. Texte einer interdisziplinären Wissenschaftlergruppe. 1979. 308 S. DM 30,–. ISBN 3-88156-111-0.
17 Herbon	Zur Bedeutung des sozio-ökonomischen Austauschsystems in Dorfgemeinschaften im Hinblick auf eine integrierte ländliche Entwicklung. 1981. I, 140 S. DM 14,–. ISBN 3-88156-179-X.

Verlag **breitenbach** Publishers
Memeler Straße 50, 6600 Saarbrücken, Germany
P.O.B. 16243 Fort Lauderdale/Plantation, Fla 33318, USA

Sozialökonomische Schriften zur Agrarentwicklung

ISSN 0342-071 X

Herausgegeben von
Professor Dr. Dr. Frithjof Kuhnen

Schriftleitung: Dr. Ernst-Günther Jentzsch

1 Kiermayr	Kredit im Entwicklungsprozeß traditioneller Landwirtschaft in Westpakistan. 1971. 322 S. DM 19,50. ISBN 3-88156-009-2.	
2 Kühn	Absatzprobleme landwirtschaftlicher Produkte in Westpakistan. Ein Beitrag zur Binnenmarktforschung in Entwicklungsländern. 1971. 319 S. DM 19,50. ISBN 3-88156-010-6.	
3 Albrecht	Lebensverhältnisse ländlicher Familien in Westpakistan. Eine Typisierung ländlicher Haushalte als Grundlage für entwicklungspolitische Maßnahmen. 1971. 328 S. DM 19,50. ISBN 3-88156-011-4.	
3 Albrecht	Living Conditions of Rural Families in Pakistan. A Classification of Rural Households as a Basis for Development Policies. 1976. 265 S. DM 19,50. ISBN 3-88156-059-9.	
4 Ajam	Kapitalbildung in landwirtschaftlichen Betrieben Westpakistans. 1971. 293 S. DM 19,50. ISBN 3-88156-012-2.	
5 Mohnhaupt	Landbevölkerung und Fabrikarbeit in Westpakistan. Berufswechsel und Anpassung ländlicher Bevölkerungsgruppen an Fabrikarbeit. 1971. 283 S. DM 19,50. ISBN 3-88156-013-0.	
6 Augustini	Die Yao-Gesellschaft in Malawi. Traditionelles sozio-ökonomisches Verhalten und Innovationsmöglichkeiten. 1974. 364 S. DM 19,50. ISBN 3-88156-030-0.	
7 Philipp	Sozialwissenschaftliche Aspekte von landwirtschaftlichen Siedlungsprojekten in der Dritten Welt unter besonderer Berücksichtigung tunesischer Projekte. 1974. 747 S. DM 38,-. ISBN 3-88156-031-9.	
8 Rafipoor	Das »Extension and Development Corps« im Iran. 1974. 284 S. DM 19,50. ISBN 3-88156-032-7.	
9 Wittmann	Migrationstheorien. Diskussion neuerer Ansätze aus system- und verhaltenstheoretischer Sicht. 1975. 97 S. DM 8,-. ISBN 3-88156-033-5.	
10 Hanisch	Der Handlungsspielraum eines Landes der Peripherie im internationalen System. Das Beispiel Ghanas. 1975. 678 S. DM 39,-. ISBN 3-88156-034-3.	
11 Tschakert	Traditionales Weberhandwerk und sozialer Wandel in Äthiopien. 1975. 279 + XXII S. DM 19,50. ISBN 3-88156-035-1.	
12 Tench	Socio-economic Factors Influencing Agricultural Output. With Special Reference to Zambia. 1975. 309 p. DM 19,50. ISBN 3-88156-036-X.	
13 Kiang	Determinants of Migration from Rural Areas. A Case Study of Taiwan. 1975. 139 p. DM 9,50. ISBN 3-88156-044-0.	

Verlag **breitenbach** Publishers
Memeler Straße 50, 6600 Saarbrücken, Germany
P.O.B. 16243 Fort Lauderdale/Plantation, Fla 33318, USA

Sozialökonomische Schriften zur Agrarentwicklung

ISSN 0342-071 X

Herausgegeben von
Professor Dr. Dr. Frithjof Kuhnen

Schriftleitung: Dr. Ernst-Günther Jentzsch

---

14 Schmidt	Vermarktungssysteme für landwirtschaftliche Produkte in Pakistan. 1976. 335 S. DM 19,50. ISBN 3-88156-045-9.	
15 Buntzel	Entwicklung kleinbäuerlicher Exportproduktion in Tansania. Zur Agrarpolitik des Ujamaa-Ansatzes. 1976. 496 S. DM 29,50. ISBN 3-88156-051-3.	
16 Dreskornfeld	Agrarstrukturwandel und Agrarreform in Iran. 1976. 162 S. DM 15,–. ISBN 3-88156-060-2.	
17 Schulz	Organizing Extension Services in Ethiopia – Before and After Revolution. 1976. 94 S. DM 9,–. ISBN 3-88156-061-0.	
18 Aktas	Landwirtschaftliche Beratung in einem Bewässerungsprojekt der Südtürkei. 1976. 243 S. DM 19,50. ISBN 3-88156-062-9.	
19 de Lasson	The Farmers' Association Approach to Rural Development. The Taiwan Case. 1976. 422 S. DM 23,–. ISBN 3-88156-063-7.	
20 Janzen	Landwirtschaftliche Aktiengesellschaften in Iran. Eine Fallstudie zur jüngeren Entwicklung der iranischen Agrarreform. 1976. 172 S. DM 15,–. ISBN 3-88156-064-5.	
21 Thomas	Probleme schneller Industrialisierung in Entwicklungsländern aus soziologischer Sicht. 1976. 123 S. DM 9,–. ISBN 3-88156-065-3.	
22 Junker	Die Gemeinschaftsbetriebe in der kolumbianischen Landwirtschaft. 1976. 272 S. DM 19,50. ISBN 3-88156-066-1.	
23/24 Philipp	Geschichte und Entwicklung der Oase al-Hasa (Saudi-Arabien): Band 1: Historischer Verlauf und traditionelles Bild. 1976. 362 S. DM 23,–. ISBN 3-88156-071-8. Band 2: Projekte und Probleme der Modernisierung. 1977. In Vorbereitung. ISBN 3-88156-072-6.	
25 Bergmann & Eitel	Promotion of the Poorer Sections of the Indian Rural Population. 1976. 107 S. DM 9,–. ISBN 3-88156-075-0.	
26 Mai	Düngemittelsubventionierung im Entwicklungsprozeß. 1977. 271 S. DM 28,–. ISBN 3-88156-079-3.	
27 Schinzel	Marktangebot und Absatzverhalten landwirtschaftlicher Produzenten im Punjab (Pakistan). 1978. 255 S. DM 25,–. ISBN 3-88156-084-X.	
28 Martius	Entwicklungskonforme Mechanisierung der Landwirtschaft in Entwicklungsländern: Bangladesh. 1977. 249 S. DM 25,–. ISBN 3-88156-085-8.	

Verlag **breitenbach** Publishers
Memeler Straße 50, 6600 Saarbrücken, Germany
P.O.B. 16243 Fort Lauderdale/Plantation, Fla 33318, USA

Sozialökonomische Schriften zur Agrarentwicklung

ISSN 0342-071 X

Herausgegeben von
Professor Dr. Dr. Frithjof Kuhnen

Schriftleitung: Dr. Ernst-Günther Jentzsch

29 Martius- von Harder	Die Frau im ländlichen Bangladesh. 1978. 219 S. DM 22,–. ISBN 3-88156-086-6.
30 Lakanwal	Situationsanalyse landwirtschaftlicher Beratungsprogramme in Entwicklungsländern. 1978. 283 S. DM 29,–. ISBN 3-88156-109-9.
31 Ecker	Schaf- und Ziegenhaltung im Punjab Pakistans. 1978. 309 S. DM 32,–. ISBN 3-88156-110-2.
31/E Ecker	Socio-Economics of Sheep and Goat Production in Pakistan's Punjab. Possibilities of Improving the Income in Rural Areas. 1981. 350 p. DM 35,–. ISBN 3-88156-164-1.
32 Bergmann	Agrarpolitik und Agrarwirtschaft sozialistischer Länder. Zweite revidierte Auflage. 1979. 365 S. DM 35,–. ISBN 3-88156-115-3.
33 Paulini	Agrarian Movements and Reforms in India. The Case of Kerala. 1979. 650 p. DM 48,–. ISBN 3-88156-117-X.
34 Moßmann	Campesinos und Ausbeutungsstrukturen im internationalen Konfliktfeld. Das kolumbianische Beispiel. 1979. 192 S. DM 20,–. ISBN 3-88156-119-6.
35 Lang	The Economics of Rainfed Rice Cultivation in West Africa: The Case of the Ivory Coast. 1979. 236 p. 5 maps. DM 26,–. ISBN 3-88156-135-8.
36 Wittmann	Migrationsverhalten und ländliche Entwicklung. Ansätze zur Analyse und Beurteilung dargestellt am Beispiel türkischer Gastarbeiter ländlicher Herkunft. 1979. 379 S. DM 36,–. ISBN 3-88156-140-4.
37 Azmaz	Migration of Turkish »Gastarbeiters« of Rural Origin and the Contribution to Development in Turkey. 1980. 131 p. DM 14,–. ISBN 3-88156-154-4.
38 Manig	Steuern und rurale Entwicklung. 1981. 517 S. DM 48,–. ISBN 3-88156-162-5.
39 Thomae	Einkommen Landwirtschaftlicher Produktionsgenossenschaften in Ungarn und Polen. Eine Untersuchung von Einkommensstruktur und Einkommensverteilung im Rahmen sozialistischer Agrarmodelle. 1981. XII, 377 S. 18 Abb. DM 39,–. ISBN 3-88156-167-6.-
40 Pohl	Einführung und Verbreitung von Ochsenanspannung im Senegal. Eine empirische Untersuchung über Möglichkeiten und Grenzen der Förderung bäuerlicher Betriebe in wirtschaftlich wenig entwickelten Ländern. 1981. XVII, 248 S. + 44 S. Anhang. DM 29,–. ISBN 3-88156-170-6.

Verlag **breitenbach** Publishers
Memeler Straße 50, 6600 Saarbrücken, Germany
P.O.B. 16243 Fort Lauderdale/Plantation, Fla. 33318, USA